8° G 916 2

Paris
1880

Guizot, François-Pierre-Guillaume

Histoire des origines du gouvernement représentatif et des institutions politiques de l'Europe

Depuis la chute de l'empire romain jusqu'au XIVe siècle

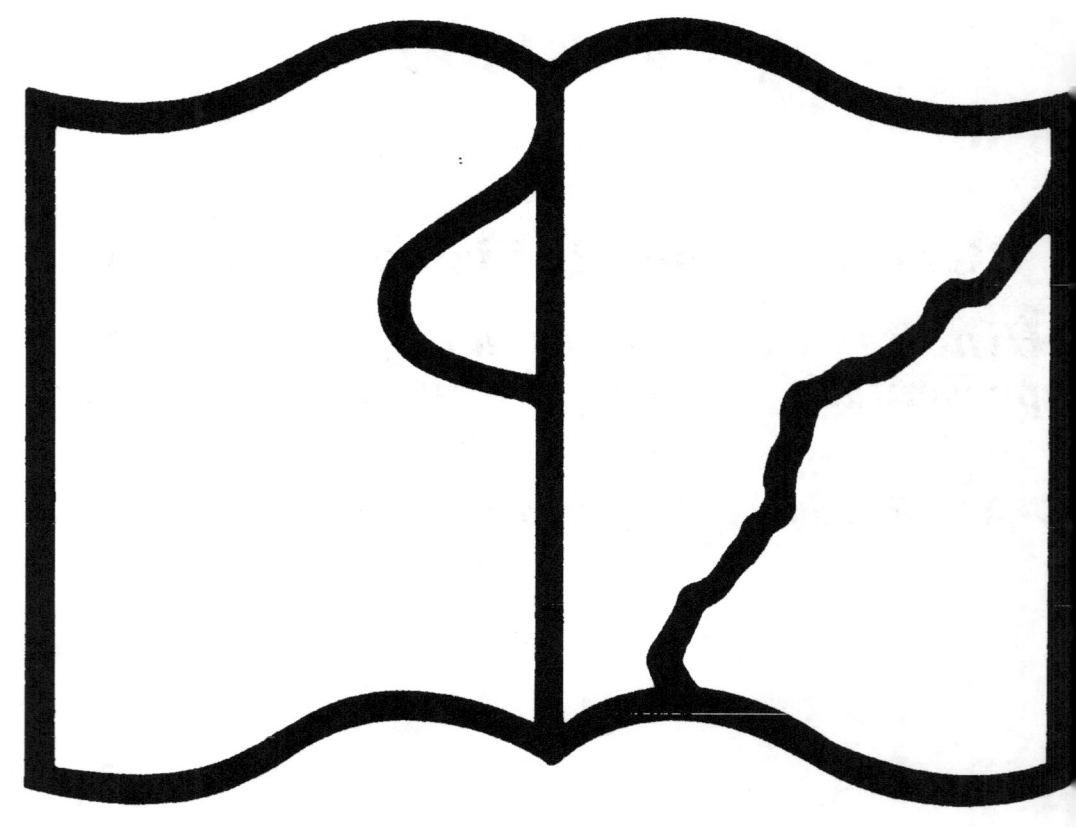

**Symbole applicable
pour tout, ou partie
des documents microfilmés**

Texte détérioré — reliure défectueuse

NF Z 43-120-11

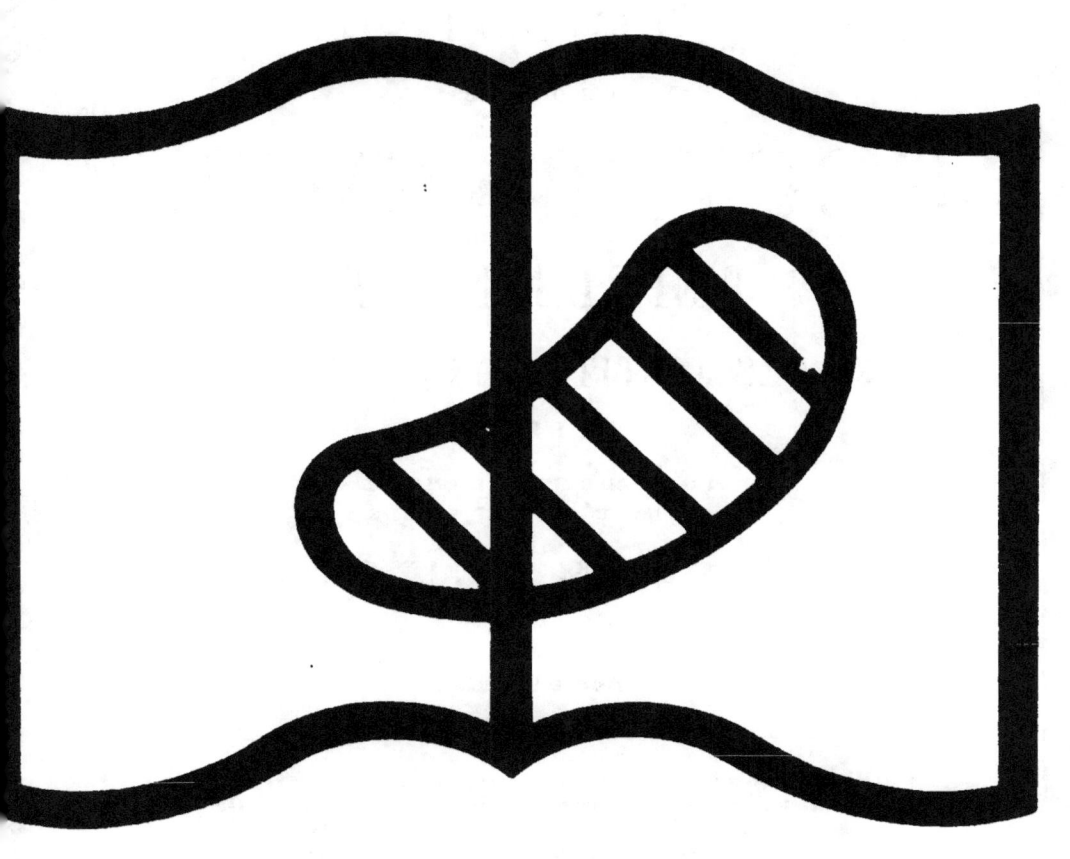

Symbole applicable
pour tout, ou partie
des documents microfilmés

Original illisible

NF Z 43-120-10

HISTOIRE
DES ORIGINES DU
GOUVERNEMENT
REPRÉSENTATIF
ET DES INSTITUTIONS POLITIQUES
DE L'EUROPE

DEPUIS LA CHUTE DE L'EMPIRE ROMAIN
JUSQU'AU XIVe SIÈCLE

PAR M. GUIZOT
II
Nouvelle édition.

Histoire de l'origine et de l'établissement du gouvernement représentatif en Angleterre.—Résumé de l'histoire d'Angleterre, de Guillaume-le-Conquérant à Richard-Cœur-de-Lion. (1066-1199).— Effets de la conquête sur les institutions anglo-saxonnes.—Du parlement aux premiers temps de la monarchie anglo-normande.— Le grand conseil du roi.—De la royauté anglo-normande.—Les grands barons.—Histoire des chartes anglaises, de Jean-sans-Terre à Édouard Ier (1215-1307).—Formation du parlement.— Ses règlements.—Sa composition.—De l'élection.—Examen philosophique du système électoral au XIVe siècle, et de la division du pouvoir législatif en deux chambres.—Du droit de pétition.— État du parlement sous Édouard III.—Progrès des communes dans le Parlement.—Résumé de l'Histoire du Parlement, depuis Richard II jusqu'à l'avènement des Stuarts, etc., etc.

PARIS
A LA LIBRAIRIE ACADÉMIQUE
DIDIER ET Cie, LIBRAIRES-ÉDITEURS
35, QUAI DES AUGUSTINS

COURS D'HISTOIRE MODERNE DE 1820 A 1822

HISTOIRE

DES ORIGINES

DU GOUVERNEMENT

REPRÉSENTATIF

II

PARIS. — TYPOGRAPHIE PILLET ET DUMOULIN
5, RUE DES GRANDS-AUGUSTINS

HISTOIRE

DES ORIGINES

DU GOUVERNEMENT

REPRÉSENTATIF

ET DES INSTITUTIONS POLITIQUES

DE L'EUROPE

DEPUIS LA CHUTE DE L'EMPIRE ROMAIN JUSQU'AU XIVe SIÈCLE

PAR GUIZOT

II

QUATRIÈME ÉDITION

Histoire de l'origine et de l'établissement du gouvernement représentatif en Angleterre. — Résumé de l'histoire d'Angleterre, de Guillaume-le-Conquérant à Richard-Cœur-de-Lion (1066-1199). — Effets de la conquête sur les institutions anglo-saxonnes. — Du parlement aux premiers temps de la monarchie anglo-normande. — Le grand conseil du roi. — De la royauté anglo-normande. — Les grands barons. — Histoire des chartes anglaises, de Jean-sans-Terre à Édouard Ier (1215-1307). — Formation du parlement. — Ses règlements. — Sa composition. — De l'élection. — Examen philosophique du système électoral au XIVe siècle, et de la division du pouvoir législatif en deux chambres. — Du droit de pétition. — État du parlement sous Édouard III. — Progrès des communes dans le Parlement. — Résumé de l'Histoire du Parlement, depuis Richard II jusqu'à l'avènement des Stuarts, etc., etc.

PARIS

LIBRAIRIE ACADÉMIQUE

DIDIER ET Cie, LIBRAIRES-ÉDITEURS

35, QUAI DES AUGUSTINS, 35

1880

Tous droits réservés.

HISTOIRE DES ORIGINES

DU

GOUVERNEMENT REPRÉSENTATIF

EN EUROPE.

PREMIÈRE LEÇON.

Objet du cours. — Histoire de l'origine et de l'établissement du gouvernement représentatif en Angleterre. — Motifs de ce choix. —Aspects divers sous lesquels l'histoire est considérée à diverses époques, et selon les divers degrés de la civilisation. — Histoire poétique. — Histoire philosophique. — Histoire politique. — Pourquoi notre temps est disposé à considérer l'histoire sous ces divers aspects. — Principe fondamental et caractères essentiels du gouvernement représentatif. — Ce principe et ces caractères se retrouvent de tout temps en Angleterre.

Messieurs,

J'ai besoin de vous rappeler le plan que j'ai adopté l'an dernier pour l'étude des institutions politiques de l'Europe. Le but essentiel de ce plan a été de mettre dans cette vaste histoire un peu d'ensemble et d'unité.

Et ce n'est point là un but arbitraire et de mon choix. Dans le développement de notre continent, tous les peuples et tous les gouvernements sont liés ; en dépit de toutes les luttes et de toutes les séparations, il y a vraiment de l'ensemble et de l'unité dans la civilisation européenne. Cette unité, qui a été se révélant de jour en jour, est maintenant évidente ; jamais les circonscriptions géographiques n'ont eu moins d'empire que de nos jours ; jamais une telle communauté d'idées, de sentiments, de vœux, d'efforts, n'a uni, en dépit des démarcations territoriales, une aussi grande masse d'hommes. Ce qui éclate aujourd'hui travaille depuis plus de douze siècles à s'accomplir ; cette communauté extérieure et apparente n'a pas toujours existé ; mais telle a toujours été au fond l'unité de la civilisation européenne qu'il est impossible de bien comprendre l'histoire d'aucun des grands peuples modernes si l'on ne considère dans son ensemble l'histoire de l'Europe et la marche qu'y a suivie l'humanité. C'est un vaste drame où chaque peuple a son rôle, et dont il faut connaître les événements généraux pour avoir l'intelligence des scènes particulières qui s'y rapportent.

J'ai divisé l'histoire des institutions politiques de l'Europe en quatre grandes époques qui se distinguent par des caractères essentiellement différents.

La première est l'époque barbare ; temps de lutte et de confusion, où nulle société ne peut s'asseoir, nulle institution s'établir et prévaloir régulièrement dans aucune partie de l'Europe. Cette époque s'étend du cinquième au dixième siècle.

La seconde est l'époque féodale. Elle va du dixième au quatorzième siècle.

La troisième est l'époque des efforts vers la monarchie constitutionnelle. La féodalité décline ; la population s'affranchit ; la royauté l'emploie pour étendre et élever son pouvoir. Cette époque embrasse du quatorzième au seizième siècle.

Dans la quatrième époque, sur le continent, les efforts vers le système représentatif ont échoué ou à peu près disparu ; la monarchie pure prévaut. L'Angleterre seule conquiert décidément le régime constitutionnel. Cette époque dure depuis le seizième siècle jusqu'à la révolution française.

Ce n'est point un choix arbitraire qui a déterminé ces époques ; leur division résulte des faits généraux qui les caractérisent. Elles ne seront pas toutes l'objet de ce Cours. Ce que je veux étudier avec vous ce sont les institutions politiques de l'Europe, et le gouvernement représentatif est le centre auquel tendent toutes nos études. Là où je n'aperçois aucune trace du système représentatif, ni aucun effort direct pour le produire, je m'écarte et je porte mes regards ailleurs.

Je ne me bornerai pas à limiter ainsi nos études quant aux époques ; je veux les limiter aussi quant aux lieux.

Déjà l'année dernière, en m'occupant de la première époque, je n'ai pas suivi dans l'Europe entière la marche des institutions politiques ; je ne les ai étudiées qu'en France, en Espagne et en Angleterre.

Nous avons maintenant à étudier la troisième époque ; mais les États généraux de France et les Cortès d'Espagne n'ont été que d'infructueux essais du gouvernement représentatif. J'en ajournerai l'étude, et je consacrerai le cours de cette année à l'examen attentif des origines de ce gouvernement en Angleterre, le seul pays où il se soit développé sans interruption et avec succès. Cette étude nous est aujourd'hui particulièrement nécessaire, et nous sommes nous-mêmes bien disposés pour nous y livrer et pour en recueillir tous les fruits.

Selon leur état politique et le degré de leur civilisation, les peuples considèrent l'histoire sous tel ou tel aspect, et y cherchent tel ou tel genre d'intérêt. Dans le premier âge des sociétés, quand tout est nouveau et attrayant pour la jeune imagination de l'homme, il demande à l'histoire un intérêt poétique ; les souvenirs du passé deviennent la matière de narrations brillantes et naïves, qui charment une curiosité avide et facile à satisfaire. Que si en un tel état, où la vie sociale est déjà en pleine vigueur et l'esprit humain en mouvement, Hérodote vient lire aux Grecs assemblés à Olympie ses récits patriotiques et les découvertes de ses voyages, les

Grecs s'y plaisent comme aux chants d'Homère. Si la civilisation est peu avancée, si les hommes vivent plus isolés, si la patrie existe à peine pour eux, du moins dans sa généralité, on a des chroniques simples mêlées de fables et de légendes, mais toujours empreintes de ce caractère poétique et naïf qu'à cette époque l'esprit humain a besoin de retrouver partout. Telles sont, du dixième au quinzième siècle, les chroniques européennes. Si, plus tard, la civilisation se développe dans un pays sans que la liberté s'y établisse, sans que la vie politique y prenne de l'énergie et de l'étendue, quand arrive le temps des lumières, de la richesse et du loisir, c'est un intérêt philosophique que les hommes cherchent dans l'histoire ; elle quitte le champ de la poésie ; elle perd sa naïveté ; elle n'a plus cette physionomie réelle et vivante qu'elle portait jadis ; les caractères individuels y tiennent moins de place et n'y paraissent plus sous des formes vivantes ; les noms propres y deviennent plus rares ; le récit des événements et la peinture des hommes en sont le prétexte plutôt que le sujet ; tout s'y généralise ; les lecteurs y veulent trouver un résumé des développements de la civilisation, une sorte de théorie des peuples et des événements ; c'est une série de dissertations sur la marche du genre humain, et l'historien semble ne vouloir ressusciter que le squelette du passé, pour le revêtir ensuite d'idées générales et de considérations philosophiques. C'est ce qui est arrivé dans le dernier siècle ; les historiens anglais de cette époque, Robertson, Gibbon et Hume, ont présenté l'histoire sous cet aspect; la plupart des écrivains allemands sont encore dans le même système. La philosophie de l'histoire y domine ; l'histoire proprement dite n'y est pas.

Que si une civilisation avancée et un grand développement de l'esprit humain coïncident, chez un peuple, avec une vie politique animée et forte, si les travaux de la liberté, en excitant les esprits, provoquent l'énergie des caractères, si l'activité de la vie publique s'ajoute aux besoins généraux de la pensée, l'histoire apparaît sous un autre point de vue : elle devient, pour ainsi dire, pratique. On ne lui demande plus de charmer, par ses récits, des imaginations facilement émues, ni de satisfaire par ses méditations des esprits actifs, mais réduits à ne s'exercer que sur des idées générales. On en attend des instructions analogues aux besoins qu'on éprouve, à la vie dont on vit ; on veut connaître la vraie nature et le jeu intérieur des institutions ; on veut entrer dans le mouvement des partis, les suivre dans leurs combinaisons, étudier les secrets de l'influence des masses et de l'action des individus ; il faut que les hommes et les faits ressuscitent aux yeux de l'esprit, non plus seulement pour l'intéresser ou le divertir, mais pour lui révéler comment s'acquièrent, s'exercent, et se défendent les droits, les libertés, le pouvoir ; comment se combinent les opinions, les intérêts, les passions, les nécessités des circonstances, tous les éléments de la politique active. C'est là ce que devient l'histoire pour les peuples libres ; c'est en se plaçant à ce point de vue que Thucydide a écrit celle de la guerre du Péloponnèse, lord Clarendon et l'évêque Burnet celle de la révolution d'Angleterre.

Communément, et par la nature même des choses, c'est successivement, et à des époques éloignées, que l'histoire revêt pour les peuples tel ou tel de ces divers genres d'intérêt. Le goût des narrations naïves, le penchant aux généralisations philosophiques, le besoin des instructions politiques, appartiennent presque toujours à des temps et à des états de civilisation fort différents.

Par un rare concours de circonstances, tous ces goûts, tous ces besoins semblent se réunir aujourd'hui, et l'histoire est maintenant parmi nous susceptible de tous ces genres d'intérêt. Qu'elle nous retrace avec vérité et simplicité les premiers essais de la vie sociale, les mœurs des peuples naissants, cet état singulier où les idées sont peu nombreuses mais vives, les besoins peu variés mais énergiques, où toutes les prétentions de la force barbare luttent contre toutes les habitudes de la liberté sauvage, elle nous trouvera capables de comprendre de tels récits, et assez enclins à nous en laisser charmer. Il y a cinquante ans, le fidèle tableau de cet âge des peuples n'eût paru que grossier et rebutant ; ce qu'il a d'intéressant et de poétique n'eût été ni goûté ni compris ; des conventions tournées en habitudes, des mœurs factices, possédaient la société tout entière; Homère lui-même, dans un temps si dépourvu de simplicité et de naturel, n'était guère plus admiré que sur parole ; et si l'on n'osait lui contester sa gloire, on le plaignait de n'avoir pu exercer son génie que sur une époque de barbarie et d'ignorance. De prodigieux événements ont renouvelé la société, brisé les vieilles formes, les habitudes de convention, les mœurs factices ; les idées simples, les sentiments naturels ont repris leur empire ; une sorte de rajeunissement s'est opéré dans les esprits, et ils sont devenus capables de comprendre l'homme à tous les degrés de civilisation, de se complaire aux récits naïfs et poétiques de la société naissante. C'est de nos jours qu'on a senti que les temps barbares méritaient aussi, sous certains rapports, le nom de temps héroïques ; c'est de nos jours qu'on a retrouvé la faculté comme le besoin de connaître, dans leur vérité, les institutions, les idées, les mœurs des peuples, à leur début dans la vie sociale. Ainsi a été rendu à cette partie de l'histoire un intérêt qu'elle n'avait plus ; elle a cessé d'être le patrimoine des érudits ; les romanciers eux-mêmes s'en sont emparés, et le public a pris plaisir à s'y transporter avec eux.

En même temps, le besoin des grandes considérations philosophiques sur le cours des choses humaines et la marche progressive des sociétés s'est fortifié au lieu de s'éteindre ; nous n'avons point cessé de chercher dans les faits autre chose que des récits ; nous leur demandons toujours de se résumer en idées générales, de nous fournir ces grands résultats qui éclairent les sciences de la législation, de l'économie politique, et la vaste étude des destinées du genre humain. Loin donc que nous soyons moins enclins à considérer l'histoire sous un point de vue philosophique, elle semble avoir acquis, sous ce rapport, un plus large intérêt. Plus que jamais, nous sentons la nécessité de ramener les événements à leurs causes les plus hautes, de les réduire à leur plus simple expression, de pénétrer dans leurs effets les plus éloignés ; et si les vieilles chroniques ont retrouvé à nos yeux leur charme, les grandes combinaisons de la philosophie historique sont toujours pour notre esprit un besoin pressant.

Enfin, notre naissance à la vie publique, les institutions que nous possédons et que nous ne perdrons point, cette aurore de la liberté qui, pour s'être levée au milieu des tempêtes, n'est point destinée à y périr, le passé dont nous sortons, le présent qui nous occupe, l'avenir qui nous attend, notre situation tout entière, donnent à l'histoire, considérée sous le point de vue politique, le plus impérieux intérêt. Avant nos temps, le mouvement de la vie publique, le jeu des partis, la guerre des factions, les luttes des assemblées, toutes les agitations, tous les développements du pouvoir et de la liberté, c'étaient là des choses dont on avait entendu parler, mais qu'on n'avait point vues, qu'on lisait dans les livres, mais qui ne vivaient pas autour du lecteur. Elles se sont passées, elles se passent maintenant sous nos yeux; tout nous porte à les étudier, tout nous aide à les comprendre. Ce n'est pas à nous seuls que la vie politique a été rendue; elle est rentrée aussi dans l'histoire, jusque-là froide et vague pour des esprits que n'avait pas frappés le spectacle réel des scènes dont elle conserve le souvenir. Et, en recouvrant l'intelligence de l'histoire, nous avons compris tout ce qu'elle pouvait nous offrir de conseils et de leçons ; son utilité n'est plus, comme jadis, une idée générale, une sorte de dogme littéraire et moral professé par les écrivains plutôt qu'adopté et pratiqué par le public. Maintenant, la connaissance plus ou moins approfondie de l'histoire, et surtout de celle des peuples libres, n'est plus seulement une convenance des esprits cultivés; c'est une nécessité pour le citoyen qui veut prendre part aux affaires de son pays, ou seulement les bien juger. Et ainsi cette grande étude se présente maintenant à nous avec tous les genres d'intérêt qu'elle peut offrir, parce que nous avons en nous de quoi la considérer sous toutes ses faces, de quoi y chercher et y découvrir tout ce qu'elle contient.

Tels sont les motifs qui me déterminent à prendre pour sujet de ce Cours l'histoire des institutions politiques de l'Angleterre. C'est là, en effet, que l'histoire, considérée sous ses trois aspects différents, se présente avec le plus de simplicité et de richesse. Nulle part, les mœurs primitives des peuples modernes ne se sont conservées plus longtemps et n'ont exercé sur les institutions une influence aussi décisive. Nulle part, les grandes considérations philosophiques ne naissent avec plus d'abondance du spectacle des événements et des hommes. C'est là enfin que le gouvernement représentatif, objet particulier de notre étude, s'est développé sans interruption, a reçu dans son sein et fécondé par son alliance la secousse religieuse imprimée à l'Europe au seizième siècle, et est ainsi devenu le point de départ de la réforme politique qui commence sur le continent.

Je ne me propose nullement de vous raconter l'histoire d'Angleterre. Je veux uniquement la considérer sous le point de vue politique; et même, dans ce point de vue, nous n'étudierons pas toutes les institutions de ce royaume. C'est le gouvernement représentatif qui nous occupe : c'est donc l'histoire du parlement que nous suivrons pas à pas. Nous ne nous occuperons des institutions judiciaires, administratives, municipales, qu'en tant qu'elles se lient au gouvernement représentatif, et qu'elles ont contribué soit à le former, soit à déterminer son caractère.

L'an dernier, avant d'entrer dans l'examen des faits, j'ai essayé de déterminer avec précision ce qu'il fallait entendre par le gouvernement représentatif. Avant de le chercher, j'ai voulu savoir à quels signes on pouvait le reconnaître. Au moment d'étudier l'histoire du seul gouvernement représentatif qui, jusqu'à nos jours, ait existé grandement en Europe, j'ai besoin de rappeler quelques-unes de ces idées.

J'ai dit que je ne faisais pas grande estime des dénominations données par les publicistes aux gouvernements qu'ils divisent en monarchique, aristocratique, démocratique, et qu'à mon avis c'était par leur principe essentiel, par leur idée générale et intérieure que se caractérisaient et se distinguaient les gouvernements.

L'idée la plus générale qu'on puisse chercher dans un gouvernement, c'est sa théorie de la souveraineté, c'est-à-dire, la manière dont il conçoit, place et attribue le droit de donner et de faire exécuter la loi dans la société.

Il y a deux grandes théories de la souveraineté. L'une la cherche et la place dans quelqu'une des forces réelles qui existent sur la terre, n'importe laquelle, peuple, monarque, ou principaux du peuple. L'autre soutient que la souveraineté de droit ne peut exister nulle part sur la terre, et ne doit être attribuée à aucune force, car aucune force terrestre ne sait pleinement et ne veut constamment la vérité, la raison, la justice, seules sources de la souveraineté de droit et qui doivent être la règle de la souveraineté de fait.

La première théorie de la souveraineté fonde le pouvoir absolu, quelle que soit la forme du gouvernement. La seconde combat le pouvoir absolu sous toutes les formes, et ne reconnaît en aucun cas sa légitimité.

Ce n'est pas à dire que, de ces théories, l'une ou l'autre règne exclusivement dans les divers gouvernements. Ces deux théories se mêlent dans une certaine mesure, car rien n'est complétement dénué de vérité ni parfaitement exempt d'erreur. Cependant c'est toujours l'une ou l'autre qui domine dans chaque forme de gouvernement, et qui peut être considérée comme son principe.

La vraie théorie de la souveraineté, c'est-à-dire, l'illégitimité radicale de tout pouvoir absolu, quels que soient son nom et sa place, est le principe du gouvernement représentatif.

En fait, dans le gouvernement représentatif, le pouvoir absolu, la souveraineté de droit n'est dans aucun des pouvoirs qui concourent au gouvernement ; il faut qu'ils s'accordent pour faire la loi; et même quand ils se sont accordés, au lieu d'accepter à toujours le pouvoir absolu qui se trouve en fait dans leur concert, le système représentatif soumet ce pouvoir à la mobilité de l'élection. Et le pouvoir électoral lui-même n'est pas absolu, car il se borne à choisir les hommes qui interviendront dans le gouvernement.

C'est de plus le caractère du système qui n'admet nulle part la légitimité du pouvoir absolu d'obliger tous les citoyens à chercher sans cesse, et dans chaque occasion, la vérité, la raison, la justice, qui doivent régler le pouvoir de fait. C'est ce que fait le système représentatif 1° par la discussion qui oblige les pouvoirs à chercher en commun la vérité; 2° par la publicité qui met les pouvoirs occupés de cette recherche sous les yeux des citoyens; 3° par la liberté de la presse qui provoque les citoyens eux-mêmes à chercher la vérité et à la dire au pouvoir.

Enfin la conséquence nécessaire de la vraie théorie de la souveraineté, c'est que tout pouvoir de fait est responsable. Si, en effet, nul pouvoir de fait ne possède la souveraineté de droit, ils sont tous obligés de prouver qu'ils ont cherché la vérité, et l'ont prise pour règle; il faut qu'ils légitiment leur titre par leurs actes, sous peine d'être taxés d'illégitimité. La responsabilité du pouvoir est en effet inhérente au système représentatif; c'est le seul système qui en fasse une de ses conditions fondamentales.

Après avoir reconnu le principe du gouvernement représentatif, nous avons recherché les caractères extérieurs, c'est-à-dire, les formes qui accompagnent nécessairement le principe, et par lesquelles seules il peut se produire. Nous les avons réduites à trois : 1° la division des pouvoirs; 2° l'élection; 3° la publicité. Il n'est pas difficile de se convaincre que ces caractères découlent nécessairement du principe du gouvernement représentatif. En effet, 1° tout pouvoir unique en fait devient bientôt absolu en droit. Il faut que tout pouvoir de fait sente une dépendance. « *L'unité qui n'est pas multitude*, dit Pascal, *est tyrannie.* » De là découle la nécessité de deux chambres. S'il n'y en a a qu'une, le pouvoir exécutif la supprime ou tombe dans une condition tellement subalterne qu'il ne reste plus que le pouvoir absolu de la chambre unique ; 2° sans l'élection qui vient fréquemment renouveler le pouvoir, le pouvoir qui tirerait son droit de lui même deviendrait bientôt absolu en droit ; c'est la tendance de toutes les aristocraties ; 3° la publicité qui lie le pouvoir à la société est la meilleure garantie contre l'usurpation de la souveraineté de droit par les pouvoirs de fait.

Le gouvernement représentatif ne peut s'établir ni se développer sans revêtir tôt ou tard ces trois caractères : ils sont la conséquence naturelle de son principe ; mais ils ne co-existent pas nécessairement, et le gouvernement représentatif peut exister sans leur réunion.

C'est ce qui est arrivé en Angleterre. Il est impossible de ne pas se demander pourquoi le gouvernement représentatif a prévalu dans ce pays et non dans les autres États du continent. Car enfin les Barbares qui s'établissaient dans la Grande-Bretagne avaient la même origine, les mêmes mœurs primitives que ceux qui, lors de la chute de l'empire romain, couvrirent toute l'Europe, et ce ne fut pas au milieu de circonstances très-différentes qu'ils y consolidèrent leur domination.

Du cinquième au douzième siècle, on ne trouve pas plus de traces du vrai gouvernement représentatif en Angleterre que sur le continent; les institutions sont analogues; on voit partout la lutte de trois systèmes d'institutions, les institutions libres, féodales et monarchiques.

On ne peut résoudre pleinement cette question d'avance et d'une manière générale. Nous y répondrons à mesure que nous avancerons dans l'examen des faits. Nous verrons par quelles causes successives et variées les institutions politiques ont pris en Angleterre un cours différent de ce qui est arrivé sur le continent. Toutefois, nous pouvons indiquer d'avance le grand fait qui, de très-bonne heure, a déterminé le caractère et la direction des institutions britanniques.

Le premier des grands caractères extérieurs du gouvernement représentatif, la division du pouvoir, se retrouve, à toutes les époques, dans le gouvernement d'Angleterre. Jamais le gouvernement n'a été concentré dans le roi seul; sous le nom de *Wittenagemot*, de *conseil* ou *assemblée des barons*, et depuis Henri III, de *parlement*, une assemblée plus ou moins nombreuse, plus ou moins influente, composée de telle ou telle manière, a toujours été associée à la souveraineté. Pendant longtemps, cette assemblée a tantôt servi le despotisme, tantôt substitué au despotisme la guerre civile et l'anarchie ; mais elle est toujours intervenue dans le gouvernement central. Un conseil indépendant, et qui puisait sa force dans celle de ses membres, a toujours été imposé à l'autorité royale. La monarchie anglaise a toujours été le gouvernement du roi dans son conseil, et le conseil du roi était souvent son adversaire. Le grand conseil du roi est devenu le parlement.

C'est là le seul des caractères essentiels du système du gouvernement représentatif qu'offre jusqu'au quatorzième siècle le gouvernement de l'Angleterre. Dans le cours de cette époque, la division du pouvoir, loin de réprimer efficacement le despotisme, ne servait guère qu'à le rendre plus mobile et plus dangereux. Le conseil des barons n'était pas plus capable que le roi lui-même de comprendre et de fonder un ordre politique stable et la vraie liberté ; ces deux forces étaient sans cesse en lutte, et leur lutte était la guerre, c'est-à-dire, la dévastation du pays et l'oppression de la masse des habitants. Mais il en est résulté, par la suite des temps, deux faits décisifs, dont la liberté est née. Les voici.

1° De cela seul que le pouvoir était divisé, il est résulté que le pouvoir absolu, la souveraineté de droit n'a jamais été attribuée au roi, ni supposée en soi légi-

time. Or, c'est là le principe même du gouvernement représentatif. Il s'en fallait bien que ce principe fût compris ni même soupçonné, philosophiquement parlant. Il était sans cesse étouffé par la force, ou bien il se perdait dans la confusion des idées du temps sur le droit divin, l'origine du pouvoir, etc.; mais il existait au fond des esprits et devenait peu à peu une maxime fondamentale. On trouve ce principe formellement exprimé dans les écrits de Bracton (*chief-justice* sous Henri III) et de Fortescue (qui remplissait les mêmes fonctions sous Henri VI). « Le roi, dit Bracton, ne doit
« être soumis à aucun homme, mais seulement à Dieu
« et à la loi, car la loi le fait roi... Il ne peut rien faire
« sur la terre que ce qu'il peut faire par la loi; et ce
« qui est dit dans les *Pandectes* que ce qui plaît au roi
« devienne loi, n'est pas une objection; car on voit, par
« la suite du texte, que ces mots ne désignent pas la
« volonté pure et simple du prince, mais ce qui a été
« établi par l'avis de ces conseils, le roi donnant à la
« délibération tenue à ce sujet la sanction de son
« autorité. »

« La monarchie anglaise, dit de son côté Fortescue,
« *non solum est regalis, sed legalis et politica potestas,* »
et il développe fréquemment cette idée. La limitation des pouvoirs fut ainsi, de très-bonne heure, de droit public en Angleterre; la légitimité du pouvoir unique et absolu n'y fut jamais reconnue. Ainsi s'établit et se

conserva, pour des temps plus heureux, le principe générateur de tout pouvoir légitime comme de toute liberté; et par la seule vertu de ce principe s'entretint dans les âmes ce noble sentiment du droit qui s'éteint et succombe partout où l'homme se trouve en présence d'une souveraineté illimitée, quels que soient sa forme et son nom.

2° La division du pouvoir suprême eut encore un autre résultat. Lorsque les villes eurent acquis plus de richesse et d'importance, lorsqu'il se fut formé, au-delà des vassaux immédiats du roi, une nation capable de prendre part à la vie politique et que le gouvernement eut besoin de ménager, cette nation vint naturellement s'adjoindre à ce grand conseil du roi qui n'avait pas cessé d'exister. Pour se faire une place dans le gouvernement central, elle n'eut pas besoin de créer brusquement des institutions; un lieu était préparé pour la recevoir, et bien que son entrée dans le conseil national ne tardât guère à en changer la nature et les formes, du moins elle n'eut pas à en revendiquer l'existence. Il y avait là un fait susceptible de s'étendre et d'admettre dans son sein de nouveaux faits avec de nouveaux droits. Le parlement britannique ne date, à vrai dire, que de la formation de la chambre des communes; mais sans la présence et l'importance du conseil des barons, la chambre des communes ne se fût peut-être pas formée.

Ainsi d'une part, la permanence de cette idée que la souveraineté doit être limitée, de l'autre, la division effective du pouvoir central, tels ont été en Angleterre les germes du gouvernement représentatif. Jusqu'à la fin du treizième siècle, on n'y rencontre aucun autre de ses caractères; et la nation anglaise, jusqu'à cette époque, n'a peut-être pas été en fait plus libre ni plus heureuse qu'aucun autre des peuples du continent. Mais le principe du droit de résistance à l'oppression y était déjà un principe légal; déjà l'idée de la suprématie qui domine toutes les autres, de la suprématie de la loi, s'attachait, dans l'esprit du peuple et des jurisconsultes eux-mêmes, non à telle personne, non à tel pouvoir de fait, mais au nom même de la loi. Déjà la loi était dite au-dessus de tous les pouvoirs; la souveraineté était ainsi, du moins en principe, sortie du monde matériel où elle ne saurait se fixer sans engendrer la tyrannie, pour aller se placer dans ce monde moral où tous les pouvoirs de fait doivent constamment la chercher. Sans doute il a fallu beaucoup de circonstances favorables pour féconder en Angleterre ces principes de liberté. Mais quand le sentiment du droit vit dans les âmes, quand le citoyen ne rencontre dans son pays aucun pouvoir qu'il soit tenu de considérer comme infaillible et absolument souverain, la liberté ne peut guère manquer de naître. Elle s'est développée en Angleterre, moins universellement, moins également, moins raisonnablement, nous osons le croire, qu'il ne nous est permis aujourd'hui de l'espérer pour notre patrie; mais enfin elle est née, elle a grandi dans ce pays plutôt que partout ailleurs ; et l'histoire de ses progrès, l'étude des institutions qui l'ont garantie, et du système de gouvernement auquel semblent se lier désormais ses destinées, est à la fois pour nous un grand spectacle et un travail nécessaire. Nous y entrerons avec impartialité, car nous pouvons y entrer sans envie.

DEUXIÈME LEÇON.

Objet de la leçon. — Résumé de l'histoire d'Angleterre, de Guillaume-le-Conquérant à Jean-sans-Terre (1066-1199). — Guillaume-le-Conquérant (1066-1087). — Guillaume-le-Roux (1087-1100). — Henri Ier (1100-1135). — Etienne (1135-1154). — Henri II (1154-1189). — Constitutions de l'assemblée de Clarendon. — Richard-Cœur-de-Lion (1189-1199).

Avant d'aborder l'histoire du gouvernement représentatif en Angleterre, je dois vous rappeler les faits qui lui ont pour ainsi dire servi de berceau, les mouvements des nations diverses qui ont successivement occupé l'Angleterre, la conquête des Normands, l'état du pays au moment de cette conquête, vers le milieu du onzième siècle, et les principaux événements qui l'ont suivie. La connaissance des faits doit précéder l'étude des institutions.

Les Bretons, Galls ou Celtes d'origine, furent les premiers habitants de la Grande-Bretagne. Jules-César les soumit, et la domination romaine vint substituer à leur énergie barbare une civilisation fausse et énervante. Abandonnés de Rome qui abdiquait par lambeaux l'empire du monde, les Bretons ne purent se défendre, et appelèrent les Saxons à leur secours. Ceux-ci, les trouvant déjà vaincus, de leurs alliés devinrent bientôt leurs maîtres, et exterminèrent ou refoulèrent dans les montagnes du pays de Galles ce peuple que les Romains avaient brisé. Après une longue série d'incursions, les Danois vinrent, au neuvième siècle, s'établir dans le nord de l'Angleterre, et dans la dernière moitié du onzième, les Normands conquirent tout le pays.

Vers le milieu du onzième siècle, et avant la conquête, l'inimitié était grande encore entre les Saxons et les Danois, tandis qu'entre les Danois et les Normands les souvenirs d'une origine commune étaient encore récents. Édouard-le-Confesseur avait été élevé à la cour de Normandie, et les Normands étaient en faveur auprès de lui. Il en avait appelé plusieurs à de grandes charges. Le primat, archevêque de Cantorbéry, était un Normand; on parlait normand à la cour d'Édouard. Toutes ces circonstances semblaient préparer l'invasion des Normands en Angleterre.

L'état intérieur de l'Angleterre la favorisait également. L'aristocratie saxonne s'était élevée en même temps que la royauté avait décliné; mais la puissance des grands propriétaires était une puissance divisée, et ses dissensions ouvrirent la porte à l'étranger. Harold, beau-frère du roi Édouard, mort sans enfants, venait d'usurper la couronne. Guillaume n'eut pas même à combattre un roi légitime. « Fassent les Anglais duc ou roi Harold ou autre, je l'octroie, » dit Guillaume à la mort d'Édouard ; mais il ne s'en prétendit pas moins héritier en vertu d'un testament du feu roi ; il vint, à la tête de 40,000 hommes, réclamer son droit prétendu, et le 14 octobre 1066, Harold perdit à Hastings la couronne et la vie. Le primat vint offrir la couronne d'Angleterre à Guillaume, qui l'accepta après avoir fait semblant d'hésiter, et fut couronné le 6 décembre. Il traita d'abord avec douceur ses sujets saxons, mais en faisant bâtir plusieurs forteresses, et en distribuant des terres à ses compagnons normands. Pendant un voyage qu'il fit en Normandie, en mars 1067, les Saxons se révoltèrent contre les vexations des Normands. Guillaume étouffa la révolte, et resta cependant quelque temps encore fidèle à sa politique de ménagement. Mais les révoltes se renouvelèrent, et Guillaume n'usa plus que de rigueur. Il assura par des confiscations répétées l'établissement souverain des Normands et du système féodal. Les Saxons furent exclus de tous les grands emplois publics, notamment des évêchés. Guillaume couvrit l'Angleterre de forts, substitua la langue normande à l'anglo-saxonne, et en fit la langue légale, privilége qui dura jusqu'au règne d'Édouard III. Il établit des lois de police très-sévères, entre autres la loi du couvre-feu, si détestée des Saxons, mais qui existait déjà en Normandie; enfin, il dévasta le comté d'York, principal siége des insurrections saxonnes.

Le pape avait approuvé l'entreprise de Guillaume et excommunié Harold. Cependant, Guillaume repoussa avec fermeté les prétentions de Grégoire VII, et défendit à ses sujets de reconnaître personne pour pape avant qu'il l'eût reconnu lui-même. Les canons de tout concile devaient lui être soumis pour qu'il donnât ou refusât sa sanction. Aucune bulle ou lettre du pape ne put être publiée sans l'autorisation du roi. Il protégea ses ministres et ses barons contre l'excommunication. Il soumit le clergé au service militaire féodal. Enfin, sous son règne, les cours ecclésiastiques et les cours civiles, jusque-là confondues dans les cours de comté, furent séparées.

Après la mort de Guillaume, en 1087, ses États furent partagés entre ses trois fils, Robert, Guillaume et Henri. Guillaume-le-Roux succéda au trône d'Angleterre, et Robert au duché de Normandie. Guillaume ne signala son règne que par des actes de tyrannie, par l'extension des forêts royales et par des exactions odieuses : il ne nommait pas aux siéges épiscopaux vacants, et en percevait les revenus, les considérant comme des fiefs dont le possesseur était mort.

Guillaume-le-Roux fut presque constamment en guerre avec son frère Robert. Il finit par acheter de lui la Normandie, ou pour mieux dire, il la reçut en gage de treize mille marcs d'argent qu'il prêta à Robert partant pour la croisade. Il fit, en 1100, avec Guillaume, comte de Poitou et duc de Guienne, un marché analogue. Les barons normands regrettaient vivement que Robert ne fût pas roi d'Angleterre en même temps que duc de Normandie. Ils se soulevèrent plusieurs fois contre Guillaume, et quelques faits indiquent que la nation saxonne gagna quelque chose à ces révoltes, et fut un peu plus ménagée par son roi normand. Mais les relations des deux peuples étaient encore profondément hostiles lorsque Guillaume-le-Roux fut tué à la chasse, le 2 août 1100.

Henri Ier usurpa la couronne d'Angleterre sur son frère Robert, à qui elle appartenait de droit; et les barons normands, qui préféraient Robert, n'opposèrent à Henri qu'une faible résistance : il fut couronné à Londres.

Son premier acte fut une charte où, pour se faire pardonner son usurpation, il promit de ne point toucher aux revenus de l'Église dans les vacances des bénéfices, de laisser aux héritiers des vassaux de la couronne leur héritage sans en exiger une partie, enfin de modérer les impôts, de pardonner le passé, et surtout de conserver les lois de saint Édouard si chères à la nation. Peu après la concession de cette charte, Henri épousa la fille du roi d'Écosse, Mathilde, nièce d'Edgar Atheling, dernier héritier de la dynastie saxonne; il espéra se concilier ainsi l'attachement du peuple saxon. Mathilde, pour l'épouser, fut déliée de ses vœux, car elle avait pris le voile, non pour se faire religieuse, dit Eadmer, mais pour échapper aux violences brutales des Normands.

En 1101, Robert revenu de la Croisade, envahit l'Angleterre; mais un traité l'arrêta bientôt, et il renonça à ses prétentions, moyennant 3,000 marcs de pension, et la promesse d'hériter de Henri. Le mauvais gouvernement de Robert en Normandie y faisait naître des troubles continuels, qui entretenaient la tendance toujours subsistante à la réunion de l'Angleterre et de la Normandie. Henri, profitant de cette disposition, envahit la Normandie où il avait un parti puissant, et après trois ans de guerre, la bataille de Tinchebray décida, en 1106, du sort de Robert qui fut pris et enfermé dans le château de Cardiff, où il vécut vingt-huit ans. La Normandie fut réunie à l'Angleterre.

Le règne de Henri Ier fut troublé par de vives querelles avec le clergé; il fut obligé de renoncer au droit de l'investiture, qui était censée conférer la dignité spirituelle, et les évêques continuèrent à lui prêter foi et hommage, en raison de leurs possessions temporelles.

Au milieu des obstacles que rencontrait Henri, il gouverna avec vigueur et prudence : il abaissa les grands barons, rétablit l'ordre, contint le clergé : c'était là ce qui faisait alors un grand roi. Le prétendu code qu'on attribue à Henri Ier est une compilation postérieure; mais il fit plusieurs réformes considérables, entre autres celle des abus du droit de *purveyance*, par lequel les petits tenanciers du roi (*by socage*) étaient obligés de fournir gratis la cour, dans ses voyages, de provisions et de voitures. On dit aussi qu'il substitua, pour les tenanciers de cette classe, une rente en argent à la rente en denrées qu'ils lui payaient; mais il est peu probable que ce fût là une règle générale.

Henri Ier mourut en 1135. Son règne avança un peu la fusion des deux peuples; mais la séparation était encore profonde. Son fils Guillaume étant mort, Henri avait fait reconnaître pour son héritière Mathilde, sa fille, mariée à Geoffroi-Plantagenet, comte d'Anjou : une assemblée de barons eut lieu à cet effet. Mais en l'absence de Mathilde, Étienne, comte de Boulogne, petit-fils de Guillaume-le-Conquérant par sa mère Adèle, mariée à Étienne, comte de Blois, usurpa la couronne d'Angleterre; peu de barons se rendirent à son couronnement (22 décembre 1135). Étienne voulut, par de grandes concessions, se faire pardonner son usurpation; il publia deux chartes, qui promettaient tout ce qu'avaient promis celles de Henri, et le maintien des lois d'Édouard-le-Confesseur. Cependant le clergé et les barons ne lui prêtèrent qu'un serment conditionnel ; et voulant lui faire payer cher leur adhésion, l'Église exigea de lui le maintien de toutes ses libertés, et les barons la permission d'élever des forteresses dans leurs terres. Le royaume se hérissa de châteaux et de remparts. Onze cent quinze furent construits sous le règne d'Étienne, et assurèrent, plus efficacement que ses chartes, la force et l'indépendance des barons.

En 1139, une insurrection éclata en faveur de Mathilde. Le roi Étienne fut vaincu et fait prisonnier à la bataille de Lincoln, le 26 février 1141. Un synode ecclésiastique, sans le concours des laïques, donna la couronne à Mathilde : les députés de la ville de Londres furent les seuls laïques présents et demandèrent en vain la liberté du roi Étienne ; ils n'assistèrent au synode que pour en recevoir des ordres. Une conspiration contre Mathilde vint renverser l'œuvre hardie du clergé ; Étienne fut délivré en 1142, et la guerre civile recommença. Mais un nouvel ennemi s'élevait contre lui ; le prince Henri, fils de Mathilde, jeune encore, s'était déjà fait remarquer par sa hardiesse et son savoir-faire. Sa mère lui assura la Normandie ; la mort de Geoffroi Plantagenet, son père, lui donna le Maine et le Poitou ; et son mariage avec Éléonore de Guyenne lui valut encore deux vastes provinces de France. En 1154, il vint en Angleterre avec une armée ; mais une négociation termina bientôt la lutte, et Henri fut reconnu pour successeur d'Étienne, qui mourut un an après, le 25 octobre 1154.

Plusieurs circonstances favorisèrent à son avénement la puissance de Henri II. Il réunissait les droits de la dynastie saxonne et de la dynastie normande. Il avait de grandes possessions sur le continent; il était comte d'Anjou, duc de Normandie, duc de Guienne, Maine, Saintonge, Poitou, Auvergne, Périgord, Angoumois et Limousin. Il maria son troisième fils Geoffroi, encore enfant, à l'héritière, enfant aussi, du duché de Bretagne. Il fut bientôt en guerre avec la noblesse et le clergé. Il révoqua tous les dons faits sur le domaine royal par Étienne et Mathilde, et reprit par les armes ceux qu'on refusait de lui restituer. Il démolit un grand nombre de châteaux-forts. La coalition des barons n'était pas encore formée, et leur puissance individuelle ne pouvait lutter contre celle de Henri : ils se soumirent. Le roi rallia d'ailleurs à lui beaucoup d'intérêts en maintenant un ordre sévère, et en faisant rendre par l'institution des *itinerant justices* une meilleure justice. Sa lutte contre le clergé fut plus orageuse, et le succès moins complet; le clergé, déjà fortement constitué en corporation, et soutenu au-dehors par le Saint-Siége, trouva dans son sein un chef capable de résister aux plus grands rois. Thomas Becket, né à Londres en 1119, s'était avancé dans la faveur de Henri, jusqu'à être nommé par lui grand chancelier. Ses services, son dévouement, la magnificence de sa vie, tout persuada à Henri qu'en élevant Becket aux premières dignités ecclésiastiques, il s'en ferait, dans l'Église, un appui; il le fit élire archevêque de Cantorbéry et primat du royaume. Mais Becket, à peine nommé, se dévoua aux intérêts de son corps, et entreprit hardiment d'exercer et même d'étendre les droits de son siége. Un clerc avait commis un meurtre : Becket l'avait puni selon les lois du clergé; Henri voulut le faire juger civilement; Becket résista; Henri saisit cette occasion d'attaquer de front et systématiquement le pouvoir ecclésiastique. Il assembla les évêques, et leur demanda s'ils voulaient ou non se soumettre aux anciennes lois du royaume; ils furent obligés d'y consentir. La fameuse assemblée de Clarendon fut convoquée en 1164 pour définir ces lois et fixer les limites des deux pouvoirs. Le roi s'était concilié les barons laïques. Seize articles sortirent des délibérations de cette assemblée. Les voici :

1° Tous procès concernant le droit de nomination ou de présentation aux cures des églises seront jugés par la cour du roi.

2° Les ecclésiastiques accusés de quelque crime devront comparaître devant la cour du roi pour y être jugés sur tout ce qui est du ressort de cette cour, et devant la cour ecclésiastique, pour ce qui est de son ressort. Les juges du roi s'informeront de la manière dont les causes de ce genre seront jugées par les cours ecclésiastiques, et si le clerc est convaincu ou avoue le crime, l'église ne le protégera plus contre la justice civile.

3° Nul archevêque, évêque ou ecclésiastique d'un rang élevé ne doit sortir du royaume sans la permission du roi. S'il en sort, il doit donner au roi caution de son retour et de sa bonne conduite en tout ce qui a trait aux intérêts du roi.

4° Les personnes excommuniées ne seront point tenues de prêter serment ou donner caution qu'elles demeureront dans le même lieu, mais seulement de se présenter pour subir le jugement de l'église et recevoir l'absolution.

5° Nul vassal immédiat du roi, nul des officiers de sa maison ou de ses domaines ne sera excommunié, ni aucun interdit mis sur ses terres, sans qu'on se soit préalablement adressé au roi ou, en son absence, à son grand justicier, pour en obtenir justice.

6° Les appels en matière spirituelle procéderont de l'archidiacre à l'évêque, de l'évêque à l'archevêque, de l'archevêque au roi, et n'iront pas plus loin sans le consentement du roi.

7° S'il s'élève un débat entre un ecclésiastique et un laïque sur la nature d'un fief, la question sera décidée par le grand juge du roi, d'après l'avis de douze *probi homines*; et selon que la nature du fief aura été déterminée, le débat ultérieur ira devant les cours du roi ou les cours ecclésiastiques.

8° Tout habitant d'une cité, ville ou bourg ou manoir du domaine du roi, cité devant une cour ecclésiastique à raison de quelque offense, et qui aura refusé de comparaître, pourra être mis sous l'interdit ; mais il ne pourra être excommunié qu'on ne se soit préalablement adressé au principal officier du roi dans ledit lieu pour obtenir de lui qu'il oblige le délinquant à comparaître.

9° Le jugement de toutes causes, pour dettes contractées sous serment ou sans serment, appartient aux cours du roi.

10° Lorsqu'un archevêque, ou évêque, ou abbaye, ou prieuré de fondation royale sera vacant, le roi jouira de ses revenus ; et quand il y aura lieu à y pourvoir, le roi mandera le clergé de ladite église pour procéder, dans la chapelle royale, à l'élection, laquelle devra obtenir l'assentiment du roi, selon l'avis des prélats qu'il aura jugé à propos d'appeler ; et l'élu prêtera foi et hommage au roi comme à son seigneur, pour tous ses biens temporels, sauf les droits de son ordre.

11° Les églises appartenant aux fiefs du roi ne pourront être données à perpétuité sans son consentement.

12° Nul laïque ne pourra être accusé devant l'évêque que par des accusateurs et des témoins certains et légaux ; et si le prévenu est de tel rang que personne n'ose l'accuser, le shérif, sur la requête de l'évêque, désignera douze prud'hommes du voisinage qui, devant l'évêque, prononceront sur le fait, selon leur conscience.

13° Les archevêques, évêques et tous membres du haut clergé, vassaux immédiats du roi, tiendront leurs fiefs à titre de baronnies, et rempliront tous les devoirs, charges et fonctions attachés à la qualité de baron, sauf le cas de condamnation à la mort ou à la perte d'un membre.

14° Quiconque résistera à la sentence légalement rendue sur lui par une cour ecclésiastique, sera contraint par le roi de s'y soumettre. De même le clergé livrera à la justice du roi quiconque y aura résisté.

15° Les biens meubles de ceux qui auront encouru la forfaiture envers le roi ne seront point cachés dans les églises ou les cimetières.

16° Aucun vilain ne sera ordonné clerc sans l'aveu du seigneur dans les domaines duquel il est né.

Les constitutions de Clarendon une fois adoptées, le roi exigea que les évêques y apposassent leur sceau ; tous y consentirent, sauf Becket qui résista longtemps, et finit cependant par céder et par jurer *légalement, de bonne foi et sans réserve*, d'observer les constitutions. Le roi les envoya au pape Alexandre qui n'en approuva que les six derniers articles, et cassa tous les autres. Fort de l'appui du pape, Becket fit pénitence de sa soumission, et rengagea la lutte. Elle devint bientôt acharnée. Le roi suscita contre Becket toutes sortes de procès; on lui demanda des restitutions énormes sur sa gestion de chancelier : les évêques faiblirent et l'abandonnèrent. Becket résista avec un indomptable courage ; il fut enfin contraint de fuir sur le continent. Henri confisqua tous ses revenus et bannit tous ses parents et serviteurs, au nombre de quatre cents. Becket excommunia les serviteurs du roi, et, du fond d'un monastère en France, fit chanceler Henri sur son trône. Enfin, le pape, ses légats, le roi de France, intervinrent pour faire cesser cette lutte. Henri, embarrassé de beaucoup d'autres affaires, céda, et Becket retourna à son siége. Mais sa conscience et son orgueil rengagèrent la guerre. Il censura les prêtres qui avaient faibli; il excommunia les gens du roi qui avaient procédé contre le clergé : « Eh quoi, dit Henri dans un accès d'emportement, personne ne me délivrera de ce prêtre ingrat et impérieux! » Il était alors à Bayeux; quatre de ses gentilshommes partent pour Cantorbéry, et assassinent Becket sur les marches de l'autel de sa cathédrale, le 29 décembre 1170. Le roi dépêcha, pour les retenir, un courrier qui arriva trop tard. Il montra de la mort de Becket une douleur que l'on peut croire feinte. Pour en prévenir les suites, il envoya sur-le-champ à Rome attester qu'il était innocent, et le pape se contenta de fulminer une excommunication générale contre les auteurs, fauteurs, ou instigateurs de l'assassinat.

D'autres événements, des guerres avec l'Écosse et la France, et l'expédition d'Irlande, vinrent détourner l'attention publique. Henri reprit en 1172 ses négociations avec Rome, et conclut un traité qui, au fond, laissait subsister les constitutions de Clarendon. Réconcilié avec le pape, il se réconcilia avec ses sujets, dont il craignait l'inimitié, par une pénitence publique sur le tombeau de Becket, honoré de toute l'Angleterre comme un martyr.

En 1172, quelques aventuriers anglais conquirent sans peine et presque sans combat une partie de l'Irlande. Henri y fit une expédition, et son autorité y fut reconnue. Le reste de sa vie fut agité par des guerres continuelles au sujet de ses possessions du continent, et par les révoltes de ses enfants, qui voulaient partager avant sa mort sa puissance et ses États : il en mourut de chagrin le 6 juillet 1189, à Chinon, près de Saumur; et le corps d'un des plus grands rois de ce siècle et de l'Angleterre resta quelque temps délaissé et dépouillé sur les degrés d'un autel.

Son fils aîné Richard, Cœur-de-Lion, lui succéda sans difficulté.

A chaque siècle et à chaque grande époque de l'histoire, on voit presque toujours apparaître quelques individus qui semblent les types de l'esprit général et des dispositions dominantes de leur temps. Richard, roi aventurier, représente parfaitement l'esprit chevaleresque du régime féodal et du douzième siècle. Dès son avénement, il ne songea qu'à amasser de l'argent pour les croisades; il aliéna ses domaines; il fit un commerce public des charges, des honneurs et des plus hautes dignités; il vendit la permission de ne pas aller à la croisade : il était prêt à vendre Londres, disait-il, s'il trouvait un acheteur. Et pendant qu'il sacrifiait tout à sa passion de pieuses aventures, son peuple massacrait les Juifs parce que quelques-uns avaient paru au couronnement du roi, malgré sa défense.

Richard partit enfin pour la croisade, en nommant régente, en son absence, sa mère Éléonore, qui avait excité la rébellion des princes ses fils contre le roi leur père, et régents, les évêques de Durham et d'Ely. La tyrannie de l'évêque d'Ely jeta le trouble dans toute l'Angleterre; il fit arrêter son collègue, et gouverna seul avec une arrogance sans limites jusqu'à ce qu'enfin le prince Jean le fit déposer par un conseil de barons et de prélats. Richard, revenant de la croisade, fut, comme on sait, retenu prisonnier en Autriche, le 20 décembre 1193, et recouvra sa liberté le 4 février 1194, par le dévouement d'un de ses vassaux. La puissance des sentiments et des liens féodaux éclata également dans l'empressement de ses sujets à payer sa rançon. Richard, de retour en Angleterre, passa le reste de sa vie dans des guerres continuelles en France, et mourut le 6 avril 1199, d'une blessure reçue en assiégeant le château de Chalus, près de Limoges, pour s'emparer d'un trésor que, disait-on, le comte de Limoges avait trouvé.

Sous le règne de Richard, les libertés des villes et des bourgs, qui avaient commencé sous Guillaume-le-Roux, firent d'assez grands progrès, et préparèrent ce pas décisif des libertés nationales et du gouvernement représentatif en Angleterre, la grande Charte du roi Jean.

TROISIÈME LEÇON.

Objet de la leçon. — Des institutions anglo-saxonnes. — Effets de la conquête des Normands sur les institutions anglo-saxonnes. — Effets de la conquête sur les institutions normandes. — Par quelles causes la conquête des Normands a été favorable à l'établissement d'un régime d'institutions libres en Angleterre.

Après avoir résumé les principaux faits historiques, nous allons étudier les institutions anglo-normandes pendant l'époque que nous venons de parcourir, c'est-à-dire, depuis le milieu du onzième siècle jusqu'à la fin du douzième.

Pourquoi des institutions libres se sont-elles établies dès cette époque chez ce peuple-là et non pas chez d'autres ? C'est dans les faits généraux de son histoire qu'on peut trouver la réponse à cette question, car les institutions sont bien plus l'œuvre des circonstances que des textes de lois.

Les États fondés en Europe du cinquième au septième siècle l'ont été par des Barbares naguère errants, vainqueurs de la population romaine avilie. Du côté des conquérants, nulle forme, nulle vie sociale un peu fixe et réglée ; du côté des vaincus, les formes, les institutions, tombaient en poudre ; la vie sociale périssait de vétusté. De là les longs désordres, l'ignorance, l'impossibilité d'une organisation générale, le règne de la force, le démembrement de la souveraineté.

Rien de pareil n'est arrivé en Angleterre, au onzième siècle, par la conquête normande. C'est un peuple barbare déjà établi depuis deux cents ans qui conquiert un peuple barbare établi depuis six cents ans. De là, entre cette conquête et celles du continent, des différences décisives.

1° Bien plus de ressemblance, et ainsi bien plus d'égalité entre les deux peuples; l'origine était la même, les mœurs et la langue étaient analogues, la civilisation presque égale, l'esprit guerrier puissant chez les vaincus comme chez les vainqueurs. Ainsi, deux nations presque semblables se trouvaient en face l'une de l'autre, et la nation vaincue était en état comme en disposition de défendre ses libertés. De là beaucoup de maux individuels, mais point d'abaissement général et permanent d'une race devant l'autre. D'abord opprimée, mais guerrière, la race saxonne résista énergiquement et se releva peu à peu.

2° Les deux peuples avaient aussi des institutions politiques assez analogues entre elles, tandis qu'ailleurs, en

France et en Italie, les populations romaines n'avaient, à vrai dire, plus d'institutions. Il a fallu les communes et le clergé pour maintenir obscurément le droit romain dans les sociétés du continent, tandis qu'en Angleterre les institutions saxonnes n'ont jamais été étouffées par les institutions normandes; elles s'y sont associées et ont même fini par en changer le caractère. Sur le continent, on voit se succéder la barbarie, la féodalité, le pouvoir absolu dérivé soit des idées romaines, soit des idées ecclésiastiques. En Angleterre, le pouvoir absolu n'a jamais pu prendre pied; il y a eu souvent oppression de fait, mais non de droit.

3° Les deux peuples avaient la même religion : l'un n'eut pas à convertir l'autre. Sur le continent, le vainqueur, plus barbare, adopta la religion du vaincu, et le clergé fut presque tout romain ; il était, en Angleterre, mêlé de Saxons et de Normands. De là un fait considérable. Le clergé anglais, au lieu de se mettre à la suite des rois, prit naturellement place dans l'aristocratie territoriale et dans la nation. Aussi l'ordre politique a presque constamment prédominé en Angleterre sur l'ordre religieux; et, depuis la conquête normande, le pouvoir politique du clergé, toujours contesté, a toujours été déclinant.

C'est là la circonstance décisive de l'histoire d'Angleterre, celle qui a fait prendre à sa civilisation un tout autre cours que n'a pris celle du continent. Il y a eu nécessairement, et de bonne heure, transaction et amalgame entre les vainqueurs et les vaincus qui avaient, les uns et les autres, des institutions à mettre en commun; institutions plus analogues que partout ailleurs, plus fortes et plus développées, puisqu'elles appartenaient à des peuples déjà fixés depuis assez longtemps.

Ainsi, les institutions saxonnes et les institutions normandes sont les deux sources du gouvernement anglais. Les Anglais rapportent communément aux premières leurs libertés politiques; ils voient que, sur le continent, la féodalité n'a pas produit la liberté; ils attribuent leur féodalité aux Normands et leur liberté aux Saxons. Cette distinction a passé même dans les partis politiques modernes; les Torys affectent en général de négliger les institutions saxonnes, tandis que les Whigs y attachent la plus grande importance. Cette vue des événements ne me paraît point exacte ni complète. Ce ne sont pas les institutions saxonnes qui, par elles-mêmes, ont été le principe des libertés anglaises. Le rapprochement forcé des deux peuples et des deux systèmes d'institutions en est la vraie source : il y a lieu de douter que, sans la conquête, la liberté fût sortie des institutions saxonnes; et l'on peut croire qu'elles auraient amené en Angleterre des résultats assez analogues à ce qui est arrivé sur le continent. C'est la conquête qui leur a imprimé une **vertu nouvelle**, et leur a fait produire des résultats que, livrées à elles-mêmes, elles n'auraient pas produits. La liberté politique en est sortie, mais sous l'influence de la conquête, et par suite de la situation où la conquête a placé les deux peuples et leurs lois.

Je vais replacer sous vos yeux les institutions anglo-saxonnes avant la conquête ; vous verrez bientôt que c'est le rapprochement forcé des deux peuples qui les a fécondées et en a fait sortir les libertés anglaises.

Parmi les institutions locales, les unes étaient fondées sur la délibération commune, les autres sur la subordination hiérarchique, c'est-à-dire, les unes sur un principe de liberté, les autres sur un principe de dépendance. D'un côté, étaient les cours de centurie et de comté ; de l'autre, les grands propriétaires et leurs vassaux ; tout homme depuis l'âge de quatorze ans devait appartenir à une centurie ou à un seigneur, c'est-à-dire,, être libre ou vassal. Ces deux systèmes ennemis, en face l'un de l'autre, luttaient comme sur le continent. Il y a doute sur la question de savoir si, avant la conquête, la féodalité existait en Angleterre pour les terres ; il ne peut y avoir de doute pour les personnes ; leur classification hiérarchique était réelle et en progrès. Dans les localités, bien que le système des institutions libres subsistât, le système des institutions féodales gagnait du terrain ; les juridictions seigneuriales envahissaient les juridictions libres ; tout se passait à peu près comme sur le continent.

Si nous regardons aux institutions centrales, le même phénomène se rencontre. Sur le continent, la féodalité est née de l'agrandissement des vassaux du roi et de la dislocation de la souveraineté. L'unité nationale, qui résidait dans l'assemblée de la nation, s'est dissoute; l'unité monarchique n'a pu résister : la monarchie et la liberté ont péri ensemble. Les événements avaient pris le même cours chez les Anglo-Saxons. Sous Édouard-le-Confesseur, l'affaiblissement de l'autorité royale est évident. Le comte Godwin, Siward, duc de Northumberland, Leofric, duc de Mercie, et beaucoup d'autres grands vassaux, sont des rivaux, plutôt que des sujets du roi, et Harold usurpant la couronne sur Edgar Atheling, l'héritier légitime, ressemble beaucoup à Hugues Capet. La souveraineté tend à se démembrer. L'unité monarchique est en péril. L'unité nationale est dans le même déclin; la preuve en est dans l'histoire du Wittenagemot; cette assemblée générale de la nation fut d'abord l'assemblée des guerriers ; ensuite l'assemblée générale des propriétaires, grands et petits; plus tard, l'assemblée des grands propriétaires seuls, ou des thanes royaux. Ceux-là même négligent à la fin d'y venir; ils s'isolent sur les terres, où chacun exerce sa part de la souveraineté démembrée. Cela ressemble à ce qui s'est passé sur le continent. Seulement, le système des institutions libres subsiste encore en Angleterre avec quelque énergie dans les institutions locales, surtout dans les cours de comté. Le système féodal est moins avancé que sur le continent.

Que fût-il advenu sans la conquête ? on ne saurait le dire avec certitude, mais probablement la même chose que sur le continent. Les mêmes symptômes se manifestent : dépérissement de l'autorité royale et de l'assemblée nationale; formation d'une aristocratie territoriale hiérarchique, presque indépendante du pouvoir central, presque souveraine dans ses domaines, sauf les libertés féodales.

C'est au milieu de cet état des institutions anglo-saxonnes que les Normands ont conquis l'Angleterre. Qu'y ont-ils apporté et quel effet a dû produire la conquête sur les Saxons ?

Le système féodal était complétement établi en Normandie; les relations du duc avec ses vassaux, le conseil général des barons, les justices seigneuriales, les cours supérieures du duc, tout cela était déjà organisé. Ce système est impraticable dans un grand État, surtout avec des mœurs peu avancées; il amène la dislocation de l'État et de la souveraineté, et une fédération d'individus puissants qui démembrent la royauté. Mais dans un État borné, comme la Normandie, le système féodal peut subsister sans détruire l'unité; et malgré les guerres de Guillaume avec quelques-uns de ses vassaux, il était bien réellement le chef puissant de son aristocratie féodale. La preuve en est dans l'entreprise même où il la conduisit. Il avait, selon les chroniques, de 40 à 60,000 hommes, parmi lesquels 25,000 aventuriers soldés ou engagés par des promesses; ce n'était pas un chef de barbares, mais un souverain entreprenant une invasion à la tête de ses barons.

Après la conquête et l'établissement, les liens de l'aristocratie normande durent encore se resserrer. Campés au milieu d'un peuple ennemi et capable de résistance, les conquérants avaient besoin d'unité; ils se serrèrent entre eux et fortifièrent le pouvoir central. Sur le continent, après les invasions barbares, on ne voit presque aucune insurrection des anciens habitants; les guerres et les luttes sont entre les conquérants eux-mêmes; en Angleterre, elles sont entre les conquérants et le peuple conquis. On rencontre bien de temps en temps quelques révoltes des barons normands contre le roi; mais ces deux pouvoirs marchaient communément ensemble, leur intérêt était leur lien. De plus, Guillaume avait trouvé un domaine royal considérable et tout formé; les confiscations sur les Anglo-Saxons rebelles l'augmentèrent encore. Quoique la spoliation ne fût pas universelle, elle se fit avec une promptitude et une régularité sans exemple. Guillaume eut bientôt près de 600 vassaux immédiats, presque tous normands, et la propriété territoriale fut divisée en 60,215 fiefs de chevalier, un grand nombre appartenant souvent au même maître : ainsi, le seul Robert de Mortaigne possédait 973 manoirs, le comte de Warenne 278, Roger Bigod 123 ; mais tous dispersés en différents comtés, car le prudent Guillaume voulait bien faire ses vassaux riches, mais il ne voulait pas les faire trop puissants.

Une autre preuve de la cohésion de l'aristocratie normande, c'est le *doomsday book*, ou statistique des fiefs royaux, revue des terres domaniales et des vassaux immédiats du roi, commencée en 1081 et finie en 1086; elle fut faite par le moyen de jurés. Le roi Alfred avait aussi fait faire une revue analogue qui s'est perdue. Rien de semblable n'a été fait ailleurs.

La même cause qui rendit la féodalité normande en Angleterre plus compacte et plus régulière que sur le continent produisit un effet analogue sur les Saxons. Opprimés par un ennemi puissant et bien uni, ils se serrèrent, se replièrent en corps de nation, et se rattachèrent fortement à leurs anciennes lois. Et d'abord l'établissement de Guillaume n'eut pas tout à fait l'air d'être l'œuvre de la force; il y eut quelques formes d'élection; après la bataille de Hastings, la couronne lui fut offerte par les Saxons, et lors de son couronnement à Westminster, il jura de gouverner les Saxons et les Normands par des lois égales. On voit, depuis cette époque, les Saxons réclamer sans cesse comme leur droit les lois d'Édouard-le-Confesseur, c'est-à-dire, les lois saxonnes, et ils les obtiennent successivement de tous les rois normands. Ces lois devinrent ainsi leur point de ralliement, leur droit primitif et permanent. Les cours de comté, qui continuèrent de subsister, servirent d'appui aux libertés saxonnes. La juridiction féodale avait fait, parmi les Saxons, peu de progrès; elle s'étendit avec les Normands; mais elle n'eut pas le temps de pousser de profondes racines, car elle se trouva pressée entre les cours de comté, d'une part, et la juridiction royale de l'autre. Sur le continent, c'est l'autorité royale qui a conquis le pouvoir judiciaire sur la féodalité; en Angleterre, l'autorité royale est venue se superposer aux cours de comté. De là l'immense différence des deux systèmes judiciaires.

Enfin les Saxons conservaient des propriétés territoriales, et les défendaient ou les réclamaient en vertu de titres antérieurs à la conquête, et ces titres étaient reconnus.

En résumé, la conquête des Normands ne détruisit point le droit chez les Saxons, ni dans l'ordre politique, ni dans l'ordre civil. Elle combattit chez les deux peuples cette tendance à l'isolement, à la dissolution de la société et du pouvoir, qui était le cours général des choses en Europe. Elle lia les Normands entre eux et les Saxons entre eux; elle les mit en présence avec des forces et des droits mutuels, et amena ainsi, dans une certaine mesure, l'amalgame des deux nations et des deux systèmes d'institutions, sous la main d'un pouvoir central assez fort. Les Saxons conservèrent leurs mœurs avec leurs lois ; leurs intérêts furent pendant longtemps des intérêts de liberté, et ils étaient en état de les défendre. C'est cette situation, bien plus que la nature même des institutions saxonnes, qui a fait prévaloir en Angleterre un système de gouvernement libre.

QUATRIÈME LEÇON.

Objet de la leçon. — Du Parlement dans les premiers temps de la monarchie anglo-normande. — Noms divers du grand conseil du roi. — Ses attributions. — Sa composition. — Opinions des Torys et des Whigs à ce sujet.

Vous avez vu quelle fut, sur la destinée politique de l'Angleterre, l'influence de la conquête normande et de la situation dans laquelle elle mit les deux peuples. Ils ne s'unirent point et ne se détruisirent point mutuellement. Ils vécurent à l'état de lutte nationale et politique, l'un investi d'une grande force de gouvernement, l'autre ne manquant pas de moyens de résistance. Nous avons maintenant à rechercher quelles étaient les institutions par lesquelles avait lieu cette lutte.

Nous ne nous occuperons pas de toutes les institutions qui régissaient alors la société; celles-là seules nous intéressent dans lesquelles le gouvernement représentatif a pris son origine, car ce sont les origines du gouvernement représentatif que nous cherchons.

Pour déterminer avec précision l'objet de notre étude, il est nécessaire de se faire une idée des diverses fonctions du pouvoir appliqué au gouvernement de la société. En première ligne se présente le pouvoir législatif qui impose des règles et des obligations à la société tout entière et au pouvoir exécutif lui-même. Vient ensuite le pouvoir exécutif qui dirige chaque jour les affaires générales de la société, guerre, paix, levée d'hommes, d'impôts. Puis le pouvoir judiciaire qui statue d'après des lois préétablies sur des intérêts privés. Enfin, le pouvoir administratif chargé de régler, sous sa responsabilité, les affaires qui ne peuvent être réglées d'avance et par des lois générales.

Depuis trois siècles en France ces pouvoirs vont se centralisant; en sorte que, pour étudier le gouvernement du pays, il est nécessaire de les étudier tous, car ils sont tous unis et aboutissent aux mêmes mains. Richelieu, Louis XIV, la Révolution, Napoléon, dans des situations différentes, semblent avoir hérité des mêmes projets et marché vers le même but. Il n'en a pas été de même en Angleterre. Le pouvoir administratif, par exemple, y est encore aujourd'hui divisé et subdivisé ; il appartient soit aux intéressés eux-mêmes, soit à des magistrats locaux, indépendants du centre de l'État et ne faisant point corps entre eux. Le pouvoir judiciaire lui-même est divisé. Il en était ainsi, à plus forte raison, dans la vieille Angleterre, comme dans toutes les sociétés peu avancées. Les pouvoirs divers y sont non-seulement disséminés, mais confondus. Le pouvoir législatif lui-même n'est guère plus central que les autres; les pouvoirs locaux l'usurpent sans cesse. Le pouvoir judiciaire est presque tout local. La centralisation commence par le pouvoir exécutif proprement dit, et celle-là demeure assez longtemps la seule. La preuve en est dans le régime féodal où presque tous les pouvoirs, justice, milice, taxes, etc., étaient locaux, quoique la hiérarchie féodale eût à sa tête le roi et l'assemblée des grands possesseurs de fiefs.

Dans cette dissémination et cette confusion des pouvoirs à l'époque qui nous occupe, ce que nous avons à étudier pour reconnaître les origines du gouvernement représentatif, ce sont les institutions centrales, c'est-à-dire, le parlement et le roi. Sur le continent, la centralisation a été l'œuvre du pouvoir absolu qui a brisé et absorbé tous les pouvoirs locaux. En Angleterre, au contraire, les pouvoirs locaux ont subsisté après mille vicissitudes, et en se régularisant de plus en plus. Un gouvernement central en est sorti par degrés, s'est progressivement formé et étendu. Nous suivrons pas à pas cette formation, et nous n'étudierons les institutions locales que dans leurs rapports avec ce grand fait. Nous verrons que cette circonstance a été la principale cause de l'établissement d'un régime libre en Angleterre.

Il est aisé de présumer que, dans un tel état de la société, il n'existe longtemps, à proprement parler, point d'autre institution centrale que la royauté. Il y a quelques maximes, quelques habitudes d'action politique centrale, mais point de règle constante : les faits sont divers et contradictoires. Les hommes considérables, presque souverains dans leurs domaines, sont beaucoup moins avides de participer au pouvoir central; ils essayent de s'en défendre chaque fois qu'il les atteint, bien plus qu'ils ne s'appliquent à le régler d'avance et en général. De même qu'en France, à la fin de la dynastie Carlovingienne, on a peine à trouver un roi, de même en Angleterre, sous les premiers rois normands, on a peine à trouver un parlement. Ce qui en existe ne diffère guère du Wittenagemot saxon dans son dernier état avant la conquête, ou du conseil des barons en Normandie. On trouve dans les historiens et dans les chartes les noms suivants : *Curia de more, Curia regis, Concilium, magnum Concilium, commune Concilium, Concilium regni*. Mais ce ne sont là que des mots vagues qui désignent des assemblées dont rien n'indique la formation et le pouvoir. Hale y voit un « parlement aussi complet et aussi réel qu'il en ait jamais été tenu en Angleterre »; Carte et Brady n'y voient que des tribunaux, des conseils privés dépendants du roi, ou des réunions pompeuses dans certaines solennités.

Il faut reprendre chacun de ces mots, et chercher à

quels faits ils correspondent dans l'époque qui nous occupe.

Selon les Torys en général, les mots *Curia de more* ou *Concilium, Curia regis, magnum* ou *commune Concilium*, désignent des assemblées différentes. *Concilium* est un conseil privé composé d'hommes choisis par le roi pour le servir dans le gouvernement. Ce *Concilium* était en même temps *Curia regis*, tribunal jugeant les affaires portées devant le roi, et présidé par lui, ou en son absence par le grand justicier. On l'appelait aussi *Curia de more*, parce qu'il se réunissait, selon l'ancien usage, trois fois dans l'année, à Pâques, à la Pentecôte et à Noël, et était même ajourné régulièrement d'époque en époque, comme le sont aujourd'hui les cours de Westminster.

Selon les Whigs, ces mots désignent tous originairement et jusqu'à Henri II (1154-1189) l'assemblée générale des grands du royaume, nécessairement réunis auprès du roi pour juger, faire les lois et concourir au gouvernement.

La première de ces opinions restreint beaucoup trop le sens des mots; la seconde généralise trop les faits isolés, et leur attribue trop d'importance.

Curia de more, *Curia regis*, n'étaient, dans l'origine, ni le simple conseil privé du roi ni son tribunal; c'était évidemment une grande assemblée où venaient les grands du royaume, soit pour traiter des affaires de l'État, soit pour rendre la justice avec le roi.

« Le roi, dit la chronique saxonne, portait sa cou-
« ronne trois fois par an : à Pâques, à Winchester ; à la
« Pentecôte, à Westminster; à la Noël, à Glocester;
« et alors étaient avec lui tous les grands hommes de
« toute l'Angleterre, archevêques et évêques, abbés et
« comtes, thanes et chevaliers.

« Un édit royal, dit Guillaume de Malmesbury, appe-
« lait à la *Curia de more* tous les grands de tout état,
« afin que les envoyés des nations étrangères admi-
« rassent l'état de cette foule et l'appareil des fêtes. »

« Sous Guillaume-le-Roux, dit Eadmer, tous les
« grands du royaume venaient, selon l'usage, à la
« cour du roi, le jour de la nativité de Notre Seigneur. »
Anselme, archevêque de Cantorbéry, s'étant rendu
ad Curiam pro more, « fut reçu avec joie par le roi et
par toute la noblesse du royaume. » En 1109, à Noël,
« le royaume d'Angleterre se réunit à Londres, à la
cour du roi, selon l'usage. »

Curia regis désignait ordinairement le lieu de la
résidence du roi, et par extension l'assemblée tenue
dans ce lieu; cette assemblée était générale, et non une
simple réunion de juges permanents. Guillaume Ier,
sommant les ducs de Norfolk et de Hereford de venir
se faire juger *in Curia regis*, « convoqua, dit Orderic
Vital, tous les grands à sa cour. » Plusieurs assemblées
judiciaires, tenues sous Guillaume-le-Roux, sont appe-

lées *fermé totius regni nobilitas, totius regni adunatio*. Des faits et des désignations du même genre se retrouvent sous le règne d'Étienne. Même sous Henri II, où la cour du banc du roi était déjà devenue un tribunal distinct, l'expression *Curia regis* s'applique à l'assemblée générale qui traite des affaires publiques. Henri convoque sa *Curia* à Bermondsey. « *cum principibus suis de statu regni et pace reformanda tractans.* » La deuxième des constitutions de Clarendon ordonne à tous les vassaux immédiats de la couronne : « *interesse judiciis curiæ regis.* » Le grand conseil de Northampton, qui jugea les plaintes de la couronne contre Becket, est dit *Curia regis* ; il comprenait non-seulement les évêques, comtes et barons, mais encore les shérifs et les barons *secundæ dignitatis*. Enfin, sous Richard Ier, l'assemblée générale des grands du royaume est encore appelée *Curia regis* dans le procès de l'archevêque d'York : « A ce jour vinrent là le comte de Morton et presque tous les évêques, comtes et barons du royaume. »

La raison fait pressentir ce que prouvent tous ces faits. A cette époque, les pouvoirs législatif et judiciaire n'étaient point séparés. Ils résidaient l'un et l'autre dans l'assemblée des grands, comme auparavant dans le wittenagemot saxon. Quand il s'agissait d'un homme ou d'un débat important, cette assemblée jugeait, comme elle intervenait dans toutes les grandes occasions du gouvernement. Ainsi, toutes ces expressions diverses désignent originairement la même assemblée composée des grands du royaume appelés à intervenir dans le gouvernement.

Comment y intervenaient-ils ? quels étaient leur pouvoir, leurs attributions ? Questions vaines alors, car personne n'avait d'attributions déterminées, tout était matière de fait et de nécessité. Voici les faits. « C'était l'ancien usage que les grands d'Angleterre se réunissent à Noël dans la cour du roi, soit pour célébrer la fête, soit pour rendre au roi leurs hommages, soit pour délibérer sur les affaires du royaume. » On trouve ces assemblées occupées de la législation, des affaires ecclésiastiques, des questions de paix et de guerre, de la nomination aux grands emplois publics, des taxes extraordinaires, de la succession à la couronne, de l'administration de la justice, des affaires domestiques du roi, de son mariage, de celui de ses enfants, des dissensions dans la famille royale; en un mot, de toutes les affaires du gouvernement, dit Florence de Worcester, toutes les fois que le roi ne se croyait pas assez fort pour les régler sans le secours de l'assemblée générale, ou lorsque la manière dont il les avait réglées excitait des plaintes assez générales pour lui faire sentir la nécessité des transactions.

Quant à la tenue de ces assemblées, elle n'était point régulière; les Whigs ont attaché trop d'importance aux trois époques indiquées pour leur convocation annuelle : ces réunions étaient plutôt des solennités, des fêtes, que des assemblées publiques. Le roi mettait alors une grande importance à se montrer entouré de nombreux et riches vassaux, *species multitudinis*; la force et la dignité étaient là pour lui, comme pour chaque baron dans ses domaines. D'ailleurs, sous Henri II et Étienne, on cessa d'observer régulièrement ces trois époques. D'autre part, les Torys, ne considérant pas les réunions dites *Curiæ de more et Curia regis* comme des assemblées politiques, les ont présentées comme fort rares, ce qui n'est pas; il n'est pas un règne, depuis la conquête jusqu'au roi Jean, où l'on n'en trouve plusieurs exemples; seulement rien n'était réglé ni fixé à cet égard.

Reste la question de la composition de ces assemblées. Les historiens et les chartes ne disent rien de précis à ce sujet : on donne à leurs membres les noms de *magnates*, *proceres*, *barones*, quelquefois *milites*, *servientes*, *liberi homines*. Tout porte à croire que le principe féodal était ici appliqué, et que, de droit, tous les vassaux immédiats du roi lui devaient le service dans sa cour comme à la guerre. D'autre part, sous Guillaume Iᵉʳ, le nombre de vassaux de la couronne dépassait 600; il n'y a pas lieu de croire qu'ils se rendissent tous à l'assemblée, et aucun fait ne l'indique. C'était déjà, pour la plupart, un service onéreux plutôt qu'un droit ; aussi, il ne s'en présentait qu'un petit nombre.

Le mot le plus fréquemment employé est celui de *barones;* il paraît s'être appliqué originairement à tous les vassaux directs de la couronne, *per servitium militare*, par service de chevalerie ; on voit le mot se resserrer peu à peu, et s'appliquer presque exclusivement aux vassaux de la couronne assez riches, assez grands propriétaires pour avoir une cour de justice établie dans le siége de leur baronnie. Il est même difficile d'admettre que ce dernier principe ait été généralement suivi. Le nom de *barones* finit par ne s'appliquer qu'aux vassaux immédiats assez puissants pour que le roi se crût obligé de les convoquer. Il n'y eut point de règle primitive et constante qui distinguât les barons des autres vassaux ; mais il se forma par degrés une classe de vassaux plus riches, plus importants, plus habituellement occupés avec le roi des affaires de l'État, et qui finirent par s'arroger exclusivement le titre de *barons*.

Les évêques et les abbés faisaient aussi partie de ces assemblées, et comme chefs du clergé, et comme vassaux immédiats du roi ou des barons.

Nulle trace d'élection et de représentation ne se montre, soit de la part des vassaux du roi qui ne se rendaient pas à l'assemblée, soit de la part des villes ; celles-ci avaient en général beaucoup souffert par la conquête normande. York était tombé de 1607 maisons à 967 ; Oxford, de 721 à 243 ; Derby, de 243 à 140 ; Chester, de 487 à 282.

Ce sont là les faits essentiels qu'on peut recueillir sur la composition et la puissance de la cour du roi, ou assemblée générale des grands de la nation. On voit combien peu d'influence devait exercer une assemblée aussi peu régulière ; on le verra bien mieux encore lorsque nous aurons mis en parallèle les droits, les revenus, et tout le pouvoir dont jouissait alors la royauté.

CINQUIÈME LEÇON.

Objet de la leçon. — De la royauté anglo-normande. — Sa richesse. Ses pouvoirs. — Comparaison des forces relatives de la couronne et de l'aristocratie féodale. — Progrès du pouvoir royal. — Esprit d'association et de résistance parmi les grands barons. — Commencement de lutte entre ces deux forces politiques.

Pour bien juger de l'importance et du pouvoir de la royauté à l'époque qui nous occupe, il faut d'abord connaître sa position et ses moyens de fait; nous verrons par l'étendue de ces moyens, et par les avantages de cette position, combien devait être faible, à côté du pouvoir royal, l'influence de l'assemblée des barons.

La richesse du roi normand était indépendante de ses peuples; il possédait une immense quantité de domaines, 1462 manoirs et les principales villes du royaume. Ces domaines s'augmentaient sans cesse, soit par des confiscations dont les causes étaient fréquentes, soit par la déshérence. Le roi donnait des terres en tenure libre à des cultivateurs qui lui en payaient une rente déterminée (*free socage tenure*). De là sont venus la plupart des francs tenanciers, soit dans les domaines du roi, soit dans ceux de ses barons. Le roi, dans ses domaines, imposait des tailles à volonté ; il imposait aussi arbitrairement des droits de douane sur l'importation et l'exportation des marchandises ; il réglait les amendes et le rachat des crimes. Il vendait les offices publics, entre autres celui de shériff, lucratif à cause de sa part dans les amendes. Le comté payait quelquefois pour avoir le droit de nommer son shériff, ou pour éviter telle nomination. Enfin, la vente de la protection et de la justice royale était une source de revenus considérables.

Quant aux vassaux immédiats du roi, ils lui devaient : 1° un service militaire de quarante jours, quand ils en étaient requis ; 2° une aide d'argent en trois circonstances : pour racheter le roi prisonnier, pour armer son fils aîné chevalier, et pour marier sa fille aînée. Le montant de cette aide demeura indéterminé jusqu'au règne d'Édouard 1er ; elle fut fixée alors à 20 schellings par fief de chevalier, et autant pour la valeur de 20 livres sterling de terre tenue *en socage* ; 3° le roi avait sur ses vassaux les droits de relief, à la mort du possesseur du fief ; de tutelle, si l'héritier était mineur, avec la jouissance de tous les revenus jusqu'à la majorité ; de mariage, c'est-à-dire, que le vassal du roi ne pouvait se marier sans son consentement. Tous ces droits étaient indéterminés, et donnaient lieu à des transactions où la force avait tout l'avantage; 4° la dispense du service militaire féodal donna lieu à l'impôt dit *escuage*, sorte de rachat que le roi fixait arbitrairement, comme représentant un service auquel il avait droit; il l'imposa même souvent à ses vassaux lorsqu'ils eussent préféré servir en personne. Henri II leva, à son pur arbitre, cinq *escuages* dans le cours de son règne.

A ces taxes levées par le roi, il faut encore ajouter le *dânegeld*, ou taxe pour se défendre des Danois ; cette taxe fut plusieurs fois sur toutes les terres du royaume durant cette époque. Le dernier exemple se rapporte à la vingtième année du règne de Henri II.

A la faveur de ces revenus indépendants et de ces taxes arbitraires, les rois normands entretenaient constamment des corps de troupes soldées qui affranchissaient leur pouvoir: ce qui n'eut lieu que beaucoup plus tard sur le continent.

Enfin, de Guillaume-le-Conquérant à Henri II, le pouvoir judiciaire alla toujours se centralisant dans les mains du roi. Sous ce dernier règne, l'œuvre était à peu près consommée : voici quelle en fut la marche.

Dans l'origine, les juridictions coexistantes étaient : 1° les cours de centurie et de comté, ou réunions des francs tenanciers de ces subdivisions territoriales, sous la présidence du shériff; 2° les cours de baronnie ou juridictions féodales ; 3° la grande cour du roi, où le roi et l'assemblée des barons rendaient la justice aux barons entre eux, ou en cas de recours, ce qui ne pouvait avoir lieu que lorsque la justice avait été refusée dans la cour du manoir ou comté.

La cour de l'Échiquier, instituée par Guillaume-le-Conquérant, ne fut d'abord qu'une simple cour des comptes administrant les revenus du roi, recevant les comptes des shériffs, baillis, etc., et jugeant les procès qui s'élevaient à ce sujet. Elle était composée de barons choisis par le roi pour former son conseil et l'aider dans son gouvernement. Plus la grande assemblée, *curia regis*, devint rare, plus la cour de l'Échiquier gagna en importance. Les barons qui la composaient commencèrent à juger d'eux-mêmes, et seuls, en l'absence et avant la convocation de l'assemblée ; la nécessité introduisit ce changement, l'usage y accoutuma, et une loi finit par l'établir. Vers l'an 1164, sortit du sein de la cour de l'Échiquier une autre cour de justice royale qui en était distincte, mais dont les membres étaient aussi membres de la cour de l'Échiquier. Les rois aidèrent à ce changement, parce que leur revenu s'en accrut. On établit alors des **writs de chancellerie**, qui donnaient aux acheteurs le **droit** de recourir à la justice du roi sans passer par les justices subalternes. Bientôt l'ignorance des francs tenanciers qui composaient les cours de comté y nécessita la même extension de la justice royale, et sous le règne de Henri Ier, des *itinerant justices*, juges ambulants, furent envoyés dans les comtés pour y faire ce que faisait auprès du roi la cour de l'Échiquier. Cette institution ne fut en pleine vigueur que sous Henri II.

Ainsi s'établit la prédominance du roi dans l'ordre judiciaire ; elle fut un puissant moyen de centralisation et d'unité ; et cependant, comme les juges royaux ne firent que s'imposer au-dessus de l'institution du jury, et non s'y substituer, comme les questions de fait et de droit demeurèrent distinctes, le germe des institutions libres dans l'ordre judiciaire ne fut pas étouffé.

Un roi investi de tels moyens pouvait difficilement être contenu par une assemblée irrégulière. Aussi, le gouvernement des rois normands fut-il presque toujours, en fait, arbitraire et despotique. Les personnes et les biens n'étaient jamais à l'abri ; les lois, les taxes et les jugements étaient presque toujours le fait de la volonté royale seule.

Quand on considère ces faits dans leur ensemble, et selon le point de vue sous lequel on les envisage, on est conduit à deux résultats fort contraires : d'une part on voit l'assemblée générale de la nation intervenir assez fréquemment dans les affaires publiques ; non en vertu de telle ou telle attribution, non pour exercer tel ou tel droit spécial, comme celui de faire les lois générales, ou de voter les impôts; mais dans les occasions les plus diverses, et comme appelée à concourir au gouvernement tout entier. Les lois, les relations extérieures, la paix, la guerre, les affaires ecclésiastiques, le jugement des grandes causes, l'administration des domaines, les nominations aux grands emplois publics, l'intérieur même de la maison et de la famille royale, tout semble du ressort de l'assemblée nationale. Nulle affaire ne lui est étrangère, nulle attribution ne lui est interdite, nul droit d'examen ou d'action ne lui est refusé. Toute distinction d'attributions, toute démarcation entre les prérogatives de la couronne et celles de l'assemblée, paraissent inconnues; on dirait que le gouvernement tout entier est du ressort de l'assemblée, et qu'elle y exerce directement cette action, cette surveillance générale qui, dans le système représentatif mûr et complet, lui appartiennent indirectement par son influence sur le choix des dépositaires du pouvoir, et par le principe de la responsabilité.

D'un autre côté, si l'on oublie l'assemblée et qu'on examine isolément le pouvoir royal, on le voit s'exercer, en une foule d'occasions, d'une manière aussi arbitraire, aussi absolue que si nulle assemblée n'était là pour intervenir dans le gouvernement. A lui seul, le roi fait des lois, lève des taxes, dépossède des propriétaires, condamne et bannit des hommes importants, exerce enfin tous les droits de la souveraineté illimitée. Cette souveraineté paraît tout entière, tantôt dans les mains de l'assemblée, tantôt dans celles du roi; et quand l'assemblée vient à s'occuper de tous les détails du gouvernement, on ne voit pas que le roi s'en plaigne comme d'un empiétement sur ses prérogatives; quand, au contraire, le roi gouverne en despote, on ne voit pas que l'assemblée s'élève contre l'extension du pouvoir royal comme portant atteinte à ses droits.

Ainsi se rencontrent à la fois, dans cette enfance de la société, des faits qui semblent appartenir à un système d'institutions libres pleinement développé, et des faits qui caractérisent le pouvoir absolu. D'un côté, le but des gouvernements libres, qui est de faire intervenir, directement ou indirectement, la nation dans les affaires publiques, paraît atteint; d'un autre côté, la domination indépendante et arbitraire du pouvoir royal paraît reconnue.

C'est en effet ce qui doit arriver dans le désordre d'une civilisation naissante et orageuse. La société est en proie au chaos. Tous les droits et tous les pouvoirs y coexistent; mais ils y sont confondus, sans règle, sans limites et sans garantie légale. Les hommes libres n'ont encore abdiqué aucune de leurs libertés; la force n'a encore renoncé à aucune de ses prétentions. Si on eût dit aux barons de Guillaume ou de Henri Ier qu'ils n'avaient rien à voir dans les affaires de l'État si ce n'est quand le roi demandait un impôt, ils se seraient indignés. Toutes les affaires de l'État étaient les leurs, par cela seul qu'ils y étaient intéressés ; et quand ils étaient appelés à délibérer sur la paix ou la guerre, ils croyaient exercer leur droit, non point faire une conquête sur l'autorité royale. Tout homme libre, et assez fort pour défendre sa liberté, ne reconnaissait à personne le droit de disposer de lui sans son consentement, et trouvait tout simple d'avoir à donner son avis sur tout ce qui l'intéressait. Le roi, à son tour, mesurant son droit sur sa force, ne reconnaissait à personne, et par conséquent à aucune assemblée, le droit légal de l'empêcher de faire ce qu'il pouvait faire seul. Il n'y avait donc, à proprement parler, ni droits ni pouvoirs publics ; ils étaient presque absolument individuels et dépendants du fait ; on les retrouve tous, mais tous isolés, et ne sachant ni se reconnaître ni se constituer.

Dans ce désordre, le gouvernement habile et énergique de Guillaume Ier, de Henri Ier et de Henri II, fit prendre successivement au pouvoir royal beaucoup de généralité et de consistance. Aussi les assemblées nationales deviennent peu à peu plus rares et moins influentes ; sous Étienne, elles disparaissent presque entièrement. Les barons s'isolent du centre, et sont plus occupés de régner dans leurs domaines, que de s'associer au pouvoir royal pour le contrôler ou le restreindre. Chacun se renferme plus exclusivement dans ses affaires ; et le roi, suivant cet exemple, s'empare presque exclusivement de celles de l'État. Il profite du besoin d'ordre et de régularité qui se fait sentir chaque jour, pour s'en constituer en quelque sorte le dispensateur. Par là, il devient bientôt le premier en nom, le plus puissant en fait. C'est par lui que les routes deviennent plus sûres, c'est lui qui protége les faibles, qui réprime les brigandages. Le maintien de l'ordre public devient la tâche du pouvoir royal, et lui est un moyen de s'étendre et de s'affermir de plus en plus. Tout ce qu'il a conquis en fait, il le proclame son droit. Ainsi se crée la prérogative royale.

Mais en même temps diverses circonstances concourent à tirer les barons de leur isolement, à les unir entre eux, et à en former une aristocratie. Le trône anglo-normand est successivement occupé par trois usurpateurs, Guillaume II, Henri Ier et Étienne. Investis d'un pouvoir dont le titre est douteux, ils se sentent obligés de se faire reconnaître par les barons : de là les concessions des premières chartes. Aucun des barons n'étant assez puissant pour réprimer à lui seul l'extension menaçante du pouvoir royal, ils contractent l'habitude des coalitions; et chacun des barons coalisés, ayant besoin de s'attacher ses vassaux, leur fait aussi des concessions. L'absence des grands fiefs a servi en

Angleterre et le pouvoir et la liberté ; elle a permis au pouvoir d'arriver plus promptement à l'unité ; elle a forcé la liberté à chercher sa garantie dans l'esprit d'association. Enfin ce qui contribua décidément à former et à consolider cette coalition aristocratique, ce furent les dérèglements et les usurpations de Jean-sans-Terre pendant la longue absence de Richard-Cœur-de-Lion, les désordres et les guerres civiles, suite naturelle de cette absence. Au milieu de ces désordres, le gouvernement tomba aux mains d'un conseil de barons, c'est-à-dire, d'une portion de l'aristocratie. Ceux qui n'avaient point de part au pouvoir ne cessaient de le contrôler et d'y prétendre : par là les uns prirent l'habitude de gouverner, les autres celle de résister à un gouvernement qui était celui de leurs égaux et non du roi lui-même. Jean, par sa lâcheté et sa basse familiarité, avait déconsidéré le trône avant d'y monter, et ses barons conçurent beaucoup plus facilement l'idée de résister à un roi qu'ils avaient méprisé comme prince.

Ainsi se séparèrent et se formèrent dans l'espace de cent trente ans, d'une part, le pouvoir royal, de l'autre, le corps des barons, d'abord confondus et gouvernant presque en commun. La lutte va s'établir entre ces deux forces, et nous verrons la royauté sans cesse occupée à défendre ses privilèges, l'aristocratie sans cesse appliquée à lui arracher des concessions. L'histoire des chartes anglaises, depuis le règne de Guillaume Ier jusqu'à celui d'Édouard Ier qui en accorda la confirmation générale, est l'histoire de cette lutte, d'où sont sortis en Angleterre les premiers éléments d'un gouvernement libre, c'est-à-dire, des droits publics et des garanties politiques.

SIXIÈME LEÇON.

Objet de la leçon. — Histoire des Chartes anglaises. — Charte de Guillaume-le-Conquérant (1071). — Charte de Henri Ier (1101).— Chartes d'Étienne (1135-1136). — Charte de Henri II (1154).

Les libertés ne sont rien tant qu'elles ne sont pas devenues des droits, des droits positifs, formellement reconnus et consacrés. Les droits, même reconnus, ne sont rien tant qu'ils ne sont pas retranchés derrière des garanties. Enfin les garanties ne sont rien tant qu'elles ne sont pas maintenues par des forces indépendantes dans la limite de leurs droits.

Convertir les libertés en droits, entourer les droits de garanties, remettre le soin de ces garanties aux forces capables de les maintenir, telle est la marche progressive vers un gouvernement libre.

Cette progression a été précisément réalisée en Angleterre dans la lutte dont nous allons retracer l'histoire. Les libertés se convertirent d'abord en droits; quand les droits furent à peu près reconnus, on leur chercha des garanties; on mit ensuite ces garanties entre les mains de forces régulières. Ainsi se forma le gouvernement représentatif.

C'est à dater du règne du roi Jean qu'éclatent les efforts de l'aristocratie anglaise pour faire reconnaître et constater ses droits; elle demande des chartes, elle les arrache. Sous le règne d'Édouard Ier, les chartes sont pleinement reconnues et confirmées; elles deviennent un vrai droit public. Enfin c'est à la même époque que commence la formation définitive du parlement, c'est-à-dire, l'organisation des garanties politiques, ainsi que la création du pouvoir régulier auquel elles sont confiées.

J'ai montré comment s'étaient formées, cimentées et mises en présence les deux grandes forces publiques, la royauté et le conseil des barons. Il faut maintenant suivre ces forces dans les combats qu'elles se sont livrés pour faire reconnaître et régler leurs droits réciproques, c'est-à-dire dans l'histoire des chartes. Je rechercherai ensuite comment se sont organisées les garanties, c'est-à-dire, comment s'est formé le parlement.

Quand Guillaume-le-Conquérant arriva en Angleterre, sa situation vis-à-vis des barons et des chevaliers normands était déjà réglée sur le continent par la loi féodale; leurs droits respectifs étaient fixés et reconnus. Après la conquête, la crainte des Anglo-Saxons tint le roi et les Normands assez unis pour qu'ils ne songeassent guère à s'arracher réciproquement des concessions.

Il n'en était pas ainsi des relations de Guillaume avec ses sujets anglais. Il fallait régler ces relations ; il y avait là une législation à créer, des droits à reconnaître ou à contester. Les Anglais firent les plus grands efforts pour conserver leurs lois saxonnes ; et ce fut, à ce qu'il paraît, dans la quatrième année du règne de Guillaume, l'an 1071, qu'ils en obtinrent le maintien. Il y a lieu de croire que c'est à cette occasion qu'il donna la charte intitulée : *Charta regis de quibusdam statutis per totam Angliam firmiter observandis*. On a voulu que cette charte n'ait été donnée qu'à la fin du règne de Guillaume ; je ne vois pas de raison pour la rejeter à cette époque.

Cette charte, dont on a quelquefois, à tort selon moi, mis en doute l'authenticité[1], est une sorte de déclaration vague qui contient les principes généraux du droit politique féodal. Guillaume y reconnaissait des droits qu'il se permit souvent de ne pas respecter, car sa puissance lui rendait aisée la violation de ses promesses. Les barons normands ne faisaient point

---

[1] L'original est perdu, mais il en existe une copie dans le livre rouge de l'échiquier : ce qui est une forte présomption pour la croire authentique. D'ailleurs, la Charte de Henri Ier y fait évidemment allusion.

corps, si ce n'est contre les Anglais ; chacun d'eux n'était guère occupé qu'à s'établir dans ses nouveaux domaines. S'ils se soulevaient quelquefois contre la tyrannie de Guillaume, leurs révoltes étaient partielles, et le roi se servait habilement des Anglais eux-mêmes pour les réprimer. Son fils Guillaume-le-Roux, usant de la même politique, obtint les mêmes succès.

Mais Henri Ier eut besoin de racheter son usurpation ; la charte qu'il accorda fut la conséquence nécessaire de son avénement au trône.

Cette charte contient la promesse solennelle de respecter tous les anciens droits. Le roi y promet de ne plus suivre *toutes les mauvaises coutumes* qui accablaient le royaume d'Angleterre sous le roi son frère, c'est-à-dire, de ne plus toucher aux revenus des abbayes et des évêchés vacants, de ne plus vendre ni affermer les bénéfices ecclésiastiques, de permettre aux héritiers de ses vassaux de recueillir leurs héritages, moyennant un juste et légitime relief. Il assure à ses barons le droit de marier leurs filles ou leurs sœurs à qui ils voudront, excepté à quelqu'un de ses ennemis ; il accorde aux veuves restées sans enfants la possession de leur dot et de leur douaire, ainsi que la liberté de ne se marier que selon leur volonté, et renonce au droit de tutelle, le remettant aux mains soit de la femme, soit d'un parent. Il donne à tous ses vassaux le droit de disposer de leurs biens, ou par don ou par testament, renonce au droit de lever arbitrairement des taxes sur les fermes de ses vassaux, abandonne les forêts qu'avait usurpées Guillaume-le-Roux, et abolit les aides féodales, même dans les trois cas que nous avons déjà spécifiés. Enfin, il prohibe le droit de monnoyage dans les villes et les comtés, pardonne toutes les offenses, tous les crimes commis avant son règne, et recommande à ses vassaux de faire jouir leurs propres vassaux de tous les avantages qu'il leur accorde à eux-mêmes.

Ces concessions étaient de pures reconnaissances de droits, sans garanties. Aussi au mépris de ses serments, Henri viola tant de magnifiques promesses, et les abus qu'elles devaient détruire n'en subsistèrent pas moins, durant son règne, dans toute leur étendue.

Une autre charte fut accordée par Henri I*er* à la ville de Londres. Elle l'autorisait, entre autres choses, à élire son shériff et son justicier, à tenir ses assemblées accoutumées, à ne payer ni le *dânegeld* ni aucun *scot* ou impôt pour les travaux le long des rivières, et à ne pas loger la suite du roi.

Enfin, on trouve de nouvelles promesses, de nouvelles concessions faites par Henri I*er* en 1101, lorsque son frère Robert tenta de revendiquer ses droits. Voulant s'assurer de la fidélité de ses barons, Henri les assembla à Londres, et leur tint un discours dans

lequel, après avoir fait un tableau hideux de la personne de Robert, il ajoutait : « Moi, qui suis vraiment
« un roi doux, modeste et pacifique, je vous conser-
« verai et soignerai précieusement vos anciennes
« libertés que j'ai précédemment juré de maintenir ;
« j'écouterai avec patience vos sages conseils, et vous
« gouvernerai justement, d'après l'exemple des meil-
« leurs princes. Si vous le désirez, je confirmerai cette
« promesse par une charte écrite, et je jurerai de nou-
« veau d'observer inviolablement toutes les lois du
« saint roi Édouard, etc., etc. »

Ces promesses, faites au moment du danger, étaient toujours oubliées dès que le danger avait disparu. Durant tout son règne, Henri viola continuellement la charte qu'il avait jurée, soit en ce qui regardait les relations féodales, soit en matière d'impôt. Suivant les historiens, il leva chaque année une taxe de douze deniers sur chaque hyde de terre, taxe qui était probablement la même que le *dânegeld*.

Étienne, successeur de Henri Ier, accorda comme lui des chartes à ses sujets, et ces chartes furent aussi le résultat de son usurpation. Il en publia deux : la première ne fait que confirmer les libertés accordées par Henri Ier, et les lois d'Édouard-le-Confesseur. La seconde est remarquable en ce qu'Étienne y fait la promesse de réformer les abus d'autorité et les exactions de ses shériffs. A cette époque, les emplois publics étaient pris à ferme, et ceux qui les remplissaient, cherchant à en tirer le meilleur parti possible, vexaient pour leur propre compte bien plus que pour celui du roi. Aussi ne faisait-on pas difficulté d'avoir recours au roi contre ses officiers. Toutefois un tel mode de réclamation prouve combien l'on était encore loin de chercher des garanties légales et régulières. Les barons commençaient pourtant à s'en procurer, mais par la force. Ils obtenaient du roi la permission de fortifier leurs châteaux, et de se mettre en état de défense. Enfin, le clergé de son côté, en prêtant serment de fidélité, y mettait pour condition qu'il en serait délié dès que le roi violerait les libertés ecclésiastiques.

La charte donnée par Henri II, vers l'an 1154, n'exprime encore que des reconnaissances de droits; elle ne contient aucune promesse nouvelle, aucune concession de garanties. Le règne de ce prince, vous le savez, fut rempli tout entier par ses querelles avec le clergé, par les révoltes de ses fils, et par ses conquêtes, soit sur le continent, soit en Irlande. Il ne s'éleva aucun débat important entre lui et ses barons; il ne se manifesta aucun progrès dans les institutions, et l'on peut dire que le règne de Henri II, considéré sous ce point de vue, fut un règne d'ordre et d'immobilité.

Cependant, si d'un côté le roi obtenait de ses barons une soumission presque constante et faisait démolir la plupart des châteaux-forts construits sous le règne précédent, de l'autre les villes, principalement celle de Londres, acquéraient des forces et de l'importance, et l'aristocratie devenait de jour en jour plus compacte par la fusion des Normands et des Anglais, fusion qui fut à peu près consommée sous ce règne, du moins dans les classes supérieures.

Le fait le plus important de cette époque, pour ce qui nous occupe, est la substitution de l'*escuage* au service personnel des vassaux. C'est sous le règne de Henri II qu'on voit cet impôt perçu pour la première fois, du moins en vertu d'une mesure générale. L'établissement et les limites de l'escuage devinrent bientôt le principal objet de la lutte entre le roi et les barons. Enfin, l'usage que les rois firent des produits de cet impôt leur fut fatal, car ils s'en servirent pour entretenir des armées de mercenaires étrangers, particulièrement de Brabançons, et ils donnèrent par là aux barons anglais un nouveau motif de se coaliser. L'expulsion des soldats étrangers devint dans la suite l'un des objets des continuelles demandes des barons.

Henri II, vers la fin de son règne, mit de son autorité un impôt d'un sixième sur les biens meubles. Il abandonna le *dânegeld*.

Le règne de Richard, rempli tout entier par ses expéditions brillantes et malheureuses, n'offre rien de remarquable pour l'histoire des institutions. L'éloignement du roi et la faiblesse de la royauté furent, pour l'aristocratie féodale, une occasion d'accroissement ; mais elle ne profita pas alors de sa supériorité pour faire reconnaître ses droits : ce fut sous le règne de Jean que la lutte devint violente et la victoire décisive

SEPTIÈME LEÇON.

Objet de la leçon. — Charte du roi Jean-sans-Terre, ou grande Charte (1215). — Trois époques dans le règne de Jean. — Formation de la coalition des barons. — Guerre civile. — Conférence de Runningmead. — Concession de la grande Charte. — Analyse de cette Charte. — Elle stipule en faveur des droits nationaux comme pour les droits des barons. — Jean sollicite et obtient d'Innocent III une bulle d'annullation de la grande Charte. — Le clergé anglais résiste. — La guerre civile recommence (octobre 1215). — Louis de France, fils de Philippe-Auguste, est appelé par les barons. — Mort du roi Jean (octobre 1216).

Pendant l'absence de Richard, l'administration du royaume était tombée aux mains des barons : l'aristocratie féodale avait recommencé à intervenir directement dans le gouvernement, soit pour l'envahir, soit pour lui résister. Cependant les actes des barons n'avaient plus le même caractère que sous les règnes précédents ; ce n'était plus une résistance déclarée ; ils ne demandaient pas de chartes nouvelles ; ils ne réclamaient pas l'exécution des anciennes; ils amassaient en silence leurs forces pour une lutte qui devait être décisive. On les voit se soumettre aux exactions que Richard fit subir à toutes les classes de la société, soit pour sa croisade, soit pour sa rançon. Cependant les vieilles maximes sur la nécessité du consentement des barons, pour toute imposition extraordinaire, avaient repris vigueur. Ce droit de consentir les tributs était revendiqué avec une fermeté de plus en plus opiniâtre, et dans la première assemblée que Richard, après son retour d'Orient, tint à Nottingham, ce ne fut qu'avec le consentement des barons qu'il put établir un impôt de deux schellings sur chaque *Hyde* de terre. Déjà toute levée de tribut, ordonnée par le roi seul, commençait à soulever les esprits. Aussi la résistance s'annonça dès que Jean monta sur le trône, et l'on vit éclater ce qui s'était préparé sous Richard.

Le règne de Jean peut se diviser en trois époques distinctes : de 1199 à 1206, il est rempli par ses querelles avec le roi de France, et par la lutte que suscite, entre Jean et ses barons, leur refus de le seconder dans ses entreprises sur le continent. De 1206 à 1213, Jean n'est occupé que de ses différends avec le pape et le clergé. Enfin depuis l'an 1213 jusqu'à la fin de son règne, sa position vis-à-vis des barons et du clergé devient de plus en plus hostile; il leur a révélé leur force et sa faiblesse; et, constamment abaissé devant eux, on le voit céder tour à tour au clergé et aux barons toujours unis pour l'attaquer, jusqu'à ce qu'enfin il accorde cette charte célèbre, la grande Charte, monument de la défaite du roi Jean et base de la constitution de l'Angleterre.

Jean n'était pas légitime héritier de la couronne ; elle appartenait à son neveu, Arthur, duc de Bretagne, dont les droits étaient encore confirmés par un testament de Richard. Néanmoins, par ses largesses et ses complaisances, Jean usurpa sans peine le trône d'Angleterre. L'opposition fut plus forte dans ses possessions du continent ; les idées féodales y favorisaient le système de la représentation, et l'on y préférait les droits du fils à ceux du frère. L'Anjou, le Maine, le Poitou, la Touraine se déclarèrent pour Arthur. En 1201 (d'autres disent 1204), Jean demanda aux barons, qu'il avait réunis à Oxford, de l'assister dans la guerre qu'il voulait porter en France. Ils exigèrent, pour prix de cette assistance, que le roi promît de leur rendre leurs libertés et priviléges. Jean, sans leur rien accorder, parvint à les séduire les uns après les autres, et obtint de chacun isolément ce que tous lui avaient refusé. Toutefois cette opposition annonçait que la coalition des barons prenait de la consistance.

Jean, qui n'avait encore rien fait pour mériter qu'on lui pardonnât son usurpation, se rendit odieux par un divorce imprudent et par d'indignes vexations. Il traînait à sa suite des spadassins qu'il nommait champions de la royauté ; il obligeait les barons mécontents à entrer en lice avec eux, et à vider, par ces prétendus combats judiciaires, leurs procès avec la couronne. Enfin ses exactions, ses tyrannies, et surtout le meurtre d'Arthur qu'il assassina, dit-on, de sa propre main, excitèrent contre lui un soulèvement presque général. Abandonné de ses barons, chassé de la Normandie, de l'Anjou, du Maine, de la Touraine et d'une partie du Poitou, Jean, au lieu de se concilier les esprits, ne fit que se les aliéner de plus en plus, et ne se défendit qu'en se rendant encore plus odieux. Un nouvel *escuage* de deux marcs et demi par fief de chevalier fut arraché aux barons. Aussi Jean en essuya-t-il un nouveau refus quand il leur demanda une seconde fois de le suivre sur le continent. Ce fut en vain qu'il employa les moyens qui déjà lui avaient réussi ; il fallut céder, et laisser Philippe-Auguste s'emparer de la Normandie et la réunir à la couronne de France.

Ce n'était pas assez d'être en guerre avec l'aristocratie laïque ; Jean se fit encore un ennemi du clergé. A la mort de l'archevêque de Cantorbéry, les moines Augustins s'étaient arrogé le droit de lui donner un successeur sans le consentement du roi. Jean, irrité de cet envahissement de ses prérogatives, se joignit aux évêques qui protestaient aussi contre l'élection à laquelle ils n'avaient pas participé, et, de concert avec eux, il nomma au siège vacant l'évêque de Norwich : Innocent III intervint alors dans la querelle, sans toutefois confirmer aucune des deux élections, et il ordonna au clergé anglais de faire choix du cardinal Étienne Langton. Le roi, en fureur contre la cour de Rome, chassa tous les moines de Cantorbéry et s'empara de leurs revenus. Aussitôt le pape excommunia le monarque, lança l'interdit sur tout son royaume et délia ses sujets du serment de fidélité. Il fit plus ; il chargea Philippe-Auguste d'exécuter ses décrets, et lui offrit la couronne d'Angleterre. Philippe se hâta d'accepter ce présent. Effrayé du double danger qui le pressait, Jean demanda en vain un appui à ses barons; il avait été inique envers eux, il les trouva indifférents à ses infortunes. Enfin, dénué de tout secours et de toute espérance, il chercha son salut dans sa lâcheté, et se sauvant à force de bassesses, il se déclara vassal du pape, et s'engagea à lui payer un tribut annuel de mille marcs.

Jean, après avoir ainsi racheté sa couronne, la compromit bientôt par de nouvelles imprudences ; sa lâche tyrannie, ses tentatives criminelles sur la femme d'Eustache de Vesci, soulevèrent contre lui les barons qu'excitait et dirigeait le primat Langton.

Il ne faut pas s'étonner que l'aristocratie féodale marchât sous le commandement d'un ecclésiastique ; les deux ordres faisaient cause commune, et ce rapprochement, que les rois précédents avaient toujours cherché à prévenir, était un des effets de l'odieuse et absurde conduite de Jean. Il oublia que la puissance royale ne pouvait se soutenir qu'en tenant en équilibre celle du clergé et celle des barons : il les unit et succomba. Cette union fut le résultat de sa basse soumission au Saint-Siége : le clergé anglais, las du despotisme de Rome, et regrettant ses priviléges, embrassa ouvertement la cause des libertés nationales.

Tel était l'état des esprits lorsque, le 25 août 1213, une assemblée de barons fut convoquée à Londres. Dans une réunion particulière, le cardinal Langton leur apprit qu'il avait retrouvé une copie de la charte de Henri Ier, alors entièrement oubliée; cette charte fut lue dans l'assemblée, et reçue avec enthousiasme. On se réunit à Saint-Edmundsbury, le 20 novembre 1214, et là, chaque baron prêta sur l'autel serment de contraindre le roi à remettre en vigueur la charte de Henri Ier. Bientôt ils se rendent à Londres, en armes, et le 5 janvier 1215, ils demandent à Jean, d'une manière formelle et positive, le renouvellement de cette charte, ainsi que des lois d'Édouard-le-Confesseur. Jean effrayé réclame un délai pour réfléchir à ces demandes; on lui permet de retarder sa réponse jusqu'à Pâques. Dans cet intervalle, il chercha à diviser ses ennemis; et d'abord, voulant se concilier le clergé, il lui accorda par une charte la liberté de ses élections, et envoya à Rome Guillaume de Mauclerc, chargé de se plaindre de l'audace des barons. Ceux-ci, de leur côté, y députèrent Eustache de Vesci, chargé d'exposer au pontife la justice et la sainteté de leur cause. Cette ambassade fut sans effet; le pape condamna les barons; mais ils n'en persistèrent pas moins dans leurs desseins, et Jean, voulant tenter un nouvel effort pour trouver un appui dans l'Église, prit la croix le 2 février 1215, et fit vœu de conduire une armée en Palestine.

Cependant le délai accordé au roi était expiré; les barons se réunirent à Stamford dans le comté de Lincoln, le 19 avril 1215. Ils avaient à leur suite plus de deux mille chevaliers en armes. Le roi leur fit demander quelles étaient leurs prétentions; ils firent de Stamford la même réponse qu'ils avaient faite à Londres, et réclamèrent la charte qu'ils avaient juré de rétablir. « Pourquoi ne me demandent-ils pas aussi « mon royaume? s'écria Jean dans un accès de fureur; « jamais je ne leur accorderai des libertés qui me « réduiraient en esclavage. »

On prit cette réponse pour une déclaration de guerre. et le 5 mai suivant, les barons assemblés à Wallingford, renoncèrent solennellement à leur serment d'allégence, et nommèrent en même temps Robert Fitz-Walter maréchal de l'armée *de Dieu et de la Sainte-Église*.

La guerre éclata; en vain le pape adressa aux barons des lettres où il leur ordonnait de se désister de leur entreprise; les hostilités commencées ne continuèrent qu'avec plus de vigueur, et le 24 mai, les barons vainqueurs prirent possession de Londres, du consentement des bourgeois. Jean quitta la ville, et se retira à Odiham, dans le comté de Surrey, sans autre escorte que sept chevaliers. Du fond de sa retraite, il tenta sans succès d'entrer en négociation ; vainement, il proposa l'intervention du pape ; toujours refusé, il fut réduit à recevoir la loi que la force lui imposait.

Le 13 juin, une conférence fut ouverte dans la plaine dite Runningmead, entre Windsor et Staines. Les deux partis campaient séparément comme des ennemis déclarés ; après quelques légers débats, le roi adopta d'abord les articles préliminaires, et quatre jours après, le 19 juin 1215, il fit la concession définitive de l'acte fameux connu sous le nom de *grande Charte* (*magna Charta*).

Cette charte, la plus complète et la plus importante qui eût encore paru, peut être divisée en trois parties distinctes : l'une traite des intérêts du clergé, l'autre règle ceux de la noblesse, et la troisième ceux du peuple.

Cette division méthodique ne ressort point de l'ordre dans lequel sont distribués les articles de la grande Charte : je l'établis ici, afin d'en rendre l'analyse plus facile et plus claire.

La grande Charte s'étend peu sur les intérêts ecclésiastiques ; ces intérêts avaient été réglés par la charte précédemment accordée au clergé : il suffisait donc de confirmer celle-ci, et c'est ce que fait l'article premier qui accorde une confirmation générale de toutes les libertés ecclésiastiques.

Les priviléges des laïques, au contraire, étaient plus incertains, plus contestés; aussi fallait-il les passer en revue et les concéder l'un après l'autre. La grande Charte presque entière est consacrée à régler les droits des laïques et à confirmer leurs priviléges.

D'abord, elle détermine d'une manière précise ce qu'il y avait d'obscur et d'ambigu dans les lois féodales; elle fixe le montant du relief que doivent les héritiers des fiefs, soit immédiats, soit médiats. Ce relief avait été jusqu'alors indéterminé. (Art. 2 et 3.)

Viennent ensuite les précautions prescrites pour le mariage des pupilles féodaux, et celles qui sont en faveur des enfants et des veuves de vassaux. (Art. 6-7-8.)

Le droit et le mode de perception des *aides* et *escuages* sont réglés par deux articles que voici :

« Art. 12. Qu'aucun escuage ni aide ne soit mis dans
« notre royaume, si ce n'est par le commun conseil
« de notre royaume, sauf pour nous racheter, pour
« faire chevalier notre fils aîné, et pour marier notre
« fille aînée; et que pour ces derniers cas, il ne soit
« mis que des aides raisonnables, etc.

« Art. 14. Pour tenir le commun conseil du royaume,
« à l'effet d'asseoir une aide autre que dans les trois
« cas ci-dessus prescrits, ou pour asseoir un escuage,
« nous ferons convoquer les archevêques, évêques,

« abbés, comtes et grands barons, individuellement
« et par lettres de nous ; et nous ferons convoquer en
« masse par nos vicomtes et baillis tous ceux qui tien-
« nent de nous directement. La grande convocation
« se fera à jour fixe ; savoir : à quarante jours d'inter-
« valle au moins, et en un lieu déterminé ; et dans les
« lettres de convocation, nous exprimerons la cause
« de la convocation ; et la convocation ainsi faite,
« l'affaire sera traitée, au jour marqué, par le conseil
« de ceux qui seront présents, quand même tous ceux
« qui auront été convoqués ne seraient pas venus. »

Cette charte est la première où l'on établisse cette distinction entre les grands et les petits barons, le haut et le petit clergé : fait important, car il peut être considéré comme la première origine de la séparation des deux chambres.

Enfin, divers articles sont consacrés à restreindre les droits du roi sur les terres de ses tenanciers, à modérer les amendes imposées aux bénéficiers selon la gravité des délits, à fixer un terme au séquestre des terres pour cause de félonie ; en un mot, à donner aux barons plus d'indépendance et de sécurité qu'ils n'en avaient jamais eu.

Telles sont les principales dispositions insérées dans la grande charte, en faveur de la noblesse ; jusqu'à présent, elle ne consacre que des priviléges particuliers ; elle ne favorise que les intérêts de certaines classes de la société. Mais elle contient aussi des clauses plus étendues, plus générales; elle a aussi pour objet l'intérêt de la nation.

D'abord, presque toutes les immunités accordées aux barons contre le roi, les vassaux les obtinrent contre leurs seigneurs. Ceux-ci ne purent désormais percevoir les aides et *escuages* dans leurs terres, que dans les mêmes cas et de la même manière que le roi. (Art. 15.)

La justice dut être à l'avenir rendue d'une manière fixe et uniforme; voici les articles où est exprimée cette concession importante.

« Art. 17. Que la cour des plaids communs ne suive
« pas notre cour (*curia*), mais se tienne en un lieu
« fixe.

« Art. 18. . . . . . Nous, ou si nous sommes absent
« du royaume, notre grand justicier, enverrons quatre
« fois l'an, dans chaque comté, deux juges qui, avec
« quatre chevaliers choisis par la cour de chaque
« comté, tiendront les assises, le jour et dans le lieu
« de la cour du comté.

« Art. 39. Aucun homme libre ne sera arrêté, ni
« emprisonné, ni dépossédé, ni mis hors la loi, ni
« exilé, ni atteint en aucune façon; nous ne mettrons
« point et ne ferons point mettre la main sur lui, si
« ce n'est en vertu d'un jugement *légal par ses pairs et*
« *selon la loi du pays.*

« Art. 40. *Nous ne vendrons, ne refuserons et ne retar-*
« *derons pour personne le droit et la justice.* »

Le roi promet en outre de ne nommer que des juges capables et intègres [1], de leur défendre de condamner qui que ce soit sans avoir entendu les témoins [2], de réintégrer tout homme dépossédé sans jugement légal [3], de réparer les injustices commises sous Henri II et sous Richard Ier [4], de restreindre les corvées pour les travaux des ponts [5], et d'interdire les vexations de tout genre exercées sur les bourgeois, les marchands et les vilains [6].

Il accorde et assure à la ville de Londres, ainsi qu'à toutes les autres cités, bourgs, villes et ports, la possession de leurs anciennes coutumes et libertés [7].

Enfin, l'art. 41 porte : Que tous les marchands auront la pleine et sûre liberté de venir en Angleterre, d'en sortir, d'y rester et d'y voyager par terre et par eau, pour vendre et acheter, sans aucune maletôte (*malè tolta*), selon les anciennes et droites coutumes, etc., etc.

Voilà les concessions faites en faveur de l'intérêt de tous.

Ce n'est pas assez de reconnaître des droits et de faire des promesses ; il faut garantir que ces droits seront respectés, que ces promesses seront accomplies. L'article 61 et dernier de la grande Charte

---

[1] Art. 41. [2] Art. 38. [3] Art. 32. [4] Art. 53. [5] Art. 23. [6] Art. 20, 26, 27, 28, 30, 31. [7] Art. 13.

est destiné à donner cette garantie. Il y est dit que : Les barons éliront à leur gré vingt-cinq barons du royaume, chargés de veiller au maintien et à l'exécution de la charte; les pouvoirs de ces vingt-cinq barons sont illimités : si le roi ou ses serviteurs se permettent la moindre violation des dispositions de la charte, les barons dénonceront cet abus au roi, et le sommeront de le faire cesser sans retard. Si le roi n'obtempère pas à leur demande, les barons auront le *droit*, quarante jours après la sommation faite par eux, de poursuivre le roi, de le dépouiller de ses terres et châteaux (sauf la sûreté de sa personne, de celle de la reine et de ses enfants), jusqu'à ce qu'enfin l'abus ait été réformé au gré des barons.

Accorder un tel droit, ce n'était pas donner une garantie; c'était autoriser la guerre civile; c'était perpétuer éternellement la lutte, et s'en remettre officiellement à la force pour décider la question. Il y a loin de là à une garantie politique régulièrement constituée; mais alors les esprits n'étaient capables ni de trouver, ni de comprendre une telle garantie; on ne savait que faire reconnaître ses droits. Toutefois la garantie violente qu'établit la grande Charte eut cela de bon qu'elle centralisa l'aristocratie féodale en organisant le conseil des barons.

On a dit souvent que la grande Charte n'avait été réclamée par les barons qu'en vue de leurs intérêts particuliers. Cette opinion est inadmissible ; comment un tiers des articles au moins serait-il consacré à des promesses et à des garanties en faveur du peuple, si l'aristocratie n'avait voulu stipuler que pour elle-même ? Il suffit de lire la grande Charte, pour se convaincre que les droits des trois ordres de la nation en sont également l'objet.

Une autre question a été agitée ; c'est celle de savoir si Jean accorda ou non, en même temps que la grande Charte, une charte spéciale des forêts. Mathieu Pâris seul parle de cette charte des forêts, et beaucoup de raisons s'élèvent pour faire rejeter son autorité. D'abord les articles préliminaires de la grande Charte ne contiennent rien à ce sujet ; en second lieu, les art. 44. 47 et 48 de la grande Charte elle-même règlent ce qui est relatif aux forêts ; enfin, le roi et le pape, dans leur correspondance postérieure, ne disent pas un mot de cette double concession.

Quand le roi eut définitivement adopté chaque article de la grande Charte, on exécuta la convention qui avait été conclue le 15 juin, entre lui et les barons, pour assurer l'exécution de ses engagements. La garde de la cité de Londres fut remise aux barons jusqu'au 15 août suivant, et celle de la Tour à l'archevêque de Cantorbéry.

Jean dissimula d'abord, et parut se soumettre sans réserve à tous les sacrifices qui lui étaient imposés ; mais une telle feinte lui fut bientôt intolérable. Bientôt il éclata en plaintes et en menaces, et se retira furieux dans l'île de Wight. De là, il fit enrôler une armée de Brabançons pour reconquérir son pouvoir, et dépêcha un messager à Rome pour réclamer secours contre la violence qui lui avait été faite.

A cette nouvelle, Innocent III, s'irritant de l'audace des barons qu'il appelait ses vassaux, annula la grande Charte, et excommunia tous les barons fauteurs de la rébellion.

Le roi, fort de ce puissant appui, leva le masque et rétracta tous ses engagements. Il ne tarda pas à s'apercevoir que ces armes spirituelles, naguères si fortes contre lui, étaient sans valeur dans sa main. L'archevêque de Langton refusa de prononcer la sentence d'excommunication. En vain il fut cité à Rome et suspendu; le clergé le soutint dans sa disgrâce, et persista dans son refus. Jean essayait en vain de diviser les deux ordres; toutes les fois qu'il s'agissait de le combattre, ils devenaient alliés inséparables.

Jean n'avait plus d'espoir que dans les bras de ses mercenaires étrangers; il tenta un dernier effort, et au mois d'octobre 1215 la guerre se ralluma entre lui et les barons.

L'attaque était imprévue; les barons surpris reculèrent devant le roi, qui s'avança en vainqueur jusqu'au château de Rochester, dont il se rendit maître après un siége opiniâtre. Il y fit prisonnier le gouverneur

Guillaume d'Albiney, l'un des vingt-cinq barons chargés de veiller au maintien de la charte, et le capitaine le plus distingué parmi eux : c'était une perte irréparable pour leur parti ; dès ce moment, le roi ne rencontra plus de résistance régulière. Sa tyrannie put se repaître de vengeance ; il lâcha le frein à ses satellites, et le royaume entier ne fut plus qu'un champ de dévastation.

Cependant quelques barons du nord résistaient encore énergiquement : les débris de la coalition se joignirent à eux ; mais se sentant trop faibles, ils cherchèrent à leur tour leur salut dans un secours étranger. La couronne d'Angleterre fut offerte en leur nom au prince Louis, fils de Philippe-Auguste, qui envoya une armée pour tenter la conquête de l'Angleterre.

A peine Louis fut-il débarqué que tout changea de face. Jean, abandonné de ses amis, de ses soldats, perdit en peu de temps tout ce qu'il avait recouvré. Le royaume entier tomba aux mains de son jeune rival, et Douvres fut la seule ville qui demeura fidèle à Jean.

Cependant le prince Louis, malgré ses succès, ne s'affermissait pas sur son nouveau trône. La prédilection qu'il ne cessait d'accorder aux seigneurs français ne tarda pas à aigrir les barons anglais. Enfin les aveux du comte de Melun, à son lit de mort, achevèrent de détacher du parti de Louis presque toute la noblesse du royaume. Ce seigneur avertissait les barons de se méfier du nouveau roi, parce que son intention était de les exterminer tous, et de distribuer leurs terres à ses favoris et à ses sujets naturels. Cette révélation, vraie ou fausse, agit puissamment sur l'esprit des barons, et la plupart retournèrent à leur ancien roi.

Jean mit sur pied une armée, et la fortune semblait lui promettre de nouveaux succès quand la mort le surprit le 17 octobre 1216. Cette mort fut plus fatale à Louis qu'une bataille perdue. La haine des Anglais contre leur roi mourut avec lui; ils coururent tous se rallier autour de son jeune fils; une défection générale ruina rapidement le parti déjà chancelant du prince français; et après quelques moments d'une lutte inutile, il abandonna un trône qu'il ne devait qu'à la détresse accidentelle des barons anglais, et que ses armes seules ne pouvaient lui conserver.

HUITIÈME LEÇON.

Objet de la leçon. — Chartes de Henri III. — Première charte de Henri III (novembre 1216). — Louis de France renonce à la couronne et quitte l'Angleterre. — Seconde Charte de Henri III (1217). — Charte des forêts de Henri III (1217). — Confirmation des Chartes (1225). — Révocation des Chartes (1227). — Nouvelle confirmation des Chartes (1237). — Violation continuelle des Chartes. — Guerre civile. Renouvellement des Chartes (1264). — Nouvelle confirmation des Chartes (1267). — Mort de Henri III (16 novembre 1272).

Nous n'avons vu jusqu'à présent, dans les chartes, que des reconnaissances de droits plus ou moins franches, plus ou moins complètes; ce sont des transactions entre deux pouvoirs rivaux, dont l'un fait des promesses et dont l'autre constate des droits; mais il n'y a point de pouvoir garant de la fidélité de ces promesses et du respect de ces droits. Le seul frein imposé à la royauté, c'est la prévision d'une guerre civile toujours menaçante, remède incompatible avec l'ordre et la stabilité, ces deux éléments nécessaires de tout gouvernement libre.

Sous le règne de Henri III, on commença à sentir que la guerre civile est une mauvaise garantie; on chercha et en entrevit de nouveaux moyens de prévenir la violation des serments. Les chartes arrachées à ce règne ont bien encore pour but d'obtenir des concessions et des promesses, mais il s'y manifeste aussi des efforts pour organiser des garanties, et on y voit apparaître les premiers essais d'une constitution légale et efficace.

C'est sous ce double rapport que doit être considéré ce règne. Notre but en ce moment n'étant que de poursuivre l'histoire des chartes, nous allons examiner les faits de cette époque sous le premier point de vue ; ce sera en traitant de la formation du parlement que nous y chercherons les traces des premières tentatives d'organisation constitutionnelle.

Henri, encore enfant lorsque son père mourut, trouva un habile protecteur dans Guillaume, comte de Pembroke, maréchal d'Angleterre, et qui commandait alors les armées royales. Serviteur fidèle du roi Jean, Pembroke reporta sur le fils l'amitié qu'il avait vouée au père. Il ne songea plus qu'à le replacer sur le trône, et commença par le faire couronner à Glocester, le 28 octobre 1216. Puis, dans un conseil de barons assemblé à Bristol le 11 novembre, il se fit donner le titre de régent, et afin de populariser la cause du jeune roi, il accorda en son nom une nouvelle charte. Cette charte était conforme à celle du roi Jean, sauf quelques modifications. On y avait omis tous les articles qui se rapportaient à l'établissement des *escuages*, à la liberté d'entrer dans le royaume et d'en sortir, à la conservation des forêts et des digues, aux coutumes des comtés ; enfin on avait supprimé l'article qui accordait le droit de résistance à main armée, en cas que le roi violât ses promesses. Cependant ces suppressions n'étaient pas définitives ; il est dit dans la charte que « les prélats « et les seigneurs ont voulu que ces choses demeurassent en suspens, jusqu'à ce qu'ils en eussent plus amplement délibéré[1]. »

On voit par là que les barons se montrèrent alors moins exigeants que sous le règne de Jean, ou plutôt qu'ils ne stipulèrent plus que pour leurs intérêts personnels, et qu'ils négligèrent ceux des autres classes de la nation.

Quoi qu'il en soit, cette nouvelle charte produisit l'effet que Pembroke s'en était promis ; elle porta la dissolution dans le parti du prince Louis de France, et fortifia celui du jeune roi Henri. Les Français cependant conservèrent encore quelques alliés ; la ville de Londres surtout leur demeura fidèle avec une constance opiniâtre. Mais après de nombreux revers, il

---

[1] L'original de cette charte existe dans les archives de la cathédrale de Durham.

fallut céder ; un traité fut conclu entre les deux monarques, le 11 septembre 1217 ; Louis abdiqua toutes ses prétentions, abandonna l'Angleterre avec les débris de son parti, et en laissa Henri tranquille possesseur.

La retraite des Français rétablit la concorde dans le royaume ; cependant, afin de rendre la pacification plus sûre et plus prompte, deux chartes furent encore publiées. L'une est semblable à la précédente ; on n'y trouve qu'une modification remarquable ; c'est la décision que l'*escuage* sera levé comme au temps de Henri II. L'autre est connue sous le nom de charte des forêts : c'est celle que l'on a faussement attribuée au roi Jean ; elle n'a qu'un but spécial, et ne contient qu'une suite de règlements sur l'étendue et les limites des forêts appartenant soit aux seigneurs, soit à la couronne.

Ces chartes étaient perpétuellement violées par les agents du pouvoir. Pendant plusieurs années, ces infractions ne firent naître que des plaintes partielles; mais enfin, l'an 1223, des réclamations générales éclatèrent. Le conseil des barons fut convoqué à Londres, et on y demanda une nouvelle confirmation des chartes. L'un des conseillers de la régence, Guillaume de Briwere voulut s'y opposer, en disant que « toutes ces « libertés avaient été extorquées au roi ; » mais l'archevêque de Cantorbéry le réprimanda vertement en lui disant que, s'il aimait le roi, il ne voudrait certainement pas troubler le royaume; le jeune roi promit que les chartes seraient désormais observées, et douze chevaliers furent désignés, dans chaque comté, pour rechercher quels étaient, selon les anciens usages, les droits du roi et les libertés des sujets.

Cependant, de nouvelles inquiétudes excitèrent bien tôt de nouvelles réclamations. Depuis le règne précédent, les barons s'étaient fait remettre la garde de la plupart des châteaux et domaines royaux; c'était pour eux la principale garantie de l'exécution des traités. Tout-à-coup on les menaça de leur enlever cette garantie : une bulle du pape Honorius III, qui déclarait majeur Henri, âgé de dix-sept ans, ordonnait en même temps, à tous ceux qui avaient en mains des domaines du roi, de les lui restituer. Cette bulle fit naître de violents soupçons sur les intentions de Henri; on commença à craindre, que devenu majeur, il ne révoquât les deux chartes qu'il avait jurées pendant sa minorité. Le roi et ses conseillers sentirent la nécessité d'aller au-devant de ces inquiétudes, et le 11 février 1225, le roi accorda de lui-même une nouvelle confirmation des chartes. En reconnaissance, il lui fut accordé un ubside d'un quinzième sur tous les biens-meubles du royaume.

Mais cette bienveillance réciproque ne fut pas de longue durée. Au bout de deux ans, Henri, ayant atteint sa véritable majorité, révoqua toutes les chartes, sous prétexte qu'elles avaient été accordées, « lorsqu'il n'était pas en libre possession de son corps et de son sceau », *cùm nec sui corporis nec sigilli aliquam potestatem habuerit*.

Cette révocation excita le plus vif mécontentement. Les barons indignés tournèrent leur courroux contre l'homme que la voix publique accusait d'en être l'auteur. C'était Hubert de Burgh, grand justicier et conseiller intime de Henri. Ce ministre fut dès-lors en butte aux plus violentes attaques, et ne cessa d'être poursuivi avec acharnement, jusqu'à ce qu'enfin, en 1232, le roi, cédant à l'orage, lui retira sa faveur et l'exila de sa cour.

Les murmures des barons étaient à peine apaisés que Henri sembla chercher à les exciter de nouveau en s'entourant encore d'hommes odieux à ses sujets. Ce fut un étranger, un Poitevin, Pierre des Roches, évêque de Winchester, qui succéda au crédit de Hubert de Burgh disgracié. Les étrangers eurent seuls dès-lors accès aux places et à la faveur du prince. Non contents d'épuiser les coffres de l'État, ils accablaient le peuple d'exactions; leur insolence ne connut plus de frein. Quand on s'autorisait contre eux des lois de l'Angleterre : « Nous ne sommes pas Anglais, disaient-ils, « nous ne savons ce que signifient ces lois. » Les barons indignés demandèrent violemment justice; et l'an 1234, deux ans après la disgrâce de Hubert de Burgh, le roi se vit encore contraint d'abandonner Pierre des Roches, et de chasser de la cour les étrangers. Mais peu après, à la suite de son mariage avec Éléonore, fille du comte de Provence, les Provençaux prirent la place des Poitevins, et s'attirèrent à leur tour la haine des barons anglais.

L'irritation était générale lorsque le roi, manquant d'argent, convoqua les barons à Westminster au mois de janvier 1237, pour leur demander un subside. Les barons lui répondirent par un refus et des menaces. Henri effrayé eut recours à un remède qui était encore efficace, c'est-à-dire, à une nouvelle confirmation des chartes. A peine fut-elle accordée qu'il obtint un subside d'un trentième sur tous les biens-meubles.

Mais sa prodigalité eut bientôt dissipé ce faible secours; il fallut alors recourir aux moyens arbitraires et tyranniques de se procurer de l'argent, aux exactions, aux emprunts forcés, nouveau genre d'impôts qu'on rencontre alors pour la première fois dans l'histoire d'Angleterre. Remarquons néanmoins que Henri n'osa jamais lever, de sa propre volonté, aucun tribut général sur la nation. Jamais les impôts vraiment publics ne furent perçus que de l'aveu d'un conseil de barons, et après que le roi avait acheté leur bienveillance par une nouvelle confirmation des chartes.

Le 13 mai 1253, une sentence d'excommunication

fut solennellement prononcée contre quiconque violerait les chartes royales; à la fin de la cérémonie, les prélats jetèrent leurs flambeaux éteints et fumants, en s'écriant : « Que tous ceux qui encourront cette sentence soient ainsi éteints et puants en enfer ! » Et le roi ajouta : « Que Dieu me soit en aide ! Je ne violerai aucune de ces choses, aussi vrai que je suis un homme, un chrétien, un chevalier et un roi couronné et sacré ! »

Les chartes furent encore violées; les renouvellements répétés furent enfin jugés vains, et la guerre civile éclata. Le comte de Leicester, à la tête d'une partie des barons, prit les armes, d'abord pour limiter effectivement, ensuite pour usurper l'autorité royale. Cette rébellion n'eut plus seulement pour but d'obtenir un renouvellement des chartes; elle tendait aussi à fonder des garanties pratiques pour les droits reconnus. J'en parlerai avec plus de détails lorsque je traiterai de la formation du parlement. Quant à présent, je me borne à dire que le résultat du soulèvement du comte de Leicester fut un renouvellement général des chartes accordé le 14 mars 1264, sorte de traité de paix entre le roi et les barons, et qui avait pour but d'obtenir d'eux l'élargissement du prince Édouard qu'ils retenaient comme otage.

Enfin, trois ans après, le 18 novembre 1267, quelque temps avant le départ du prince Édouard pour la Palestine, le roi confirma encore une fois les chartes dans le parlement réuni à Marlborough.

Cette confirmation est la dernière qu'ait accordée Henri III ; il mourut cinq ans après, le 16 novembre 1272, après un long règne passé a faire, à violer, à renouveler, à rétracter et à renouveler encore des promesses.

NEUVIÈME LEÇON.

Objet de la leçon. — Conclusion de l'histoire des Chartes sous le règne d'Édouard Ier. — La lutte politique succède à la guerre civile.—Le roi viole fréquemment les Chartes, surtout en matière d'impôts. — Les barons résistent énergiquement. — Édouard confirme définitivement les Chartes (1298-1301). — Une bulle de Clément V, sollicitée par Édouard Ier, annule les Chartes. — L'annulation est vaine.—Édouard Ier meurt (7 juillet 1307).

Sous les deux règnes précédents, la lutte entre l'aristocratie féodale et la royauté a été une guerre civile. Sous Édouard Ier, la lutte continue, mais la guerre civile cesse. Les barons ne réclament pas avec moins d'énergie leurs libertés; le roi ne met pas moins de vigueur à défendre ses prérogatives; mais de part et d'autre on ne prend pas les armes. Telle est la marche ordinaire dans ces grandes luttes; on commence par éprouver ce que peuvent l'un contre l'autre les deux partis; quand le problème des forces matérielles est résolu, la lutte change d'objet et de théâtre; elle se concentre dans une assemblée, et le parti victorieux n'a plus d'autre prétention que de faire légaliser sa victoire et de légitimer les conquêtes qu'il doit à la force. Les débats parlementaires succèdent à la guerre civile. Quand les débats parlementaires ont duré un certain nombre d'années et qu'ils ont reçu la sanction du temps, on peut regarder la lutte comme terminée. C'est ce qui arriva sous Édouard Ier; la résistance, pendant son règne, ne se manifesta plus que dans le parlement, et quand elle eut duré trente années, les droits qu'elle tendait à faire consacrer furent à jamais reconnus et tolérablement respectés.

A la mort de Henri III, Édouard son fils était en Palestine ; malgré son absence, il fut proclamé roi sans opposition. La capacité qu'il avait déployée dans les troubles du royaume, la modération dont il avait souvent fait preuve, lui avaient gagné la faveur générale. A son retour en Angleterre, il justifia les espérances qu'il avait fait concevoir. Beaucoup d'abus furent réformés, et l'on vit s'introduire un meilleur ordre dans l'administration de la justice.

Je passerai rapidement sur les vingt-quatre premières années de ce règne; elles furent remplies par la conquête du pays de Galles, et par les guerres d'Édouard en Écosse, que faisaient renaître sans cesse les révoltes des Écossais. Bien que, durant ce temps, on rencontre de fréquentes réunions du parlement, on n'entend presque plus parler des chartes. L'administration du royaume, forte et équitable, excitait peu de plaintes, et l'attention générale était absorbée par les expéditions et les victoires du monarque.

Cependant la nécessité de lever de fréquents subsides pour entretenir ses nombreuses armées entraîna bientôt Édouard à des mesures arbitraires et violentes Il limita la quantité de laine qu'il était permis d'exporter, et mit sur chaque sac de laine exporté un droit de quarante schellings, c'est-à-dire, plus d'un tiers de sa valeur; tout le reste des laines et des cuirs fut confisqué au profit du roi. Il exigea de chaque shériff deux mille *quarters* de froment et autant d'avoine, les autorisant à les prendre où ils pourraient, et il fit en outre saisir une grande quantité de bestiaux. Enfin, ne tenant aucun compte du droit féodal, il imposa, à tout propriétaire foncier ayant plus de vingt livres sterling de revenu, et de quelque nature que fussent ses domaines, l'obligation de le suivre à la guerre qu'il se préparait à porter en France.

Le mécontentement des barons et du peuple fut général. Il redoubla bientôt par suite d'une fraude dont Édouard ne rougit pas de faire usage, en percevant un subside que lui avait accordé le parlement tenu à Saint-Edmundsbury l'année précédente (1296). Au lieu de se contenter d'un huitième des biens-meubles[1] qui lui avait été alloué, il supposa que l'impôt était beaucoup plus considérable, et força ses sujets à le payer.

Ce fut au milieu de la fermentation causée par ces mesures qu'Édouard convoqua les barons à Salisbury, pour régler avec eux le départ et la marche de ses armées. Il comptait en envoyer une en Gascogne et en diriger une autre sur la Flandre, se réservant de commander celle-ci en personne, et de faire marcher la première sous les ordres de Humphroy Bohun, comte de Hereford, et de Roger Bigod, comte de Norfolk, l'un connétable, l'autre lord maréchal d'Angleterre.

Ces deux hommes, champions hardis de la cause nationale, refusèrent d'accepter la mission qui leur était offerte. Le but de leur refus était de contraindre le roi à acheter leur obéissance, en renouvelant la promesse de confirmer les chartes, promesse qu'il avait déjà faite, mais qu'il ne se pressait pas d'accomplir. Lorsque Édouard leur donna l'ordre d'aller en Gascogne, ils lui répondirent qu'ils étaient prêts à le suivre en Flandre, mais que les attributions de leurs charges

---

[1] Un huitième, un dixième, etc., était une taxe en argent, mise sur les comtés, cités, bourgs ou autres villes, et ainsi nommée parce qu'elle était le huitième, le dixième, etc., de la somme à laquelle ces comtés, villes, etc., avaient été évalués anciennement sous le règne de Guillaume Ier. Ainsi chaque ville savait ce qu'était sa part contributive. Les estimations étaient prises dans le Doomsday-Book (*Parliam. hist.*, t. I, p. 83)

ne leur permettaient pas de se séparer de sa personne. « Vous partirez, dit le roi, que j'aille ou non avec vous. » Hereford ayant répondu qu'il ne partirait pas : « Pardieu, seigneur comte, s'écria Édouard, vous par-« tirez ou vous serez pendu.— Pardieu, seigneur roi, « reprit froidement Hereford, je ne partirai ni ne « serai pendu. »

Édouard ne se sentit pas assez fort pour punir cette réponse hautaine; et dans la crainte de trouver chez tous les barons la même résistance, il abandonna le projet d'envoyer une armée en Gascogne. Les deux comtes quittèrent Salisbury avec leur suite, et le roi, après avoir donné leurs emplois à deux autres seigneurs, se prépara à s'embarquer pour la Flandre.

Mais avant son départ, il adressa le 12 août 1297, à tous les shérifs du royaume, une sorte de manifeste vraiment singulier, peut-être unique à cette époque, et destiné à être lu devant le peuple assemblé. Le roi y expliquait les causes de sa querelle avec les deux comtes, excusait par la nécessité de la guerre les exactions qui avaient été commises, et engageait ses sujets à se tenir en paix. Cette proclamation, ou, si l'on veut, cet appel au public prouve combien le pouvoir se sentait déjà soumis à la force de l'opinion, et contraint en quelque sorte à lui rendre de comptes.

Les deux comtes de Norfolk et de Hereford répondirent à cette apologie de la conduite du roi par un autre manifeste qu'ils lui firent remettre à Winchelsea, et dans lequel ils énuméraient tous les griefs publics, et en demandaient la réparation. Édouard répondit que son conseil était dispersé, qu'il ne pourrait s'occuper de ces réclamations qu'à son retour, et il partit laissant son fils régent du royaume.

Alors les deux comtes, après avoir publié leur manifeste et la réponse du roi, se rendirent auprès des trésoriers et des barons de l'Échiquier, et leur interdirent, sous peine d'allumer la guerre civile, de percevoir pour le roi le tribut d'un huitième accordé par le parlement de Saint-Edmunsbury, affirmant que la concession en avait été illégale.

Pour mettre un terme à ces différends, le prince régent convoqua un parlement à Londres, le 10 octobre 1297. Les deux comtes, invités à y prendre place, se firent escorter de cinq cents chevaux et d'un corps d'infanterie, et ne consentirent à entrer dans Londres qu'après avoir obtenu la permission de placer une garde à chaque porte. Ils demandèrent une confirmation générale des chartes, et sollicitèrent, en outre, qu'il y fût fait plusieurs additions. Le prince régent souscrivit à toutes leurs demandes, et l'acte de confirmation signé de lui fut aussitôt envoyé au roi, qui était à Gand. Édouard, après avoir pris trois jours pour délibérer, sanctionna la confirmation[1] et accorda une amnistie en faveur des deux comtes. Ceux-ci, satisfaits

[1] Voici le texte de cette charte, la plus explicite de toutes en faveur des libertés publiques, et qui fut donnée en français, à Gand, le 5 novembre 1298. L'original est conservé à Londres, dans le *Musée britannique*.

« Edward, par la grâce de Dieu, roi d'Angleterre, seizgnour d'Islaunde e ducs d'Aquitaine, à totz ceux qui cestes présentes lettres verrount ou orrount (entendront) salut. Sachiez nous al honeur de Dieu e de seinte Église et au profit de tout notre roïaume avoir graunte (accordé) pur nous e pur nos heyrs ke la grand chartre de franchises et la charte de la forest, lesquels furent faictes par commun assent de tout le roïaume en le temps le roi Henry, notre père, soient tenus en tous leurs points saunz nul blemissement. E volums ke meismes celes chartres desouz nostre seal soient enviées à nos justices, aussi bien de la forest cum as austres, e à toutz les viscomtes des counteez, e à toutz nos austres ministres, e à toutz nos citeez parmi la terre, ensemblement ove (avec) nos brefs en les quieux sera contenu kil faient les avaunt dictes chartres puplier, e ke ils faient dire au peuple ke nous les avums graunteez de tenir les en toutz leur pointz. Et à tous nos justices, viscountes et autres ministres qui la loi de la terre desoutz nous e par nous ount a gircer, meismes les chartres en toutz leurs pointz en pleds devant eaux e en jugement les facent alower, c'est à savoir la graunt chartre des fraunchises cume loye commune, et la chartre de la forest solunc l'asise de la forest, al amendement de notre peuple. E volums ke si metz jugementz soient donnez desore mes encontre les points des chartres avaunt dictes, par justices e par nos autres ministres, ki contre les pointz des chartres tiennent pleds devant eulx, soient defez e por nyent tenus. E volums ke meismes celes chartres desoutz notre seal soient enviées as églises cathédrales parmi nostre royaume, et là demoergent e soient deuz fiez par an lues devant le peuples. E ke arcevesques et evesques doignent sentences du graunt escumeny (excommunication) countre toutz ceaux ki countre les avaunt dictes chartres vendrount ou en faict, ou en

de cette générosité se rendirent en Écosse, pour y faire la guerre au service du roi.

ayde, ou en conseil, ou nul poynt enfreindroient ou encountre vendroient; e ke celes sentences soient denonciez et pupliez deux foyz par an par les avaunts dits prélatz : et si meisme les prélatz, évesques ou nul d'eux soient négligentz à la dénunciation susdite faire, par les arcevesques de Canntorbire et d'Everwyk (York) ki pur temps seroant, si cume covyent soient repris e distrintz a meismes cele denunciation fere en la fourme avaunt dite. Et pur cume ke aucunes gentz de notre roïaume se doutent ke les aides e les mises, lesqueles ils nous ont faict avaunt ces houres, pur nos guerres e austres besoignes, de leur graunt et de leur bonne volonté, en quele manière ke fez soient, peussent tourner en servage à eulz e à leurs heyrs, par cume qu'ils serraient autrefois trouvé en roulle, e ausint prises que ont été faictes parmi le roïaume par nos ministres, avums graunté pur nos et pur nos freyres que nos tels aides, mises ne prises ne trerrons (tirerons) a continue por nulle chose ke soiet faicte ou ke par roulle ou en austre manere pust estre trovée. E ausint avums graunté pur nos e pur nos heyrs, as arcevesques, évesques, abbés, priours, et as autres gentz de sinte Eglise, e as counts e barouns e à toute la communauté de la terre, que mes pur nule busoignie tieu manere (telle sorte) des aydes, mises ne prises de nostre roïaume ne prend roumes, fors ke par commun assent de tout le roïaume, et a commun profit de meisme le roïaume, sauf les anciennes aydes et prises dues e accoutumés. Et pur come ke tout le plus de la communauté del roïaume se sentent durement grevez de la male toulte des leynes, c'est à savoir de chacun sac de leyne quarante sous, et nous ont prié ke nous le voulsissions relesser, nous à leur prière les avons pleinement relessés, et avums graunté ke teles ne autres mes ne prendrons santz leur commun assent et leur bonne volonté ; sauf à nous et à nos heyrs la constume des leynes, peaux e quirs, avaunt grauntes par la communauté du roïaume avaunt dict. En témoignage des quieux choses nous avouns faict faire ceste nos lettres ouvertes.

« Données à Gaunt le quint jour de novembre, l'an de notre reigne vintisme-quint. (5 novembre 1227.) »

Mais lorsque Édouard fut de retour en Angleterre, les barons demandèrent qu'il confirmât en personne les chartes qui leur avaient été accordées. Le roi, sur ces demandes, tergiversa et se retira à Windsor. Les barons l'y suivirent pour renouveler leurs instances et leurs plaintes. Le roi, s'excusant sur sa santé, leur dit de retourner à Londres, où il leur enverrait sa réponse. Cette réponse fut une nouvelle confirmation des chartes, mais qui contenait cette restriction : *salvo jure coronæ nostræ*. A la lecture qui en fut faite publiquement dans l'église de Saint-Paul, l'assemblée, entendant énumérer tous les droits qui y étaient confirmés, se livra à la joie la plus vive; mais à peine la réserve eut-elle été prononcée que de violents murmures s'élevèrent de toutes parts; le peuple sortit aussitôt de l'église, et les barons furieux se retirèrent dans leurs domaines, résolus de recourir encore une fois à la force.

Édouard s'aperçut de l'orage qui se formait contre lui, et après mille retards, mille tergiversations, après s'être plaint hautement de ce qu'il était trop vivement pressé, il se décida enfin à convoquer un parlement le 6 mars 1300, et à confirmer sans réserve toutes les concessions qu'il avait faites précédemment ; il y ajouta même de nouvelles garanties contenues dans des articles qu'on nomma : *articuli super chartas*. Les principales dispositions contenues dans ces additions consistaient à ordonner que les chartes seraient lues publiquement dans les cours de comté quatre fois par an, et qu'il serait élu dans chaque cour de comté, parmi les chevaliers de la cour, trois jurés chargés de recueillir toutes les plaintes contre les infracteurs des chartes, et de prononcer des peines contre les coupables.

Enfin, l'année suivante, en 1301, dans un parlement réuni à Lincoln, Édouard après avoir fait approuver une nouvelle délimitation des forêts, depuis longtemps demandée et enfin terminée, confirma encore une fois les chartes.

Depuis le moment où fut accordée cette charte de confirmation, les droits qu'elle proclamait furent définitivement reconnus. La lutte apparente et extérieure cesse à cette époque; mais la lutte secrète et cachée ne cesse pas. Édouard souffrait impatiemment le joug qu'il s'était imposé, et travaillait à s'en affranchir. Il n'osait cependant lever le masque, et tous ses efforts étaient secrets. Vers la fin de l'année 1304, il sollicita le pape Clément V de le relever de ses serments. Le pontife se rendit à ses désirs, et par une bulle du 5 janvier 1305, déclara *abrogées, nulles et sans effet* toutes les promesses et toutes les concessions faites par Édouard [1].

[1] Voici le texte de cette bulle :

« Clément, évêque, serviteur des serviteurs de Dieu, à notre très-cher fils en Jésus-Christ, Édouard, illustre roi d'Angleterre, salut et bénédiction apostolique :

Ce prince n'osa pas, comme autrefois Jean-sans-Terre, se prévaloir de cette bulle, et il ne lui donna

« La pureté de ta loyale dévotion qui a éclaté et qui éclate toujours avec persévérance dans l'accomplissement des vœux du Siége apostolique, mérite bien que le Saint-Siége éloigne de toi ce qui peut te nuire, supprime ce qui te gêne et te procure ce qui te sert ;

« Nous avons appris, par un récit digne de foi, qu'autrefois, pendant que tu étais en Flandre, et même avant que tu t'y fusses rendu, au milieu de tes efforts pour maintenir tes droits contre des ennemis et des rivaux, quelques grands et nobles de ton royaume et d'autres personnes ennemies de ton nom, profitant de ce que tu étais occupé, hors de ton royaume, à repousser les ennemis, et réclamant de toi certaines concessions diverses et injustes, soit sur les forêts, soit sur d'autres droits qui appartiennent de tous temps à la couronne et à l'honneur de ton rang, concessions qu'ils avaient déjà sollicitées avec importunité avant que tu t'éloignasses de ton royaume, avaient conspiré contre toi, soulevé les peuples et semé toutes sortes de calomnies ;

« Et que toi, prêtant à leurs machinations une attention prudente, et voulant éviter alors des périls pressants, tu leur as fait lesdites concessions, bien plus par contrainte que de plein gré ;

« Et qu'enfin, à ton retour dans ton royaume, les guerres n'étant pas encore terminées, lesdits grands et autres, par leurs instances importunes et présomptueuses, ont obtenu de toi le renouvellement de ces concessions, et qu'ils ont de plus arraché des ordres royaux portant que, deux fois par an, dans toutes les églises cathédrales du royaume, une sentence d'excommunication sera prononcée contre ceux qui violeront lesdites concessions, ainsi qu'il est expliqué formellement et avec détail dans lesdits ordres revêtus du sceau royal ;

« Comme le Saint-Siége apostolique qui aime ton royaume par-dessus tous les royaumes, et a pour toi personnellement des entrailles pleines de charité, reconnaît que toutes ces concessions ont été

aucune publicité ; mais il recourut encore à ses manœuvres secrètes, et commença par diriger des persé-

faites et arrachées aux dépens de ton honneur et au détriment de la souveraineté royale ;

« Par l'autorité apostolique et de notre pleine puissance, nous révoquons, annulons et cassons les dites concessions et tous leurs effets, et tout ce qui a pu s'ensuivre, comme aussi les sentences d'excommunication qui ont été ou pourront être prononcées, pour les faire observer, soit dans lesdites églises, soit ailleurs ; nous les déclarons abrogées, nulles, et de nul effet ; annulant aussi les ordres et lettres auxquels elles ont donné lieu : nous décrétons que toi et tes successeurs au trône d'Angleterre n'êtes et ne serez nullement tenus de les observer, quand même vous vous y seriez engagés par serment ; d'autant qu'ainsi que tu nous l'as affirmé, lors de la solennité de ton couronnement, tu as juré de maintenir l'honneur et les droits de ta couronne ; en telle sorte, que si même tu l'étais obligé à quelque peine, en raison de ce, nous t'en absolvons ainsi que de l'accusation de parjure, si tu venais à l'encourir.

« Pour assurer l'exécution de notre décision, nous défendons expressément à nos vénérables frères, les archevêques, les évêques et autres, tant ecclésiastiques que séculiers, établis dans ton royaume, de rien faire ni tenter contre la teneur de la présente annulation, abrogation, révocation et abolition, sous peine, pour les archevêques et évêques, de la suspension de leurs offices et bénéfices ; et s'ils persistent pendant un mois, sous peine d'excommunication qui se trouvera, de droit et par ce seul fait, prononcée contre eux et contre tous autres dans le même cas ;

« Nous déclarons d'avance nulle et de nul effet toute tentative contraire à notre présent décret ;

« Cependant, si quelque droit appartenait aux habitants dudit royaume en vertu de lettres antérieures aux concessions ainsi faites par toi, nous n'entendons pas le leur retirer ;

« Qu'il ne soit permis à aucun homme absolument de violer en rien, ou seulement de contredire le présent acte d'abrogation, révocation, annulation et abolition ;

cutions odieuses contre les chefs de la confédération des barons, et notamment contre le comte de Norfolk et l'archevêque de Cantorbéry. Ces deux hommes, jadis si courageux, cédèrent alors avec une faiblesse que leur grand âge peut seul excuser. Mais il était trop tard; l'autorité du roi ne pouvait plus rien contre les chartes, et la faiblesse même de leurs anciens défenseurs n'eut point d'effet. Bientôt la mort vint empêcher Édouard de tenter de nouveaux efforts et de poursuivre plus longtemps ses desseins; elle le surprit pendant une expédition en Écosse, le 7 juillet 1307, et depuis cette époque, les chartes, à l'abri de toute atteinte, demeurèrent la base inébranlable du droit public en Angleterre.

« Si quelqu'un ose se le permettre, qu'il sache qu'il encourra l'indignation du Tout-Puissant, et des bienheureux apôtres Pierre et Paul. »
(Rymer, *Acta publica*, t. II, p. 372.)

DIXIÈME LEÇON.

Objet de la leçon. — Nécessité de se rendre compte du sens politique du mot *représentation* au moment où le gouvernement représentatif commence à se former. — Fausseté des diverses théories à ce sujet. — Théorie de Rousseau qui nie la représentation, au nom de la souveraineté individuelle. — Théories des publicistes qui essaient de concilier la représentation et la souveraineté individuelle. — Fausseté du principe de la souveraineté du nombre. — Vrai sens de la représentation.

Nous avons étudié les institutions primitives du gouvernement anglo-normand; nous avons suivi pas à pas l'histoire des chartes et de la lutte soutenue par les barons pour en arracher la confirmation au pouvoir royal ; mais jusqu'à présent le gouvernement représentatif ne s'est point offert à nos regards. Nous touchons au moment où ce gouvernement va paraître ; nous allons assister à la création du parlement, c'est-à-dire, à la naissance du système représentatif.

Sur le seuil de cette grande question historique, une question de philosophie politique se présente : quel est le vrai et légitime sens de ce mot *représentation* appliqué au gouvernement de la société ? Il ne nous est pas permis de passer cette question sous silence : l'histoire des institutions politiques n'est plus aujourd'hui un simple recueil de faits; il faut qu'elle repose sur des principes; elle ne mérite le nom de science et n'en possède l'autorité que lorsqu'elle a sondé et mis en lumière le fondement premier et rationnel des faits qu'elle rassemble. L'histoire politique ne peut maintenant se dispenser d'être philosophique : ainsi le veut l'état actuel de l'esprit humain.

Je suppose un gouvernement représentatif, aristocratique ou démocratique, monarchique ou républicain, complétement établi et en action : si l'on y demandait à un simple citoyen, homme de sens, mais point versé dans les spéculations philosophiques : « Pourquoi élisez-vous tel député ? » Il répondrait : « Parce que, dans le débat des affaires publiques, je le crois plus capable que tout autre de soutenir la cause à laquelle se rattachent mes opinions, mes sentiments, mes intérêts. »

Mettez cet homme en présence des publicistes qui ont traité de la représentation ; que son bon sens soit aux prises avec leurs systèmes ; une fausse science obscurcira soudain la vérité.

En voici qui lui diront : — « Qu'avez-vous fait ? Vous vous êtes donné un représentant, vous n'êtes plus libre, vous n'êtes plus vraiment citoyen d'un État libre. La liberté, c'est la souveraineté de soi-même, le droit de n'obéir qu'à sa propre volonté. Or, la souveraineté ne peut être représentée, car la volonté ne se représente point ; elle est la même ou elle est autre ; il n'y a point de milieu. Qui vous dit que votre représentant aura toujours et en toute occasion la même volonté que vous ? A coup sûr, il n'en sera rien. Loin donc qu'il vous représente, vous lui avez aliéné votre volonté, votre souveraineté, votre liberté. Vous vous êtes donné non un représentant, mais un maître. Pourquoi ? Parce que vous êtes un paresseux, un avare, un lâche, qui aimez mieux vos propres affaires que les affaires publiques, payer des soldats qu'aller à la guerre, nommer des députés et rester chez vous, que vous rendre vous-même au conseil national. »

C'est ainsi que Rousseau conçoit la représentation ; il en conclut qu'elle est menteuse, impossible, et que tout gouvernement représentatif est en lui-même illégitime[1].

Adressez le même citoyen à d'autres docteurs qui, se formant de la souveraineté et de la liberté la même idée que Rousseau, et admettant toutefois la représentation, s'efforcent de les mettre d'accord. Ils lui diront : « Il est vrai ; la souveraineté est en vous et en vous

---

[1] *Du Contrat social*, liv. III, ch. XV.

seul ; mais, sans la perdre, vous pouvez la déléguer. Vous le faites tous les jours ; vous chargez votre intendant de la gestion de vos terres, votre médecin de votre santé, votre avocat de vos procès. La vie est vaste et compliquée ; vous ne pouvez suffire en personne à toutes ses actions, à toutes ses nécessités ; vous avez partout des fondés de pouvoir, des serviteurs. Ceci n'est qu'un fondé de pouvoir nouveau, un serviteur de plus. S'il s'écarte de vos directions, s'il manque à votre volonté, nous en convenons, il abuse. En lui donnant votre suffrage, vous ne lui avez point aliéné votre liberté ; c'est lui qui, en le recevant, a abdiqué la sienne. Le mandat qu'il tient de vous le fait esclave en vous laissant libre. A ce prix, la représentation devient légitime, car le représenté ne cesse pas d'être souverain. »

Que dira le citoyen ? Il faut opter : telle est, lui dit-on, la nature de la liberté et de la représentation que, de l'une ou de l'autre façon, en nommant un député, il a fait un esclave, son représentant ou lui-même. C'était bien loin de sa pensée ; voulant vivre libre et en sûreté, il s'était uni, dans une intention commune, à un homme libre comme lui, et qu'il avait jugé capable de défendre sa liberté et son repos ; en lui donnant son **suffrage**, il ne croyait ni s'asservir, ni asservir l'objet de son choix ; il était entré avec lui dans une relation d'alliance, non de souveraineté ou de servitude ; il avait fait ce que font en effet tous les jours les hommes qui, ayant des intérêts semblables, et ne pouvant les gérer chacun isolément et pour son compte, les confient à celui d'entre eux qui leur paraît le plus capable de les bien conduire, rendant ainsi par leur confiance hommage à sa supériorité, et conservant en même temps le droit de juger, par sa conduite, si la supériorité est réelle et la confiance méritée. En soi, tel est le fait de l'élection, ni plus ni moins. Quel mot est donc venu dénaturer le fait et lui donner une portée, un sens qu'il n'avait point à son origine, dans l'intention ni selon la raison des intéressés?

C'est le mot de *représentation* qui, mal compris, a brouillé toutes choses; et le mot a été mal compris parce qu'on s'est formé une idée fausse de la souveraineté et de la liberté. Ceci nous oblige de remonter plus haut.

Voici le principe fondamental des philosophes que nous combattons.

Tout homme est maître absolu de lui-même. La seule loi légitime pour chaque homme, c'est sa volonté. En aucun moment, à aucun titre, nul n'a droit sur lui s'il n'y consent.

Partant de ce principe, Rousseau a vu, et avec raison, que la volonté étant un fait purement individuel, toute représentation de la volonté était impossible. Dès que la volonté est la seule source du pouvoir légitime de l'homme sur lui-même, l'homme ne peut transmettre ce pouvoir à un autre, car il ne peut faire que sa volonté aille résider dans cet homme et ne réside plus en lui-même. Il ne peut conférer un pouvoir qui lui ferait, avec certitude, courir la chance d'obéir à une volonté autre que la sienne ; car, dès-lors et par cela seul, ce pouvoir serait illégitime. Toute représentation est donc chimérique, et tout pouvoir fondé sur la représentation est tyrannique, car l'homme ne demeure libre qu'autant qu'il n'obéit qu'à sa propre volonté.

La conséquence est rigoureuse. Le seul tort de Rousseau est de ne l'avoir pas poussée assez loin. Allant jusqu'au bout, il se fût abstenu de chercher quel était le meilleur gouvernement ; il eût condamné toutes les constitutions, il eût affirmé l'illégitimité de toute loi, de tout pouvoir. Qu'importe, en effet, qu'une loi soit émanée hier de ma volonté, si aujourd'hui ma volonté change ? Ma volonté était hier la seule source de la légitimité de la loi ; pourquoi la loi demeurerait-elle légitime quand ma volonté ne la sanctionne plus ? Ne puis-je vouloir qu'une fois ? Ma volonté épuise-t-elle son droit dans un seul acte ? Et parce qu'elle est mon seul maître, faut-il que je me soumette en esclave à des lois dont ce maître, qui les a faites, m'ordonne lui-même de m'affranchir ?

Rousseau le reconnaît lui-même : « Il est absurde,

dit-il, que la volonté se donne des chaînes pour l'avenir[1]. »

Voilà la conséquence du principe dans toute son étendue. Rousseau ne l'a pas vue, ou n'a pas osé la voir; elle est destructive, non-seulement de tout gouvernement, mais de toute société. Elle impose à l'homme un isolement absolu et continu, ne lui permet de contracter aucune obligation, de s'engager à aucune loi, et porte la dissolution dans le sein même de l'individu qui ne peut pas plus se lier envers lui-même qu'envers un autre; car sa volonté passée, c'est-à-dire qui n'est plus, n'a pas plus de droits sur lui qu'une volonté étrangère.

Du moins, Rousseau s'est douté quelquefois de la portée de son principe, et il ne l'a perdu de vue que lorsque, pour lui rester fidèle, il eût fallu lui tout sacrifier. Des esprits moins puissants que le sien, et, par cela même, moins capables de se soustraire au joug des nécessités sociales, ont cru pouvoir conserver le principe sans accepter toutes ses conséquences. Comme Rousseau, ils ont admis que, l'homme étant seul maître de lui-même, nulle loi n'est pour lui obligatoire si elle n'est conforme à sa volonté; axiome devenu populaire sous cette forme : *Nul n'est tenu d'obéir aux lois qu'il n'a pas consenties.* Raisonnant avec rigueur, Rous-

[1] *Du Contrat social*, liv. II, ch. 1

seau eût reconnu que cet axiome ne laissait debout aucun pouvoir. Il avait du moins clairement démontré que toute représentation en était frappée d'illégitimité et de mensonge. D'autres publicistes ont prétendu en déduire la représentation même et tous les pouvoirs auxquels elle sert de base. Voici comment ils ont procédé.

Ils se sont mis sans crainte en présence des faits, décidés à les régler comme il leur convenait, en imposant tour à tour à ces faits un principe qu'ils repoussent, et à ce principe des conséquences dont il ne veut pas. Ils se sont donné la société à maintenir et le gouvernement à construire, sans cesser d'affirmer que la volonté de l'homme est la source de la légitimité du pouvoir. Il fallait que cette œuvre se fît en vertu de ce principe ; ils le voulaient.

Mais une première impossibilité s'est aussitôt déclarée : comment n'imposer aux hommes aucune loi que de leur aveu? Comment recueillir sur chaque loi toutes les volontés individuelles? Rousseau n'avait pas hésité ; il avait proclamé l'illégitimité des grands États, et la nécessité de contenir la société dans de petites républiques, afin que la volonté de chaque citoyen pût, une fois du moins, concourir à la loi. Il s'en fallait bien que, cela fait, le problème fût résolu, et que le principe pût désormais sortir intact de toutes les épreuves qui l'attendaient encore. Mais enfin une impossibilité avait disparu, une inconséquence était sauvée. Plus timides que Rousseau, les publicistes dont nous parlons n'ont pas osé protester contre les grands peuples, mais ils n'ont pas craint de subir l'impossibilité en lui accordant une inconséquence nouvelle. Ils ont retiré aux individus le droit de n'obéir qu'aux lois conformes à leur volonté, pour lui substituer le droit de n'obéir qu'à des lois émanées d'un pouvoir émané de leur volonté; ils ont cru respecter le principe en fondant sur l'élection du pouvoir législatif la légitimité de la loi. Alors a reparu en dépit de Rousseau, et de Rousseau raisonnant avec justesse, la théorie de la représentation, c'est-à-dire de la représentation des volontés; car, tant qu'on reconnaît la volonté de l'homme pour son seul souverain légitime, et qu'on veut arriver par la voie de la représentation à créer un pouvoir, c'est de la représentation des volontés qu'il s'agit.

Mais il a fallu continuer et réduire la théorie en pratique. Or, c'était bien le moins qu'après avoir annulé, quant à la création de la loi même, tant de volontés individuelles, on les appelât toutes à désigner le pouvoir chargé de faire la loi. Le suffrage universel était donc la conséquence inévitable du principe déjà si cruellement violé; on l'a professé quelquefois, sans jamais l'adopter en fait. Ici, encore une nouvelle impossibilité a engendré une nouvelle inconséquence. Partout le droit d'élire le pouvoir législatif n'a appartenu qu'à une partie de la société; les femmes au moins en ont été exclues. Ainsi, tandis qu'on reconnaissait la volonté pour le seul souverain légitime de tout individu, une foule d'individus n'ont pas même pris part à la création de ce souverain factice que la représentation devait donner à tous.

Nous pourrions poursuivre, et nous rencontrerions à chaque pas quelque nouvelle déviation du principe qu'on prétend toujours respecter, et qui demeure toujours, dit-on, le fondement sur lequel repose la formation des gouvernements. La plus éclatante de ces déviations, c'est à coup sûr l'empire partout attribué à la majorité sur la minorité. Qui ne voit que le principe de l'absolue souveraineté de chaque individu sur lui-même une fois admis, cet empire est pleinement illégitime? Et s'il est illégitime, comment la société sera-t-elle possible?

J'en ai dit assez pour montrer que ce prétendu principe est impuissant à créer légitimement le gouvernement de la société, et qu'à chaque instant, il succombe sous la nécessité et finit par disparaître. Je vais maintenant le considérer sous un autre aspect.

Je suppose l'œuvre consommée, le gouvernement fondé, et je cherche quelle sera désormais l'influence du principe sur ce gouvernement qu'on a prétendu en déduire, et qu'on n'a pu créer qu'à force d'inconséquences.

Quel sera, sur les individus, le droit de ce gouvernement dont leur volonté seule fait, dit-on, la légitimité? Ici comme ailleurs, il faut que le principe se retrouve; il doit régler le droit du gouvernement établi comme il a dû présider à sa formation.

Deux systèmes se présentent. Selon les uns, les volontés individuelles qui ont créé le pouvoir législatif n'ont rien perdu par là de leur propre souveraineté; elles se sont donné des serviteurs et non des maîtres; elles ont créé ce pouvoir pour commander, il est vrai, mais à condition d'obéir. Il n'est lui-même, à l'égard de ceux dont il tient sa mission, qu'une sorte de pouvoir exécutif, appelé à rédiger des lois qu'il a reçues, et constamment subordonné à cet autre pouvoir qui demeure dispersé dans les individus en qui il réside originairement, et qui, quoique sans forme et sans voix, n'en est pas moins seul absolu et toujours légitime. En droit, il y a un souverain qui, non-seulement ne gouverne pas, mais obéit, et un gouvernement qui commande, mais n'est point souverain.

Selon les autres, les volontés individuelles qui ont créé le pouvoir législatif et central se sont, pour ainsi dire, abîmées en lui; elles se renoncent elles-mêmes au profit du pouvoir qui les représente; et il les représente dans toute l'étendue de leur propre souveraineté.

Ceci, comme on voit, est le despotisme pur et simple,

despotisme conclu avec rigueur du principe de la représentation des volontés, et que se sont arrogé en effet tous les gouvernements émanés de cette source. « *L'élu du souverain est souverain ;* » ainsi l'ont dit tour à tour la Convention et Napoléon : de là, la destruction de toute responsabilité dans le pouvoir, de tout droit dans les citoyens. A coup sûr, ce n'était pas là ce que demandaient à la représentation les amis de la liberté.

Le premier système est plus spécieux, et conserve encore des défenseurs sincères. Ce système est bon en ce point qu'il abolit la souveraineté de droit dans le gouvernement; son vice est de la laisser subsister ailleurs. Je ne l'examine ici que dans sa relation avec le principe dont il prétend dériver. Si les volontés individuelles qui ont créé le pouvoir législatif sont tenues d'obéir à ces lois, que devient ce principe? Tout homme, dites-vous, n'est libre qu'autant qu'il obéit à sa propre volonté. Ceux-là seuls seront donc libres dans votre gouvernement qui, par une heureuse conformité de sentiments avec les législateurs, approuveront les lois comme s'ils les eussent faites eux-mêmes ; quiconque sera tenu d'obéir aux lois, bien qu'il les désapprouve, perd aussitôt la souveraineté de lui-même, sa liberté. **Et s'il a droit de désobéir, si la volonté du pouvoir législatif ne lie pas les volontés qui l'ont créé, que devient ce pouvoir? Que devient le gouvernement? Que devient la société?**

C'était bien la peine de trahir si souvent le principe en travaillant à la création du pouvoir, pour le ressaisir ensuite quand l'œuvre est consommée, et en frapper le pouvoir à mort.

Du reste, cela devait être, car le principe a désavoué, dès l'origine, le pouvoir qu'on prétendait en déduire.

Qu'est-ce donc que ce principe qui, fermement suivi, ne peut engendrer que la dissolution de la société ou la tyrannie, qui ne peut enfanter aucun pouvoir légitime, qui nous place enfin, dans la recherche d'un ordre politique raisonnable et libre, entre l'impossibilité et l'inconséquence?

Évidemment le mal est dans le principe même; c'est là qu'il faut le chercher.

Non, il n'est pas vrai que l'homme soit maître absolu de lui-même, que sa volonté soit sa seule loi légitime, qu'en aucun moment, à aucun titre, nul n'ait droit sur lui s'il n'y consent.

Quand les philosophes ont considéré l'homme en lui-même, hors de tout contact avec ses semblables, dans le seul rapport de sa vie active avec son intelligence, nul ne s'est avisé de dire que sa volonté fût pour lui la seule loi légitime, ou, ce qui revient au même, que toute action fût raisonnable et juste par cela seul qu'elle est volontaire. Tous ont reconnu qu'au-dessus de la volonté de l'individu plane une certaine loi, appelée tour à tour raison, morale ou vérité, et à laquelle il ne peut soustraire sa conduite sans faire de sa liberté un emploi absurde ou coupable. Dans tous les systèmes, quel que soit le principe sur lequel ils fondent les lois de la morale et de la raison, qu'on parle d'intérêt, de sentiment, de conventions humaines ou de devoir, spiritualistes et matérialistes, sceptiques et dogmatiques, tous admettent qu'il y a des actes raisonnables et des actes déraisonnables, des actes justes et des actes injustes, et que si l'individu demeure libre, en fait, d'agir selon ou contre la raison, cette liberté ne constitue point un droit, ne fait point qu'un acte, absurde ou criminel en soi, cesse de l'être parce qu'il a été volontaire.

Il y a plus ; au moment où l'individu prêt à agir demande à son intelligence d'éclairer sa liberté, il aperçoit la règle que lui prescrit la vérité, il reconnaît en même temps que, cette règle, ce n'est point lui qui l'a faite, et qu'il ne dépend de sa volonté ni de la méconnaître ni de la changer. Sa volonté demeure libre d'obéir ou de ne pas obéir à sa raison ; mais sa raison, à son tour, demeure indépendante de sa volonté, et juge nécessairement, d'après la règle qu'elle a reconnue, la volonté qui ne s'y soumet point.

Ainsi, philosophiquement parlant et en droit, l'individu considéré en lui-même ne dispose point de lui-même arbitrairement et selon sa seule volonté. Ce n'est point sa volonté qui crée et impose des lois obligatoires. Il les reçoit de plus haut ; elles lui viennent d'une sphère supérieure à celle de la liberté, d'une sphère où la liberté n'est pas, où le débat s'élève, non entre ce qu'on veut et ce qu'on ne veut pas, mais entre ce qui est vrai ou faux, juste ou injuste, conforme ou contraire à la raison. En descendant de cette sphère sublime pour entrer dans celle du monde matériel, ces lois sont contraintes de passer par le domaine de la liberté qui est sur les confins des deux mondes ; et là s'agite la question de savoir si la volonté libre de l'individu se conformera ou non aux lois de sa raison souveraine. Mais de quelque façon que cette question se décide, la souveraineté ne quitte point la raison pour s'attribuer à la volonté. En aucun cas, la volonté ne confère par elle-même, aux actes qu'elle produit, le caractère de la légitimité ; ils ont ou n'ont pas ce caractère selon qu'ils sont ou non conformes à la raison, à la justice, à la vérité, seule source de tout pouvoir légitime.

En d'autres termes, l'homme n'a pas, sur lui-même et en vertu de sa volonté, un pouvoir absolu. Comme être raisonnable et moral, il est sujet, sujet de lois qu'il ne fait point et qui l'obligent en droit, bien que, comme être libre, il ait le pouvoir de leur refuser, non pas son assentiment, mais son obéissance.

Qu'on regarde au fond de tous les systèmes philosophiques, qu'on s'élève au-dessus des différences de leurs formes, on demeurera convaincu qu'il n'en est pas un qui n'ait admis le principe que je viens d'exposer.

Comment donc se fait-il que, sortant de l'homme vu isolément et en lui-même, pour le considérer dans ses relations avec les autres hommes, des philosophes se soient emparé d'un principe qu'ils n'eussent osé ni pu adopter comme fondement de leurs doctrines morales, et en aient fait la base de leurs doctrines politiques? Comment se fait-il que la volonté qui, dans l'individu considéré à part, n'a jamais été élevée au rang de souverain absolu et seul légitime, se soit vue tout à coup investie de ce titre et de ses droits, quand l'individu a été mis en présence d'autres individus de la même nature que lui?

Voici le fait. Dans ce rapprochement et cette collision d'individus qu'on appelle société, les philosophes dont nous parlons se sont aheurtés à ce qui en effet se présente d'abord, le rapprochement et la collision des volontés individuelles. L'instinct du vrai, à leur insu peut-être, les a soudain avertis que la volonté n'était point, en elle-même et par sa propre vertu, le souverain légitime de l'homme. Si elle ne tient point ce rang dans l'individu et quant à lui-même, comment y serait-elle élevée à l'égard d'un autre individu? Comment celui qui, dans ses propres actes, n'a rien légitimé aux yeux de la raison, quand il a dit : *je veux*, aurait-il le droit d'imposer à un autre sa volonté comme loi? Nulle volonté, en tant que volonté, n'a droit sur une volonté étrangère. Cela est clair, la prétention contraire est révoltante; c'est la force pure, c'est le despotisme.

Comment sortir d'embarras? comment mettre les volontés individuelles à l'abri les unes des autres? les philosophes n'ont vu qu'un moyen; c'est d'attribuer à chaque volonté une souveraineté absolue, une entière indépendance; ils ont proclamé que tout individu est maître absolu de lui-même, c'est-à-dire qu'ils ont élevé toutes les volontés individuelles au rang de souverains.

Ainsi, la volonté qui, dans l'homme considéré à part et en lui-même, ne possède point le pouvoir souverain et légitime, en a été revêtue dans l'homme en rapport avec les autres hommes. Ainsi, cette réponse, *je ne veux pas*, qui, au dedans de l'individu lui-même, ne fonde aucun droit si elle est contraire aux lois de la raison, est devenue, au dehors, le fondement du droit, la raison toujours suffisante et péremptoire.

Est-il besoin de prouver qu'un principe qui, dans les rapports de l'homme avec lui-même, est évidemment faux et destructif de toute moralité et de toute loi, l'est également dans les rapports de l'homme avec l'homme, et que dans l'un comme dans l'autre cas, la légitimité de la loi et du pouvoir, c'est-à-dire, de l'obéissance ou de la résistance, dérive d'une autre source que de la volonté?

Deux faits nous tiendront lieu d'arguments.

Qui a jamais nié la légitimité du pouvoir paternel? Il a ses limites et peut avoir ses excès comme tout pouvoir humain; mais a-t-on jamais prétendu qu'il fût illégitime aussi souvent que l'obéissance de l'enfant, sur qui il s'exerce, n'est pas volontaire? l'instinct du vrai n'a pas permis que personne tombât jamais dans une telle absurdité. Cependant la volonté de l'enfant, considérée en elle-même, ne diffère point de celle de l'homme fait; elle est de même nature, et tout aussi chère à l'individu. Voilà donc un pouvoir légitime, même dans des cas où l'obéissance n'est pas volontaire. Et d'où ce pouvoir emprunte-t-il sa légitimité? de la supériorité de raison du père sur l'enfant, supériorité qui prouve la mission que le père tient d'en haut et qui fonde ici-bas son droit. L'empire légitime n'appartient ni à la volonté de l'enfant à qui la raison manque, ni même à la seule volonté du père, car la volonté ne saurait jamais puiser en elle-même aucun droit; il appartient à la raison et à celui qui la possède. La mission que le père tient de Dieu est d'enseigner la raison à l'enfant, de plier sa volonté à la raison, en attendant qu'il devienne capable de régler lui-même sa volonté. De cette mission dérive la légitimité du pouvoir paternel; elle **le fonde en droit, et en détermine aussi les limites, car le père ne doit imposer à l'enfant que des lois justes et raisonnables.** De là les règles et les procédés de la bonne éducation, c'est-à-dire de l'exercice légitime du pouvoir paternel ; mais le principe du droit est dans la mission et dans la raison du père, et non dans l'une ou l'autre des volontés qui se trouvent ici en rapport.

Voici un autre fait. Quand la folie ou l'imbécillité d'un homme est constatée, on lui retire l'usage de sa liberté. De quel droit ? la volonté a-t-elle péri en lui ? si elle est le principe du pouvoir légitime, n'est-elle pas toujours là pour l'exercer ? la volonté est encore là ; mais le vrai souverain de l'homme, le maître de la volonté elle-même, l'intelligence raisonnable s'est éteinte dans cet individu. Il faut qu'elle lui vienne d'ailleurs, et qu'une raison extérieure le gouverne puisque la sienne est devenue incapable de présider à sa volonté.

Ce qui est vrai de l'enfant et du fou est vrai de l'homme en général : c'est toujours de la raison, jamais de la volonté que dérive le droit au pouvoir. Nul n'a droit de donner la loi parce qu'il veut ; nul n'a droit de s'y refuser parce qu'il ne veut pas, et la légitimité du pouvoir réside dans la conformité de ses lois avec la raison éternelle, non dans la volonté de l'homme qui exerce le pouvoir, ni dans celle de l'homme qui le subit.

Qu'avaient donc à faire les philosophes pour donner au pouvoir un principe légitime, et le contenir dans les limites du droit ? Au lieu d'élever toutes les volontés individuelles au rang de souverains et de souverains rivaux, il fallait les abaisser toutes à la condition de sujets d'un même souverain. Au lieu de dire que tout homme est maître absolu de lui-même, et que nul autre homme n'a droit sur lui contre sa volonté, il fallait proclamer que nul homme n'est maître absolu de lui même, ni d'aucun autre, et que nulle action, nul pouvoir de l'homme sur l'homme n'est légitime s'il n'est avoué par la raison, la justice et la vérité qui sont la loi de Dieu. Il fallait, en un mot, proscrire partout le pouvoir absolu, au lieu de lui ouvrir un refuge dans chaque volonté individuelle, et reconnaître à chaque homme le droit, qu'il possède en effet, de n'obéir qu'à la loi divine, au lieu de lui attribuer le droit, qu'il n'a point, de n'obéir qu'à sa propre volonté.

Je reviens maintenant à la question spéciale que j'ai posée en commençant, et je puis déterminer ce qu'est la *représentation*, et légitimer, dans son principe comme dans ses effets, le système de gouvernement qui en a pris son nom.

Il ne s'agit plus de représenter les volontés individuelles, ce qui ne se peut, comme l'a démontré Rousseau dont l'erreur a été de croire que cela se doit. Il ne s'agit pas davantage d'éluder cette impossibilité à force d'inconséquences, comme ont fait d'autres publicistes. Ces tentatives, illégitimes dans leur principe, vaines dans leur résultat, ont de plus le tort immense de tromper les hommes, car elles prétendent se fonder sur un principe qu'elles violent sans cesse; et par un mensonge coupable, elles promettent à tout individu, pour sa volonté seule, éclairée ou ignorante, raisonnable ou déraisonnable, juste ou injuste, un respect qu'au fait elles ne lui portent point, et qu'elles sont forcées de ne pas lui porter.

La vraie doctrine de la représentation est plus philosophique et plus sincère.

Elle part du principe que la vérité, la raison, la justice, la loi divine en un mot a seule droit au pouvoir; et voici comment elle procède.

Toute société, selon son organisation intérieure, ses antécédents et l'ensemble des causes qui l'ont modifiée ou la modifient encore, est placée à un certain degré dans la connaissance de la vérité, de la justice, de la loi divine, et dans la disposition à s'y conformer. Pour parler en termes moins généraux, il existe, dans toute société, une certaine somme d'idées justes et de volontés légitimes sur les droits réciproques des hommes, sur les relations sociales et leurs résultats. Cette somme d'idées justes et de volontés légitimes est dispersée dans les individus qui composent la société, et inégalement répartie entre eux, en raison des causes infinies qui influent sur le développement intellectuel et moral des hommes. De quoi s'agit-il donc pour faire régner dans la société, autant que le permettent soit l'infirmité constante, soit l'état présent des choses humaines, ce pouvoir de la raison, de la justice et de la vérité qui, seul légitime en lui-même, seul aussi a droit d'imposer l'obéissance? Le problème est évidemment de recueillir partout, dans la société, les fragments épars et incomplets de ce pouvoir, de les concentrer et de les constituer en gouvernement. En d'autres termes, il s'agit de découvrir tous les éléments du pouvoir légitime disséminés dans la société, et de les organiser en pouvoir de fait, c'est-à-dire de concentrer, de réaliser la raison publique, la morale publique, et de les appeler au pouvoir.

Ce qu'on appelle la *représentation* n'est autre chose que le moyen d'arriver à ce résultat. Ce n'est point une machine arithmétique destinée à recueillir et à dénombrer les volontés individuelles. C'est un procédé naturel pour extraire du sein de la société la raison publique, qui seule a droit de la gouverner.

Nulle raison en effet n'a, par elle-même et d'avance, le droit de dire qu'elle est la raison publique. Si elle le prétend, il faut qu'elle le prouve, c'est-à-dire qu'elle se fasse accepter comme telle, par les autres raisons individuelles qui sont capables d'en juger.

Qu'on y regarde : toutes les institutions, toutes les conditions du système représentatif, découlent de là et reviennent y aboutir. L'élection, la publicité, la responsabilité sont autant d'épreuves imposées aux raisons individuelles qui, en recherchant ou en exerçant le pouvoir, se prétendent les interprètes de la raison publique ; autant de moyens de mettre en lumière les éléments du pouvoir légitime, et de prévenir les usurpations.

Dans ce système, il est vrai, et par le fait nécessaire de la liberté, la vérité et l'erreur, les volontés perverses et les volontés légitimes, en un mot, le bien et le mal qui coexistent et se combattent dans la société comme dans l'individu, pourront également se produire ; c'est la condition de ce monde ; c'est le fait même de la liberté. Mais à cela deux garanties ; l'une se trouve dans la publicité de la lutte : c'est, pour le bien, la meilleure chance de succès ; car ce ne sont pas les hommes qui ont inventé l'analogie du bien avec la lumière, du mal avec les ténèbres ; cette idée, commune à toutes les religions du monde, est le symbole de la première des vérités. La seconde garantie consiste dans la fixation des conditions de capacité imposées d'avance à quiconque aspire à exercer telle ou telle portion du pouvoir. Dans le système de la représentation des volontés, rien ne peut justifier une telle limitation, car la volonté existe pleine et entière chez tous les hommes, et leur confère à tous un droit égal ; mais la limitation découle nécessairement du principe qui attribue le pouvoir à la raison, non à la volonté.

Ainsi donc, en résumé, le pouvoir de l'homme sur lui-même n'est point arbitraire ni absolu ; comme être raisonnable, il est tenu d'obéir à la raison. Le même principe subsiste dans les relations de l'homme avec l'homme ; là aussi, le pouvoir n'est légitime qu'autant qu'il est conforme à la raison.

La liberté, considérée dans l'homme en lui-même, est la puissance de conformer sa volonté à la raison. C'est par là qu'elle est sacrée ; ainsi le droit à la liberté, dans les relations de l'homme avec l'homme, dérive du droit de n'obéir qu'à la raison.

Les garanties dues à la liberté dans l'état social ont donc pour but essentiel de procurer indirectement la légitimité du pouvoir de fait, c'est-à-dire, la conformité de ses volontés avec la raison qui doit gouverner toutes les volontés, celles qui commandent et celles qui obéissent.

Nul pouvoir de fait ne doit donc être absolu, et la liberté n'est garantie qu'autant que le pouvoir est tenu de prouver sa légitimité.

Le pouvoir prouve sa légitimité, c'est-à-dire sa conformité avec la raison éternelle, en se faisant reconnaître et accepter par la raison libre des hommes sur qui il s'exerce.

C'est là l'objet du système représentatif.

Loin donc que la représentation se fonde sur un droit inhérent à toutes les volontés de concourir au pouvoir, elle repose au contraire sur le principe qu'aucune volonté n'a par elle-même droit au pouvoir, et que quiconque exerce ou prétend à exercer le pouvoir est tenu de prouver qu'il l'exerce ou l'exercera, non selon sa volonté, mais selon la raison.

Qu'on examine le système représentatif dans toutes ses formes, car il en admet de fort diverses selon l'état de la société à laquelle il s'applique, on verra que tels sont partout le vrai principe et les effets de ce qu'on appelle la représentation.

ONZIÈME LEÇON.

Objet de la leçon. — Formation du parlement. — Introduction des députés de comté dans le parlement. — Relations des députés des comtés avec les grands barons. — Parlement d'Oxford (1258). — Ses règlements, dits *Provisions d'Oxford*. — Oscillations des députés de comté entre les grands barons et la couronne.

Avant de commencer l'histoire des chartes et lorsque nous avons quelque temps arrêté nos regards sur le gouvernement anglo-normand, nous avons vu que ce gouvernement n'était composé que de deux grandes forces, la royauté et le conseil des barons, assemblée unique et centrale, qui seule participait avec le roi à l'exercice de la puissance. Tel est l'état où nous avons laissé le gouvernement en Angleterre sous Guillaume-le-Conquérant et ses fils. Mais depuis leurs règnes jusqu'à celui d'Édouard 1er, un grand changement s'est opéré; après une lutte laborieuse, les chartes ont été irrévocablement concédées et les droits qu'elles proclament sont définitivement reconnus. Si, après cette révolution accomplie, on reporte les yeux sur les institutions, on les trouve toutes changées ; on s'aperçoit que le gouvernement a pris une autre forme, que de nouveaux éléments s'y sont introduits, que le parlement, composé, d'une part, des lords spirituels et temporels, de l'autre, des députés des comtés et des bourgs, a pris la place du grand conseil des barons.

Cette transformation est un fait ; comment s'est-elle opérée ? quels en ont été les causes et le progrès ? qu'était le nouveau parlement après sa formation ? jusqu'à quel point et en quoi l'introduction de ces députés a-t-elle changé la nature du gouvernement ? ce sont là les questions que nous avons maintenant à traiter.

Pour les résoudre pleinement, il faut les décomposer et examiner séparément les faits principaux qui y concourent.

Le premier de ces faits, c'est l'introduction des députés des comtés dans l'assemblée nationale. Je rechercherai d'abord comment a été amené cet événement ; je ferai ensuite des recherches semblables sur l'introduction des députés des villes et des bourgs dans la même assemblée.

Deux causes ont amené l'introduction des députés des comtés dans le parlement : premièrement, les droits des chevaliers comme vassaux immédiats du roi ; secondement, leur intervention dans les affaires du comté, par la voie des cours de comté.

Les vassaux directs du roi avaient en cette qualité deux droits fondamentaux, celui de ne subir aucune charge extraordinaire sans leur consentement, et celui de siéger dans la cour du roi, soit pour rendre des jugements, soit pour traiter des affaires publiques. Ils étaient, sous ce double rapport, membres nés de l'assemblée générale. Ils formaient la nation politique. Ils participaient au gouvernement et à la fixation des charges publiques, en vertu d'un droit personnel.

Quoiqu'ils ne fussent point élus, et qu'ils n'eussent reçu ni mission ni mandat, on peut dire néanmoins qu'ils étaient censés représenter leurs propres vassaux, et que ce n'était qu'en vertu du pouvoir que leur déférait cette représentation fictive, qu'ils exerçaient le droit d'imposer tous les propriétaires du royaume [1].

Leur réunion complète n'eut probablement jamais lieu; bientôt elle devint impossible. D'une part, il s'éleva, parmi les vassaux directs du roi, de grands barons qui réunirent un nombre considérable de fiefs de chevalier, et devinrent par là beaucoup plus puissants; d'autre part, le nombre des chevaliers moins riches devint beaucoup plus considérable par la division des fiefs qui fut le résultat d'une multitude de causes.

[1] C'est ce qu'indiquent expressément deux *writs*, l'un du roi Jean, daté du 17 février 1208; l'autre donné par Henri III, le 12 juillet 1237.

Cependant, le droit de paraître à l'assemblée générale, et de consentir en personne les charges extraordinaires, subsistait toujours. L'article 14 de la grande charte du roi Jean le reconnaît formellement.

Ce même article prouve en même temps qu'il existait une inégalité évidente entre tels et tels vassaux immédiats, car il ordonne que les grands barons seront convoqués individuellement, tandis que les autres seront mandés en masse par l'intermédiaire des shérifs. Ce n'était pas la première fois qu'on observait cette différence dans le mode de convocation ; elle existait déjà antérieurement, quand le roi requérait de ses vassaux le service militaire qui lui était dû.

Ainsi, au commencement du treizième siècle, le droit de faire partie de l'assemblée nationale appartenait à tous les vassaux directs du roi, mais n'était presque point exercé, à cause des obstacles qui augmentaient de jour en jour. Les hauts barons formaient presque seuls toute l'assemblée.

Mais de leur côté, les autres vassaux ne renonçaient pas à leur existence politique ; si leur influence se resserrait de jour en jour dans leur propre comté, là du moins ils exerçaient des droits et intervenaient activement dans les affaires. On voit souvent des chevaliers désignés tantôt par le shérif, tantôt par la cour elle-même, pour décider des affaires du comté. Guillaume-le-Conquérant chargea ainsi deux hommes libres par comté de recueillir et de publier les anciennes lois et coutumes locales. La grande charte ordonne que douze chevaliers seront élus dans chaque comté pour faire la recherche des abus. Ces exemples se multiplient sous les règnes de Henri III et d'Édouard Ier. Deux *writs* de Henri III[1] prouvent que les subsides étaient répartis alors, non pas, comme autrefois, par les juges dans leur circuit, mais par des chevaliers élus dans la cour de comté. Les chevaliers furent ainsi amenés à exercer leur influence sur le gouvernement par leur action dans les localités, en même temps qu'ils conservaient, sans l'exercer, le droit de paraître aux assemblées générales.

D'un autre côté, à mesure qu'ils se séparaient ainsi des hauts barons, les chevaliers vassaux directs du roi se rapprochaient d'une autre classe d'hommes avec laquelle ils ne tardèrent pas à se fondre complétement. Ils ne siégeaient pas seuls dans les cours de comté. Beaucoup de francs-tenanciers, arrière-vassaux du roi, s'y rendaient également, et y remplissaient les mêmes fonctions administratives ou judiciaires. Le service dans la cour de comté était une obligation communément imposée, par leur tenure, à tous les francs-tenanciers, vassaux du roi ou d'un autre seigneur. Beaucoup de ces derniers étaient plus riches et plus importants

---

[1] L'un de 1220, l'autre de 1225.

que certains vassaux directs du roi. La pratique de la sous-inféodation en augmentait sans cesse le nombre. Beaucoup de simples *socagers* devenaient peu à peu des francs-tenanciers considérables en recevant de tel ou tel seigneur des terres libres. Ainsi se formait, dans chaque comté, le corps des francs-tenanciers. La cour de comté en était le centre. Ils s'y acquittaient tous des mêmes services et y exerçaient les mêmes droits, quelle que fût d'ailleurs la nature de leurs relations féodales avec la couronne. On voit par là que d'une part la dissolution de l'ancienne assemblée générale des vassaux directs du roi, et de l'autre, la localisation d'un grand nombre d'entre eux dans les cours de comté, jointe à leur fusion avec les francs-tenanciers de ces comtés, préparaient les éléments d'une nouvelle nation, et par suite d'un nouvel ordre politique.

Voyons maintenant comment cette nation nouvelle manifesta son existence, et fut amenée à prendre place au centre de l'État, par la voie de la représentation.

En 1214, tandis que les hauts barons mécontents se préparaient à la révolte, Jean convoqua une assemblée générale à Oxford. Les *writs* royaux ordonnent aux shériffs de requérir pour cette assemblée l'assistance d'un certain nombre de chevaliers *en armes*; d'autres *writs*[1] ordonnent que les suivants des barons doivent

---

[1] En date du 15 novembre.

se rendre à Oxford *sans armes*, et enjoignent, en outre, aux shériffs d'envoyer à Oxford quatre sages chevaliers de chaque comté, « pour s'entretenir avec nous des affaires de notre royaume. »

C'est là le premier symptôme de la représentation des chevaliers en parlement, c'est-à-dire de l'admission de quelques individus paraissant et stipulant au nom de tous.

En avait-on alors cette idée? Probablement non. Comment ces quatre chevaliers étaient-ils désignés ? Étaient-ils choisis par le shériff ou élus par la cour de comté? Ces *writs* reçurent-ils leur exécution? Tout cela est incertain.

Ce qui n'est pas douteux, c'est le but où tendait cette innovation. Le contenu même des *writs*, et les circonstances au milieu desquelles ils furent rendus, en indiquent clairement l'objet.

Il est évident que Jean voulait chercher dans les chevaliers de comté un appui contre les barons, et par conséquent que les premiers formaient déjà une classe assez distincte des seconds pour qu'on tentât de les en séparer tout à fait, et assez importante pour qu'on s'adressât à eux comme à des auxiliaires puissants.

La tentative de Jean n'eut pas de succès. Les faits prouvent que, dans la lutte entre le pouvoir royal et les hauts barons, les chevaliers et autres francs-tenanciers adhérèrent au parti de ces derniers qui, en réclamant les droits publics, ne s'occupaient pas moins des intérêts des chevaliers que des leurs propres.

La lutte continua pendant tout le règne de Henri III, et durant ce temps, on vit sans cesse le roi engager les chevaliers à abandonner le parti des barons pour passer dans le sien, et les barons travailler à retenir les chevaliers dans leurs rangs.

Voici un exemple de ces tentatives du pouvoir royal. En 1225, l'une des époques où les chartes furent confirmées par Henri III, on trouve des *writs* adressés aux shériffs de huit comtés, pour leur ordonner de faire élire, dans chaque cour de ces comtés, quatre chevaliers qui se rendront à Lincoln, où était alors réuni le conseil des barons, pour y exposer les griefs de leurs comtés contre lesdits shériffs qui s'y rendront aussi pour s'expliquer et se défendre.

Dans ce cas, il s'agit purement des affaires locales de quelques comtés, et les quatre chevaliers ne sont point appelés à faire partie de l'assemblée générale ; mais ils sont élus et envoyés pour traiter, devant le conseil central, les affaires de leurs comtés. Ici, l'élection est positive, et ce genre de mission, la réclamation contre les griefs locaux, est un des principes de la représentation.

On trouve en 1240 une assemblée générale des barons, à Londres, qui n'a rien de remarquable que le nom qui lui est donné par les chroniqueurs. Mathieu Pâris emploie pour la première fois, en en parlant, le mot de *parlement (parliamentum)*.

Enfin, en 1254, Henri III étant en Gascogne, et manquant d'argent, on donne la convocation d'un parlement à Londres pour demander une aide extraordinaire. En même temps il adresse un *writ* aux shérifs pour leur enjoindre de faire *élire* dans les cours de comté deux chevaliers, « à la place de tous et chacun d'eux (*vice omnium et singulorum corumdem*,) » pour délibérer sur l'aide à accorder au roi. Voilà une représentation réelle et positive ; les députés sont élus, ils sont introduits dans l'assemblée, et on leur y donne voix délibérative. Ces *writs* ne reçurent point leur exécution, à ce qu'ont prétendu certains historiens ; on ne sait rien de certain à ce sujet. Toutefois, comme il est prouvé qu'une aide fut accordée au roi, il y a lieu de présumer qu'elle fut consentie par l'assemblée composée des barons et des chevaliers.

Jusqu'à ce moment, la haute aristocratie féodale avait retenu les chevaliers et autres tenanciers dans son parti ; nous allons voir comment elle se les aliéna, et comment, pendant quelque temps alliés des barons, ils devinrent ensuite alliés du trône.

Pendant l'année 1254, une irritation générale éclata dans le royaume à l'occasion de la demande d'un subside extraordinaire. Henri III, dupe des artifices et des promesses du pape Innocent IV, s'était engagé dans une guerre aventureuse contre Mainfroi, usurpateur du trône de Naples, guerre dont Henri devait supporter tous les frais, et dont le pape eût sans doute recueilli tous les fruits si elle avait réussi. Mais on n'eut pas l'occasion de faire subir cette épreuve à sa bonne foi, car la guerre fut sans succès. Cependant Henri n'en avait pas moins contracté une dette énorme ; prodigue et débauché, il avait épuisé tous ses trésors : il fallut donc qu'il eût recours à ses sujets pour s'acquitter. Ces demandes d'argent, qui prouvent quels progrès avait faits le principe que le roi ne peut lever seul les impôts, servirent de prétexte aux barons mécontents pour prendre les armes contre le roi. Simon de Montfort, comte de Leicester, se mit à leur tête, et la guerre civile éclata.

Mais l'aristocratie était lasse de ces éternels combats qui ne lui valaient que des succès momentanés. Les révoltés formèrent le projet de ne plus se contenter de vaincre le roi, et de le lier de telle sorte qu'il fût désormais pleinement dans leur dépendance. Les barons qui avaient arraché la grande Charte au roi Jean avaient essayé, pour se donner des garanties, d'organiser d'avance et légalement la guerre civile, en cas de violation de la charte. Les barons qui dictèrent la loi à Henri III allèrent plus loin : ils essayèrent d'organiser non la résistance, mais le pouvoir, et de se donner des garanties, non par la guerre, mais par la constitution même du gouvernement. Ne pouvant contenir dans de justes limites l'autorité du roi, ils entreprirent de la lui enlever et de la prendre eux-mêmes, en un mot de substituer au gouvernement du roi celui de l'aristocratie.

Ils avaient déjà fait une semblable tentative en 1244. Leur dessein avait été de faire entrer dans le conseil du roi quatre des principaux d'entre eux, qui l'auraient suivi partout, et auraient gouverné sous son nom. Cet essai avait été infructueux alors, mais les barons réussirent mieux à l'époque où nous sommes arrivés. Dans les parlements convoqués successivement en 1255, 1257 et 1258, les plus violents reproches furent adressés à Henri III sur ses prodigalités, ses fautes, ses folles entreprises et surtout sur la violation de ses serments de fidélité à la grande Charte. Henri, effrayé et cherchant d'ailleurs à apaiser les barons afin d'en obtenir un subside, promit de réparer ses erreurs et de réformer son gouvernement. On arrêta que cette réforme serait réglée dans un parlement convoqué à Oxford, le 11 juin 1258.

Ce parlement est la première assemblée qui ait reçu officiellement le nom de *parlement*. Les barons s'y rendirent en armes et avec une nombreuse suite; Henri au contraire, n'ayant pris aucune précaution contre eux, se trouva leur prisonnier. Néanmoins, ils exécutèrent ce qui avait été convenu, c'est-à-dire, qu'ils remirent le soin de décider sur les réformes projetées à vingt-quatre barons, dont douze furent choisis par eux, et douze nommés par le roi.

Une autorité illimitée fut confiée à ces vingt-quatre médiateurs. Ils commencèrent par changer complétement la forme du gouvernement. On s'occupa d'abord de la formation du conseil du roi, et quatre barons choisis par la confédération furent chargés de l'organiser. Ils le composèrent de quinze membres, et sur ces quinze, neuf au moins furent pris dans le parti des barons, de façon que le pouvoir fut remis tout entier entre les mains de ces neuf personnes, et par le fait dans celles des barons.

Un grand nombre de règlements, connus sous le nom de *provisions d'Oxford*, furent arrêtés par cette assemblée, c'est-à-dire, par le conseil des vingt-quatre barons. On n'en trouve la collection complète dans aucun document authentique ; voici ce qu'on peut en recueillir dans les historiens.

Les barons arrêtèrent, entre autres choses :

1° Que les chartes seraient confirmées ;

2° Qu'ils nommeraient eux-mêmes annuellement les juges, le chancelier, le trésorier et autres officiers du roi ;

3° Qu'ils auraient la garde des châteaux royaux ;

4° Que trois parlements seraient convoqués chaque

année, aux mois de février, de juin et d'octobre;

5° Qu'il serait nommé une commission permanente de douze barons, chargés de se rendre à ces parlements, et de traiter avec le conseil royal de toutes les affaires;

6° Qu'on désignerait quatre chevaliers par comté, chargés de recueillir toutes les plaintes contre les shériffs ou autres officiers du roi, et d'en rendre compte au prochain parlement;

7° Que les shériffs à l'avenir, seraient nommés par les cours de comté;

Enfin, que le roi, son fils Édouard, ses frères, les archevêques, évêques, etc. etc., seraient obligés de prêter serment de fidélité aux *provisions* d'Oxford.

Il fut convenu en outre, que le comité des vingt-quatre barons réformerait tous les abus qui avaient été commis dans le royaume, rendrait au nom du roi les lois nécessaires à ce sujet, et laisserait marcher ensuite le gouvernement ainsi réglé.

Mais après la séparation du parlement, les barons, sous prétexte qu'ils avaient encore des abus à réformer et des lois à rendre, refusèrent de déposer le pouvoir. Non contents de l'avoir illégalement retenu, ils l'exercèrent à leur profit. Leurs actes, leurs lois n'eurent pour objet que leur intérêt personnel. Sans le savoir, ils travaillaient à leur ruine; car ils détachaient de leur parti la population éclairée sur leurs desseins.

Deux lois surtout leur aliénèrent les esprits ; l'une de ces lois retirait aux shériffs le droit de mettre à l'amende les barons qui refusaient de se rendre aux cours de comté ou aux assises des juges en circuit. La seconde décidait que les circuits des juges n'auraient lieu que de sept en sept ans.

Ces mesures ouvrirent les yeux à la population, et bientôt elle abandonna leurs auteurs. Un fait prouve combien leur tyrannie était déjà à charge au pays. Une députation fut envoyée au prince Édouard, au nom de la *bacheleric anglaise (communitatis bachelariæ angliæ)*, pour le prier de sommer les barons de finir leur travail et d'accomplir leurs promesses, comme le roi avait accompli les siennes. Le prince répondit qu'il avait juré fidélité aux *provisions* d'Oxford, et qu'il était résolu à garder son serment. Toutefois il somma le comité des barons de déposer le pouvoir, les menaçant, s'ils refusaient, de les y contraindre et de prendre en mains les intérêts de la *communauté*.

Qu'était cette *communitas bachelariæ angliæ*? il y a lieu de croire que sous cette dénomination, on comprenait le corps des chevaliers de comté. On voit par là, que les hauts barons s'étaient aliéné cette classe d'hommes, et que le roi commençait à l'attirer dans son parti.

Il résulte de ces faits qu'outre les deux grands pouvoirs anciennement établis, la noblesse et la royauté, il se formait à cette époque un troisième pouvoir, qui tour à tour penchait pour l'une ou pour l'autre de ces puissances rivales, et qui déjà exerçait une forte influence puisqu'il apportait la victoire au parti pour lequel il se prononçait.

DOUZIÈME LEÇON.

Objet de la leçon. — Lutte entre le roi Henri III et le parlement. — Arbitrage de saint Louis. — Le comte de Leicester chef des grands barons dans leur lutte contre le roi. — Il est défait et tué à Evesham (1265). — Admission des députés des villes et bourgs dans le parlement (1264). — Réaction royaliste. — La mémoire de Leicester demeure populaire.

Nous avons vu comment, au milieu des luttes de l'aristocratie féodale et de la royauté, une classe intermédiaire s'était élevée, puissance nouvelle, mais déjà imposante, et dont les deux autres se sentirent bientôt forcées de rechercher l'alliance. Nous allons suivre dans les documents authentiques, c'est-à-dire dans les *writs* et dans les lois, les progrès de cette classe nouvelle que nous verrons prendre une part de plus en plus active dans le gouvernement.

Nous avons laissé les vingt-quatre barons réformateurs du royaume abusant du pouvoir qu'ils tenaient de leur mission, et refusant, en dépit du roi et du pays, de se démettre de leur dictature. Ce refus fit bientôt éclater, entre eux et le roi, de violentes dissensions, et la guerre civile fut sur le point de se rallumer. En 1261, Henri adressa ses *writs* à plusieurs shériffs pour leur enjoindre d'envoyer vers lui, à Windsor, les trois chevaliers de chaque comté qui avaient été convoqués à Saint-Albans par le comte de Leicester et son parti. Ces *writs* prouvent clairement que le roi et les barons cherchaient de plus en plus à se concilier le corps des chevaliers, et qu'alors le roi réussissait à les attirer à son parti.

Henri rechercha encore un autre secours. Sur sa prière, le pape le délia de son serment aux *provisions* d'Oxford. Délivré de ses scrupules, Henri rompit ouvertement ses conventions avec les barons, et reprit les rênes du gouvernement. En 1262, il convoqua un parlement à Westminster, pour y faire confirmer son autorité. Il rencontra peu d'opposition; cependant, voulant enlever aux barons tout motif de révolte, il consentit à s'en remettre au jugement d'un arbitre. Le grand renom de sagesse et d'équité de saint Louis le fit agréer pour juge de ce solennel différend. Le roi Henri et ses barons promirent de s'en rapporter à sa décision.

Saint Louis assembla son grand conseil à Amiens, et après l'avoir attentivement consulté, il rendit un jugement par lequel il annulait les *provisions* d'Oxford, et restituait au roi la possession de ses châteaux, ainsi que le droit de nommer lui-même ses conseillers. Mais soigneux des prérogatives légales du peuple anglais comme de celles de la couronne, saint Louis maintint formellement tous les anciens priviléges, chartes et libertés de l'Angleterre, et proclama une amnistie absolue et réciproque pour les deux partis

Cet arrêt fut à peine rendu que Leicester et son parti refusèrent de s'y soumettre, et recoururent aux armes pour arracher par la force ce que leur refusait la justice. La guerre civile recommença avec acharnement, mais ne fut pas de longue durée. Leicester surprit l'armée royaliste à Lewes dans le comté de Sussex, le 14 mai 1264. Henri et son fils Édouard, vaincus et faits prisonniers en combattant, furent contraints de recevoir la loi du vainqueur. Les conditions qu'il imposa étaient dures; cependant il ne s'arrogea pas le droit de régler la réforme du gouvernement : il retint seulement en otages le frère et le fils du roi, et s'en remit à un parlement du soin de vider les questions politiques. Il fallait que les idées sur l'autorité légale des parlements et sur l'illégitimité de la force en matière de gouvernement eussent fait bien des progrès pour que Leicester vainqueur n'osât régler seul le plan d'administration du royaume.

Néanmoins, il ne se fit pas scrupule d'user d'autres droits qui ne lui appartenaient pas plus légitimement. Sous le nom du roi qui, délivré en apparence, était en fait resté son prisonnier, Leicester gouverna le royaume. Il créa dans chaque comté des magistrats extraordinaires, appelés conservateurs de la paix. Leur mission était à peu près la même que celle des shérifs, mais ils avaient des pouvoirs beaucoup plus étendus. Leicester leur enjoignit de faire élire quatre chevaliers par comté, et de les envoyer au parlement convoqué à Londres pour le mois de juin 1264.

Ce parlement s'assembla et rendit une ordonnance destinée à organiser le gouvernement. Cette ordonnance contraignait le roi à suivre en tout l'avis d'un conseil composé de neuf membres, nommés par trois grands électeurs, les comtes de Leicester et de Glocester, et l'évêque de Winchester.

Leicester restait toujours le véritable chef de l'État. Au milieu de sa puissance, il conçut de vives inquiétudes. On faisait en France de puissants préparatifs contre lui. Ces tentatives échouèrent, et Leicester, pour en prévenir de nouvelles, chercha décidément son appui dans cette partie de la population qui devenait chaque jour plus nombreuse et plus forte, dans les classes moyennes. Le 14 décembre 1264, il convoqua un parlement et lui donna toute l'étendue qu'il a conservée depuis, c'est-à-dire, qu'il y appela les pairs, les députés des comtés, et aussi les députés des bourgs. Cette innovation avait pour but de se concilier la faveur populaire, et Leicester travailla sans relâche à la conserver. Débarrassé de l'autorité royale, il voulait se délivrer aussi de l'aristocratie avec laquelle il avait vaincu le roi. Il tourna sa tyrannie sur les grands barons qui ne se pliaient pas à ses caprices. Il confisqua leurs terres, ne les appela plus au parlement, les vexa de mille manières dans leurs personnes et dans leurs droits. Mais cette entreprise d'un vainqueur enivré était insensée. Dès que la royauté et l'aristocratie furent unies contre lui, Leicester devait succomber. Le 28 mai 1265, le prince Édouard s'échappa de sa prison, leva une armée contre Leicester, et lui livra bataille le 4 août à Evesham; Leicester fut défait et tué dans le combat. Ce fut un grand et hardi factieux, qu'on peut appeler le fondateur du gouvernement représentatif en Angleterre, car, pour lutter tantôt contre le roi, tantôt contre les barons ses rivaux, il hâta les progrès des classes moyennes, et leur assura définitivement leur place dans l'assemblée nationale.

Après la mort de Leicester, Henri sorti d'esclavage recouvra son pouvoir et en usa avec modération. Plusieurs parlements furent convoqués pendant les dernières années de son règne; mais il n'est pas prouvé que les députés des comtés et des bourgs y aient assisté. Il y a même lieu de croire qu'au milieu du désordre qui régnait alors dans le royaume, on s'épargna l'embarras de ces convocations toujours lentes et difficiles. Le parlement tenu à Winchester le 8 septembre 1265, et où l'on accorda au roi la confiscation des biens des rebelles, n'était composé que de prélats et de barons. Il en fut de même de celui que le roi convoqua à Kenilworth, le 22 août 1266, et dans lequel, après avoir modéré la rigueur des confiscations, il annula les *provisions* d'Oxford, mais confirma solennellement les chartes. On ne voit pas non plus paraître de députés au parlement de Saint-Edmunsbury en 1267; mais ils furent admis à celui de Marlborough convoqué en 1269 et où furent appelés « les plus sages du royaume, aussi bien d'entre les petits que d'entre les grands. » Deux ans après, on appela les députés des comtés et des bourgs à une cérémonie solennelle qui avait pour objet la translation des restes d'Édouard-le-Confesseur dans un tombeau que le roi avait fait élever dans l'abbaye de Westminster. Après la cérémonie, un parlement s'assembla; il n'est pas certain que les députés y aient pris place. Mais ce fait n'en prouve pas moins l'importance qu'avaient acquise les villes, et l'habitude qui s'établissait peu à peu de convoquer leurs députés dans les grandes occasions.

Tels sont, sous le règne de Henri III, les faits qui se rapportent à l'introduction des députés de comté dans le parlement. Aucun acte général, aucun statut constitutionnel ne les y a appelés. On n'avait à cette époque presque aucune idée de tels procédés politiques. Ni le gouvernement, ni le peuple, n'éprouvaient le besoin de régler les faits d'une manière générale, et de les fixer sur une base absolue. L'esprit humain n'était pas arrivé à un point de vue assez élevé pour concevoir un tel dessein. Les faits se développaient d'eux-mêmes, isolément, confusément, et sous l'empire des circonstances. Voici, en résumé, quelle a été leur marche, et par quelle série de causes a été amenée la représentation des comtés.

Tous les vassaux du roi formaient originairement un même corps, et siégeaient de droit dans l'assemblée générale.

Cette classe de propriétaires s'est divisée. Les uns sont devenus de grands barons, et ont continué de siéger dans l'assemblée centrale. Les autres se sont renfermés dans les localités. Par là, ils se sont séparés des grands barons, et rapprochés des autres propriétaires libres. Les cours de comté sont devenues le point de réunion de cette nouvelle classe.

La lutte s'est engagée entre le roi et les grands barons. Les uns et les autres ont cherché un point d'appui dans la classe des francs-tenanciers de comté. Une partie de ceux-ci conservaient, comme vassaux directs du roi, le droit de se rendre à l'assemblée centrale. Les grands barons, il est vrai, exerçaient seuls ce droit ; mais comme ils tendaient à se saisir de l'autorité, et à faire du grand conseil des barons le gouvernement même, ils sentirent la nécessité de se concilier le corps des francs-tenanciers, vassaux du roi ou leurs propres vassaux; et l'idée de les faire représenter par la voie de l'élection était d'autant plus naturelle que des élections avaient souvent lieu dans les cours de comté, lorsqu'il s'agissait de charger quelques propriétaires des affaires locales. Ainsi la centralisation de la haute aristocratie pour résister à l'autorité royale devait amener et amena la centralisation des propriétaires inférieurs, qui ne pouvait s'opérer que par la voie de l'élection.

Enfin, le principe de la nécessité du consentement en matière d'impôt avait prévalu ; les chartes l'établissaient au profit des barons quant au roi, et des vassaux inférieurs quant à leurs seigneurs. Plus le pouvoir se centralisa entre les mains soit du roi, soit de l'assemblée des barons, plus le consentement des autres propriétaires aux impôts dut aussi se centraliser. Ce qui auparavant était local devint général, et la centralisation de l'aristocratie des grands barons entraîna celle de l'aristocratie des propriétaires libres.

Nous avons maintenant une autre question à examiner; celle de l'admission des députés des villes et des bourgs dans le parlement.

Les villes avaient en général, avant la conquête normande, de la richesse et de l'importance. Nous les avons vues prendre part aux événements politiques, et intervenir activement dans les affaires de l'État. Les citoyens de Londres concoururent à l'élection de plusieurs rois Saxons; ceux de Cantorbéry assistaient, sous Ethelred II, à la cour du comté.

Cependant il est à peu près certain que les villes n'envoyèrent jamais de députés au Wittenagemot. Leurs droits se renfermaient dans leurs murs, et quand elles prenaient part à la politique, c'était d'une façon accidentelle et irrégulière.

Après la conquête normande, les villes tombèrent en décadence et perdirent non-seulement leur influence sur les affaires générales, mais même leurs droits locaux et individuels. Leurs richesses s'évanouirent avec le commerce qui en était la source ; et l'oppression des conquérants acheva de les ruiner.

Elles se relevèrent progressivement, surtout depuis le règne de Henri II. On commença alors à leur accorder, ou plutôt à leur rendre des droits considérables. Le seigneur dans le domaine duquel elles étaient situées en était d'abord propriétaire, et percevait des tributs sur leurs habitants ; mais il fut permis à ceux-ci de s'en racheter, en prenant la ville en *fee-farm*, sorte de tenure analogue à la tenure en *socage*. Enfin, plusieurs villes obtinrent des chartes d'incorporation, ce qui leur donnait un régime municipal plus ou moins libre.

Le seigneur, roi ou baron, conservait le droit de les imposer à volonté. Ce droit, nommé droit de *tallage*, fut d'abord exercé tout-à-fait arbitrairement, en vertu de la force très-supérieure qu'avaient les seigneurs; mais à mesure que cette supériorité s'affaiblit, et que les villes, au contraire, devinrent assez fortes pour défendre leur indépendance, il fallut traiter avec elles. Pour en obtenir de l'argent, il fallut leur accorder des priviléges; si elles n'exigeaient pas de concessions de cette sorte, elles débattaient du moins leurs intérêts avec le seigneur. Ce furent surtout les villes du domaine du roi, les plus importantes de toutes, qui revendiquèrent leurs droits avec le plus de chaleur. Les juges royaux n'étaient plus occupés dans leurs circuits qu'à arracher des tributs aux villes et aux bourgs, traitant de gré à gré avec celles qui pouvaient résister, et chargeant arbitrairement celles qui n'étaient pas en état de se défendre.

Par là fut retardée l'admission des députés des villes dans l'assemblée nationale; par là au contraire fut hâtée celle des députés des comtés. Dans les comtés, il n'y avait pas cette unité qui est le caractère naturel des villes; on ne pouvait guère traiter isolément et successivement avec des propriétaires épars dans leurs domaines. Il fallait les réunir pour obtenir d'eux de l'argent. Il n'en était pas ainsi des villes; le roi les attaquait isolément, traitait avec chacune, et les obligeait toujours soit à céder, soit à lui faire des dons en apparence volontaires.

Toutefois quelques villes acquirent de bonne heure

assez d'importance, non-seulement pour acquérir et défendre leurs libertés, mais pour prendre part à la politique générale. Parmi ces villes, on cite surtout Londres et les *cinq ports* [1]. L'importance dont elles jouissaient est constatée par un grand nombre de faits, et l'on voit souvent leurs habitants appelés *nobiles* et même *barones*. Enfin leurs députés parurent quelquefois à l'assemblée générale, avant le parlement de 1264; mais il n'y avait là rien de général, aucun droit public. Il y a cette différence entre l'introduction, dans le parlement, des députés de comté et celle des députés des villes, que la première s'est rattachée à un droit, le droit des vassaux directs du roi, et en a pris, dès l'origine, un caractère de généralité, tandis que la seconde, étrangère à toute idée de droit, a découlé simplement de faits isolés et sans relation entre eux. On accordait des représentants à une ville, mais cette concession n'en impliquait point de semblable pour d'autres villes. De là, l'arbitraire qui a dû nécessairement régner dans la répartition du droit de représentation entre les villes et les bourgs. De là, les vices qui existent encore actuellement dans le système électoral de l'Angleterre [2]. Il est aujourd'hui des villes considérables qui n'envoient

---

[1] On appelait les *cinq ports*, les villes de Douvres, de Sandwich, de Romney, de Hastings et de Hythe.

[2] Il ne faut pas oublier que ce cours avait lieu en 1821, dix ans avant la réforme électorale du parlement britannique

point de députés à la chambre des communes, et ces abus viennent de ce que les élections des villes et des bourgs n'ont jamais été réglées d'une manière générale, et comme des droits publics. C'est le fait seul qui, dans l'origine, a décidé de tout, et il a continué de subsister, comme droit, pour beaucoup de villes et de bourgs, bien que le fait primitif qui avait d'abord motivé le droit, c'est-à-dire l'importance de la ville ou du bourg, ait disparu. C'est ainsi que la corruption des bourgs pourris s'est introduite en Angleterre dans le système représentatif.

Quoi qu'il en soit, ce n'est qu'au parlement de 1264 qu'on voit les députés des villes et des bourgs paraître en masse au parlement. On ne voit pas quel fut alors le nombre des villes appelées à ce droit; mais les *writs* leur furent adressés directement, non par l'intermédiaire des shériffs. Cette innovation fut sans doute un résultat de la politique de Leicester. Il avait cherché un appui contre le roi dans les chevaliers de comté, et grâce à ces auxiliaires, le roi et l'autorité royale étaient tombés entre ses mains; mais bientôt, ayant besoin d'un nouvel appui contre les barons devenus ses rivaux, il le trouva dans les villes, et il les appela à une part de pouvoir. Ce fut probablement là ce qui rendit sa mémoire si populaire; le roi fut obligé de défendre qu'on l'appelât un saint.

C'est donc à l'an 1264 qu'il faut rapporter la formation complète du parlement anglais. Son existence était encore bien précaire ; elle ne reposait sur aucune loi, sur aucun droit public ; elle était l'œuvre d'un temps de faction. Le premier parlement où Leicester eût prévalu, le parlement d'Oxford fut bientôt appelé *Parliamentum insanum*. On eût pu croire que la nouvelle forme du parlement, la présence des députés des comtés et des bourgs, auraient le même sort que les autres institutions essayées par Leicester pour organiser un gouvernement purement aristocratique, et qui disparurent avec lui. Mais ces rudiments d'organisation parlementaire étaient d'une autre nature ; c'étaient vraiment des institutions publiques qui, au lieu de se rattacher uniquement à des intérêts particuliers, avaient pour base ceux de la population entière. Elles survécurent à Leicester, et à ses essais contre la royauté, qui fut elle-même obligée de les adopter. Sous le règne d'Édouard Ier, elles s'établirent définitivement et acquirent une consistance qui ne permit plus de les attaquer avec succès.

TREIZIÈME LEÇON.

Objet de la leçon.—Progrès du parlement sous le règne d'Édouard Ier. — Tenue fréquente des parlements. — Composition diverse des parlements.—Les députés des comtés et ceux des villes n'y assistent pas toujours. — Pouvoir discrétionnaire du roi dans la convocation des barons. — Le nombre des députés des comtés et des bourgs varie.

Les grandes institutions politiques naissent presque toujours sous des princes faibles et inhabiles; au milieu des troubles qui s'élèvent sous leur règne, on les leur arrache. Elles se consolident sous des princes plus capables qui savent en reconnaître la nécessité et comprendre le parti qu'ils en peuvent tirer.

C'est ce qui arriva en Angleterre sous Henri III et Édouard Ier. Henri, dépourvu de toute fermeté, laissa, bien qu'à regret, échapper de sa main toutes les concessions qui lui furent demandées; son fils, capable et énergique, au lieu de s'attacher à détruire les institutions que son père avait laissé naître, s'en empara et les tourna à son profit. Édouard Ier n'eût peut-être pas souffert qu'elles commençassent sous son règne; mais les trouvant en vigueur, il les accepta dans leur ensemble, et au lieu de redouter et d'écarter le parlement nouveau, il s'en servit comme d'un instrument pour servir et affermir un pouvoir qu'il exerçait avec intelligence; ce fut à l'aide du parlement qu'Édouard Ier rendit pour ainsi dire nationales ses guerres et ses conquêtes, qui eussent peut-être soulevé son peuple contre lui s'il eût régné seul et sans appui comme sans contrôle public.

Deux sortes de parlement paraissent sous Édouard Ier. Les uns ne sont composés que de hauts barons, et semblent former le grand conseil du roi; dans les autres, siégent les députés des comtés et des bourgs.

Il n'existait pas entre ces assemblées une distinction légale et fixe; leurs attributions étaient à peu près pareilles, et elles exerçaient souvent les mêmes pouvoirs. Toutefois les réunions des parlements qui ne comprenaient que les hauts barons étaient très-fréquentes; elles avaient lieu assez régulièrement quatre fois par an. Les autres parlements, au contraire, n'étaient convoqués qu'extraordinairement, et lorsqu'il fallait obtenir, soit des francs-tenanciers des comtés, soit des villes et des bourgs, quelque imposition générale.

Ce n'était cependant pas là le motif unique pour lequel on convoquât cette dernière assemblée qui, à vrai dire, mérite seule le nom de parlement. Toutes les fois qu'il se présentait une affaire assez importante pour que le concours d'un grand nombre d'intéressés fût jugé nécessaire, on appelait le grand parlement, et par là ses attributions s'étendaient, et il prenait plus de consistance.

On peut juger de la force morale que le parlement avait déjà acquise à cette époque par les maximes politiques qui étaient généralement admises. Robert de Winchelsea, archevêque de Cantorbéry, parlant au pape de la part du roi et de ses barons, lui adresse cette parole remarquable : *C'est la coutume du royaume d'Angleterre que, dans les affaires qui regardent l'état de ce royaume, on consulte l'avis de tous ceux que la chose touche*[1]. Il ne faudrait pas prendre ce principe dans toute sa rigueur ; on était loin de consulter tous ceux qui avaient intérêt à ces affaires ; mais ce n'en est pas moins là un témoignage des progrès qu'avaient déjà faits les idées de gouvernement libre et public. Ces progrès sont encore attestés par la réponse qu'Édouard lui-même fit au clergé, qui lui demandait le rappel d'un statut destiné à restreindre l'accroissement des biens de main morte : *ce statut avait été fait de l'avis de ses barons*, dit-il, *et par conséquent il ne pouvait être révoqué sans leur avis*[2]. Il s'en fallait bien encore que

---

[1] *Consuetudo est regni Angliæ quod in negotiis contingentibus statum ejusdem regni, requiritur consilium omnium quos res tangit.*

[2] *Consilio magnatum suorum factum erat, et ideò absque eorum consilio non erat revocandum.*

ce principe fût strictement observé, et Édouard lui-même en 1281 changea, de son autorité, une partie des statuts rendus en 1278 dans le parlement de Glocester. Rien n'était donc plus irrégulier et plus incertain que les droits publics et les formes du gouvernement à cette époque. On professait des principes qu'on ne pratiquait qu'à moitié, que souvent même on ne pratiquait pas du tout. Mais au milieu de ce désordre apparent, les grandes institutions se formaient peu à peu ; les innovations du règne précédent devenaient des habitudes, et ces habitudes, sanctionnées par le temps, devenaient des nécessités. Ainsi s'établissent les droits.

Quant à la distinction que je viens de faire entre les différentes assemblées qu'on rencontre à cette époque, comme elles sont toutes également appelées *parlements* et exercent tour à tour les pouvoirs les plus divers, il est difficile de reconnaître quelles sont celles qui doivent être considérées comme des parlements véritables. La limite qui les sépare est étroite, et souvent imperceptible ; il y aurait de la témérité à prétendre établir à coup sûr que telle ou telle assemblée était de telle ou telle sorte, et par conséquent doit être ou ne pas être qualifiée de parlement. Toutes les fois que les écrivains torys n'ont pas trouvé la présence des députés des comtés et des bourgs attestée par des preuves positives et officielles, telles que les *writs* de convocation, ils l'ont niée. Mais c'est là une rigidité excessive et partiale ; très-souvent les chroniques suppléent à la perte des *writs*, et indiquent la présence de ces députés. Je vous indiquerai les principaux faits omis par ces écrivains, et qui prouvent la fréquente tenue de parlements complets.

Pendant qu'Édouard était encore en Palestine, un parlement fut convoqué à Westminster, pour prêter serment de fidélité au nouveau roi, entre les mains de l'archevêque d'York, et selon plusieurs chroniqueurs, quatre chevaliers de chaque comté et quatre députés de chaque cité y furent appelés.

Édouard, de retour en Angleterre, convoqua un nouveau parlement à Westminster, le 25 avril 1275. On a conservé le préambule des statuts qui y furent arrêtés ; il y est dit : « Ces statuts ont été faits par le roi Édouard « de l'avis de son conseil, et du consentement des évê- « ques, abbés, prieurs, barons, et *de la communauté du* « *royaume.* »

L'année suivante, un autre parlement s'assembla au même lieu ; il était composé de la même manière, et, à ce qu'il paraît, des mêmes membres.

L'année 1283 offre beaucoup de preuves de l'admission des députés des communes dans le parlement. Au mois de janvier, deux assemblées extraordinaires furent convoquées, l'une à Northampton, l'autre à York, pour lever les forces et obtenir les subsides nécessaires à la conquête du pays de Galles. Les *writs* de convocation ont été conservés : les uns ordonnent aux shériffs d'envoyer à Northampton tous les francs-tenanciers qui possèdent un revenu de plus de 20 livres sterling ; les autres leur enjoignent de faire élire dans chaque comté, cité, bourg et ville marchande (*villâ mercatoriâ*), quatre chevaliers et bourgeois ayant plein pouvoir « pour toute la communauté. » Enfin, au mois de juin de cette même année, un parlement fut réuni à Shrewsbury, pour prononcer sur le sort de David, prince de Galles, fait prisonnier après la conquête de ce pays. Les *writs* de convocation sont de quatre espèces : les uns sont adressés individuellement à cent onze comtes ou barons, les autres aux magistrats de vingt-une villes et bourgs; les troisièmes enjoignent aux shériffs de faire élire deux chevaliers par comté; les derniers enfin s'adressent à dix-sept membres du conseil privé du roi, parmi lesquels sont les juges.

De 1283 à 1290 on trouve plusieurs parlements, dont quelques-uns même sont célèbres par les statuts qui en sont émanés ; toutefois, rien ne prouve que les députés des comtés et des bourgs y fussent présents.

Mais, en 1290, Édouard, revenant de France, convoqua un parlement à Westminster, où il est certain que quelques députés des comtés assistèrent. On conserve un *writ* en date du 14 juin 1290, adressé au shériff de Northumberland pour lui ordonner de faire élire *deux* ou *trois* chevaliers. Tout porte à croire que ce comté ne fut pas seul privilégié, et qu'il y en eut d'autres qui envoyèrent aussi des députés à ce parlement. Cette convocation eut probablement pour objet d'appeler les députés des comtés à se prononcer sur le statut *quia emptores terrarum* qui autorisait les propriétaires de fiefs à les vendre à leur gré, et rendait les acquéreurs vassaux directs du seigneur, au lieu et place du vendeur, ce qui détruisit la nécessité de la sous-inféodation, et dut accroître beaucoup le nombre des vassaux directs du roi.

Les bourgs ne furent pas représentés dans ce parlement, probablement parce que les affaires qui s'y traitaient ne les regardaient pas.

De 1290 à 1294, on rencontre plusieurs parlements où rien n'indique la présence des députés des comtés et des bourgs. Ce sont les parlements où furent traitées les affaires d'Écosse. Les grands seuls (*Magnates*) y prirent part. Les bourgs seuls manquent au parlement tenu à Westminster, au mois d'octobre 1294; les députés des comtés y furent admis; ils accordèrent au roi un dixième des biens meubles.

L'année suivante, on voit non-seulement les bourgs et les comtés, mais même le clergé inférieur exercer le droit d'être représentés dans la grande assemblée tenue à Westminster au mois de septembre 1295. On possède les *writs* de convocation adressés aux évêques et archevêques pour leur ordonner de faire nommer un certain nombre de députés des chapitres et du clergé, ainsi que les *writs* qui convoquent individuellement quarante-neuf comtes ou barons, et ceux qui enjoignent aux shérifs de faire élire deux chevaliers par comté, et deux députés pour chaque bourg du comté. Ces bourgs furent au nombre de cent vingt environ.

Cette assemblée fut la plus générale qui eût encore eu lieu; toutes les classes de la société y eurent accès, et l'on peut vraiment dire que la nation tout entière y fut représentée. Aussi, c'est ordinairement de cette année 1295 qu'on date l'établissement régulier et complet du parlement.

Cette grande assemblée ne forma pas un seul corps; elle se sépara pour ainsi dire en deux chambres, l'une laïque, l'autre ecclésiastique; et non-seulement le lieu de leur réunion fut distinct, mais leurs votes le furent aussi. Les barons et les chevaliers accordèrent au roi un onzième de leurs biens-meubles; les bourgeois donnèrent un septième; et le clergé, après de longs débats avec le roi, finit par n'accorder qu'un dixième, comme il l'avait d'abord offert.

Le parlement tenu au mois d'août 1296 fut composé de la même manière que le précédent, et les votes y furent également divisés. Les barons et les chevaliers accordèrent seulement un douzième de leurs biens-meubles, et les bourgeois un huitième.

En 1297, un parlement se réunit à Salisbury, mais

les *writs* de convocation sont perdus ; on ne possède donc pas de preuve directe de la présence des députés des comtés et des bourgs à cette assemblée ; cependant il existe un *writ* du 30 juillet de cette année, dans lequel Édouard affirme que les villes et les comtés lui ont accordé des subsides, et cette preuve indirecte peut suppléer aux *writs* de convocation.

Ce fut durant cette même année (1297) qu'éclata la querelle entre l'aristocratie et la couronne au sujet de la confirmation des chartes, et que les comtes de Norfolk et de Hereford, par leur opiniâtreté courageuse, firent triompher la cause nationale, en arrachant au roi la sanction complète et définitive des droits et des institutions qu'ils revendiquaient. On remarque à cette époque la convocation de deux députés par comté, chargés de recevoir des mains du prince régent les chartes confirmées par le roi.

A dater de cette confirmation définitive des chartes, la convocation des députés des comtés et des bourgs n'est plus une habitude irrégulière et arbitraire ; elle devient une nécessité. Aussi leur présence dans le parlement est-elle constamment attestée par des preuves authentiques.

Ainsi ils furent admis au parlement convoqué à York le 13 avril 1298 ; les *writs* qui les convoquent ont été conservés.

Il en fut de même au parlement tenu à Lincoln le

29 décembre 1299. Les *writs* de convocation sont semblables aux précédents. Ils convoquent les mêmes députés qui avaient assisté au dernier parlement, enjoignant de plus que, s'il en est mort quelqu'un, on en élise un autre à sa place. On trouve, en outre, des *writs* adressés aux chanceliers des universités d'Oxford et de Cambridge, pour faire envoyer au parlement quatre ou cinq députés d'Oxford, et deux ou trois de Cambridge, leur enjoignant de les choisir avec discernement et parmi les plus savants en droit écrit : *De discretioribus et in jure scripto magis expertis prædictæ universitatis.*

Enfin, les *writs* de convocation au parlement tenu à Westminster le 24 juillet 1302 sont en tout conformes aux précédents.

Je ne poursuivrai pas plus longtemps cette série de faits qui ne sont désormais remarquables que par leur constante uniformité. Il suffit de dire que tous les parlements tenus durant les cinq dernières années du règne d'Édouard Ier sont de même nature et composés des mêmes membres. Il en est deux cependant qui méritent quelque attention. Le premier est celui de Westminster tenu en 1305. On a conservé des détails sur la manière dont il fut dissous, ainsi que sur sa façon de procéder relativement aux pétitions qui affluaient déjà vers le parlement. Le second est celui qui se réunit à Carlisle en 1307. On a la liste des évêques, abbés, prieurs, comtes, barons, etc., qui y assistèrent. Le nombre des comtes ou barons se montait à quatre-vingt-six, celui des évêques et abbés à soixante-huit. Il y avait, en outre, un grand nombre de députés du clergé inférieur, formant la chambre basse de la Convocation ecclésiastique, et de plus, deux chevaliers par comté, deux citoyens par cité, et deux bourgeois par bourg.

De tous ces faits il découle que, si au commencement du quatorzième siècle, le parlement n'était pas encore constitué dans sa forme actuelle et définitive, il reposait du moins déjà sur des bases fixes. On peut, en outre, quant à sa composition, déduire des faits que je viens de citer, ces conséquences :

1° Le parlement était composé : 1° des comtes ou barons laïques convoqués individuellement par le roi; 2° des archevêques, évêques, abbés et prieurs convoqués aussi individuellement; 3° des députés des chevaliers ou francs-tenanciers des comtés ; 4° des députés des cités, villes et bourgs.

2° Aucune loi ni statut, aucun droit ancien et reconnu ne fixait quels étaient les comtes, barons, abbés, etc., que le roi était tenu de convoquer individuellement. Il en usait assez arbitrairement à cet égard, omettant souvent de convoquer ceux qu'il avait convoqués auparavant[1]. Ces omissions donnaient lieu quel-

[1] Ainsi Édouard avait convoqué au parlement de Shrewsbury (1283) cent onze comtes ou barons ; au parlement de Westminster

quefois, mais rarement, à des réclamations. L'importance d'un grand seigneur et de sa famille était la seule garantie de sa convocation personnelle au parlement. Les désordres, les guerres civiles, les confiscations empêchaient que cette convocation ne fût un droit incontestable et héréditaire, sauf le cas d'une tenure féodale permanente.

3º Les principaux fonctionnaires du roi, tels que les juges et les membres du conseil privé, étaient presque toujours convoqués au parlement, en vertu de leurs fonctions; à la vérité ils étaient habituellement comtes ou barons.

4º Quant à la convocation des députés des comtés et

(1295), il n'en convoqua que cinquante-trois; et des cent onze convoqués en 1283, soixante ne le furent pas en 1295. Les derniers parlements de son règne offrent beaucoup d'exemples d'irrégularités de ce genre. Ainsi, on trouve à cette époque quatre-vingt-dix-huit *proceres* laïques qui n'ont été nominativement convoqués au parlement qu'une fois, et cinquante qui l'ont été deux, trois ou quatre fois. Il y avait une distinction entre les barons convoqués individuellement; les uns l'étaient en vertu de leur tenure féodale, les autres en vertu seulement du *writ* même de convocation, qu'ils fussent ou non vassaux immédiats du roi. Ces derniers exerçaient dans le parlememt les mêmes droits que les premiers; seulement il ne paraît pas que le seul fait d'un *writ* de convocation leur conférât un droit héréditaire. Il y a même plusieurs exemples de pairs ecclésiastiques convoqués par *writ* individuel, et qui se firent décharger de l'obligation d'aller au parlement, en prouvant qu'ils ne tenaient aucun fief du roi. Plus tard s'introduisit l'usage de créer des barons ou pairs : 1º par statut du parlement (sous Édouard III); 2º par lettres-patentes du roi (sous Richard II).

des bourgs, elle n'était pas une nécessité légale ni publique ; mais elle devenait une nécessité de fait par la prédominance du principe que le consentement en matière d'impôt était un droit.

5° La convocation des députés des comtés était plus certaine et plus régulière que celle des députés des bourgs; plus certaine, parce qu'elle devait en partie son origine à un droit non encore éteint et qu'il fallait respecter, le droit qu'avait tout vassal direct de siéger à l'assemblée générale; plus régulière, parce que les cours de comté, toutes composées des mêmes éléments et ayant toutes les mêmes intérêts, formaient un ensemble uniforme et identique dans toute l'Angleterre, et qu'on ne pouvait guère appeler les unes au bénéfice de la représentation sans y appeler aussi les autres. Les villes et les bourgs au contraire ne devant leur admission au parlement qu'à des causes diverses, sans unité et sans liaison entre elles, n'y étaient appelées que pour les affaires qui les concernaient ; aussi l'admission d'une ville au parlement n'impliquait rien pour l'admission des autres villes, ni même pour sa propre admission dans la suite.

6° Le nombre des députés des villes et bourgs n'était point fixé. Le roi en disposait arbitrairement. Cependant la convocation de deux députés par chaque comté, et autant par chaque bourg, passait en usage.

7° Quelque irrégulière que fût la convocation des

députés des bourgs, il ne faut pas croire que le nombre des bourgs convoqués alors à l'assemblée fût aussi peu étendu qu'on a voulu le prétendre; il ne faut pas croire, ainsi que l'ont soutenu les écrivains torys, que les seules villes des domaines du roi aient originairement envoyé des députés au parlement. Cette assertion est démentie par les faits qui prouvent, au contraire, qu'outre les villes appartenant au domaine royal, on appelait encore au parlement celles qui avaient reçu une charte d'incorporation soit du roi, soit d'un grand baron, et celles qui, sans être incorporées, étaient assez riches pour défrayer leurs députés. Du reste, l'importance des villes et le besoin qu'on avait de leur concours aux affaires publiques étaient à cet égard la seule règle; et le plus souvent, le choix des villes qui devaient être appelées était laissé à la décision arbitraire des shériffs.

QUATORZIÈME LEÇON.

Objet de la leçon. — Du mode d'élection des députés des comtés et des bourgs. — L'élection des députés de comté avait lieu dans les cours de comté, par tous les francs-tenanciers du comté. — L'élection des députés des villes et bourgs n'était réglée par aucun principe uniforme; le droit d'élire se confondait en général avec les droits municipaux et s'exerçait par les mêmes citoyens. — Le vote était public.

Nous avons vu comment les députés des comtés et des bourgs furent introduits dans le parlement; mais nous sommes encore loin d'avoir acquis une notion exacte et complète du gouvernement représentatif, tel qu'il était établi en Angleterre à l'époque où nous nous sommes arrêtés. Il nous reste à connaître par qui et comment ces députés étaient nommés, en un mot, quel était alors le système électoral, si toutefois il est permis de donner ce nom à un ensemble d'institutions et de coutumes isolées, sans liaison entre elles, et qui ne portent presque aucun caractère d'unité et de généralité.

Les deux partis politiques dont on rencontre, à chaque pas, les débats et les contradictions dans l'étude des institutions anglaises, n'ont pas manqué de résoudre cette question, chacun d'une manière différente. Les Torys, toujours enclins à restreindre le cercle des libertés publiques, soutiennent que l'introduction des députés de comté dans le parlement ayant eu pour cause première l'impossibilité de réunir dans l'assemblée générale tous les vassaux directs du roi qui avaient seuls, mais qui avaient tous le droit de s'y rendre, les propriétaires de cette classe ont été d'abord les seuls électeurs de ces députés. Les Whigs veulent au contraire que tous les francs-tenanciers du comté, vassaux directs ou indirects du roi, aient toujours pris part à cette élection.

Je ne chercherai la solution de la question que dans les faits spécialement relatifs à l'introduction des députés de comté dans le parlement. Et comme cette innovation a été l'œuvre, non de circonstances secondaires et imprévues, mais du temps et des événements, il faut se rappeler d'abord les faits généraux qui l'ont précédée et lui ont donné naissance.

On a vu qu'un grand nombre de vassaux directs du roi ayant de très-bonne heure, et à raison de leur peu de richesse ou d'influence, renoncé à se rendre à l'assemblée générale, leur existence s'était localisée et resserrée dans les affaires du comté, et à la cour du comté où ces affaires se traitaient.

Cependant les vassaux directs du roi n'étaient pas seuls intéressés aux affaires du comté. Beaucoup d'autres francs-tenanciers, soit vassaux des grands barons, soit originairement simples *socagers*, avaient de la richesse et de l'influence[1]; et comme le fait à cette époque réglait presque seul le droit, on ne peut guère douter, *à priori*, qu'alors on n'admît à la cour du comté, soit pour rendre la justice, soit pour traiter des intérêts communs, tous les francs-tenanciers de quelque importance dans le comté.

Ces probabilités sont changées en faits certains par les témoignages historiques. Il est prouvé que les chevaliers, vassaux directs du roi, ne formaient point seuls les cours de comté. Depuis Guillaume-le-Conquérant jusqu'à la fin du règne d'Édouard Ier, une multitude de faits, de lois, de *writs*, de textes historiques, prouvent que tous les francs-tenanciers, ou à peu près tous, siégeaient dans la cour du comté, et que s'il y avait quelques limitations à ce principe, elles ne provenaient point d'une distinction générale entre les vassaux immédiats ou médiats du roi, mais des conditions particulières imposées à telle ou telle tenure. Car il ne paraît pas que tous les propriétaires libres fussent éga-

---

[1] On voit, dans le livre noir de l'Échiquier, que Godefroy Fitz William tenait, dans le comté de Buckingham, vingt-sept fiefs de chevalier du comte Walter Gifford, tandis que Guilbon Bolbech, dans le même comté, ne tenait du roi qu'un seul fief de chevalier.

lement obligés de se rendre à la cour de comté, service qui était considéré comme une charge, encore plus que comme un droit.

On peut donc regarder comme certain que, soit par l'abaissement d'un grand nombre de vassaux directs du roi, soit par l'élévation d'un grand nombre de simples vassaux des seigneurs, il s'était formé dans chaque comté une masse de propriétaires libres qui tous avaient, dans les affaires du comté, et indépendamment de la nature de leurs relations féodales, la même importance et les mêmes droits.

Les cours de comté ainsi composées exercèrent le droit d'élire, longtemps avant l'introduction régulière et définitive de leurs députés dans le parlement. On y élisait, tantôt des fondés de pouvoir pour traiter les affaires du comté, tantôt des chevaliers chargés de faire exécuter les mesures du gouvernement central, ou d'aller lui porter des plaintes ou des représentations. Les exemples de ces élections sont nombreux. Les chartes les ont ordonnées souvent, et les chroniques en parlent sans cesse.

On ne peut affirmer que cette désignation de tels ou tels chevaliers, pour telle ou telle affaire locale, eût toujours lieu régulièrement et par voie d'élection. Elle a pu être faite quelquefois par les shériffs seuls; mais il est certain que le plus souvent elle avait lieu « par la communauté du comté, du consentement et avec l'avis du comté, *per communitatem comitatûs, de assensu et consilio comitatûs.* »

De tous ces faits il découle d'abord qu'avant l'introduction des députés de comté dans le parlement, les vassaux directs du roi, qui à raison de leur peu d'importance ne se rendaient plus à l'assemblée générale, ne formaient point dans la cour de comté un corps distinct, une classe spéciale de propriétaires investis de droits particuliers, mais qu'ils s'étaient au contraire fondus dans la classe générale des francs-tenanciers, lesquels se rendaient aussi presque tous à la cour du comté, et y exerçaient les mêmes droits. De plus, il est constant que cette réunion de francs-tenanciers était dans l'usage d'élire, en certains cas, quelques-uns de ses membres, soit pour les charger des affaires du comté, soit pour tout autre sujet.

Faut-il croire que lorsqu'il s'est agi d'envoyer des députés de comté au parlement, on ait substitué, pour les élire, à l'ordre de choses existant, un ordre de choses qui ne subsistait plus; ou en d'autres termes, que les francs-tenanciers vassaux directs du roi, confondus, pour toutes les opérations de la cour du comté, avec les autres francs-tenanciers, en aient été distingués pour être seuls appelés à élire les députés au parlement?

Rien n'est moins probable en soi, et en fait rien n'est moins vrai qu'une telle désorganisation des cours de comté au moment des élections.

Elle n'est point probable parce que, dans l'état de la société à cette époque, le fait domine presque toujours. C'est se tromper gravement que d'y vouloir retrouver l'empire de quelque règle générale, et les conséquences rigoureuses d'un principe. Il n'y a ni règle générale, ni principe. Quand une loi nouvelle paraît, elle sort des faits, non d'une théorie. Quand on adresse à la société quelque nouvelle demande, c'est la société telle qu'elle est, et non une société systématiquement constituée, qui répond. Les francs-tenanciers, en général, formaient la cour du comté en toute occasion, ils prenaient part à tous ses actes. Pourquoi eût-on tout-à-coup dérogé à la coutume établie pour créer un privilége en faveur de quelques propriétaires que leur situation, bien que spéciale à certains égards, ne distinguait plus guère des autres? S'agissait-il donc d'un acte tellement inusité qu'il ne pût se faire sans un renversement des usages alors en vigueur? Il n'en est rien; au contraire, cet acte ne paraissait aux propriétaires de comté qu'un fait qui se rattachait à beaucoup d'autres faits de même nature; ils ne prévoyaient ni toute l'importance que le fait devait acquérir, ni toutes les conséquences qu'il devait amener. Cette élection de quelques chevaliers appelés à se rendre au parlement ressemblait, bien que plus importante, à toutes celles que la cour du comté faisait souvent, et auxquelles tous les francs-tenanciers prenaient part. Pourquoi le droit d'y concourir eût-il appartenu exclusivement à quelques-uns d'entre eux? N'y étaient-ils pas tous également intéressés, puisque la plupart des subsides pesaient sur leurs biens personnels, et que la principale mission des députés était de discuter les subsides? Comment ne pas croire que cette élection, comme toutes les autres, était faite par tous les membres de la cour de comté sans distinction?

Les faits, je le répète, confirment ces probabilités. Les *writs* adressés aux shériffs par le roi pour l'élection des députés des comtés sont conçus dans les mêmes termes que les *writs* qui ont pour objet des élections purement destinées à la gestion des affaires locales. Ils portent également que ces chevaliers seront élus avec l'assentiment de la communauté du comté, *de assensu communitatis comitatûs*. De plus, les réponses des shériffs portent que l'élection a été faite, « en plein comté, par toute la communauté du comté » *in pleno comitatu, per totam communitatem comitatûs*. Sous les règnes suivants, les termes deviennent encore plus formels; ainsi vers le milieu de celui d'Édouard III, il est dit dans les *writs* que l'élection doit être faite, « selon le gré et avec le consentement des hommes du comté » *de arbitrio et consensu hominum comitatûs*.

Enfin, les faits des temps postérieurs prouvent que tous les francs-tenanciers étaient également en droit de participer aux élections. En 1405, un statut de Henri IV, destiné à prévenir des abus commis à ce sujet par les shériffs sous le règne précédent, ordonne entre autres choses que « tous ceux qui se trouveront présents à la cour de comté (lors même qu'ils n'y auraient pas été dûment appelés par le shériff), prendront part à l'élection. » Enfin, sous Henri VI, le grand nombre des francs-tenanciers ayant donné lieu à beaucoup de désordres dans les élections, deux statuts (l'un de 1429, l'autre de 1432) limitèrent le droit d'élire aux francs-tenanciers possédant un revenu annuel de 40 schellings ; ce fut la première et la dernière limitation de ce genre : elle régit encore l'Angleterre.

Ainsi, les probabilités morales et les faits historiques, tout indique que, dès l'origine du parlement dans sa forme actuelle, les députés de comté ont été élus, non par les seuls vassaux directs du roi, mais par tous les francs-tenanciers, vassaux médiats ou immédiats, qui composaient la cour du comté.

Il ne reste plus, pour établir définitivement cette opinion, qu'à examiner les preuves qu'on allègue en faveur de l'opinion contraire.

Elles se réduisent à deux.

D'abord, dit-on, les vassaux directs du roi ayant seuls originairement le droit de se rendre à l'assemblée générale, et l'élection des chevaliers de comté n'ayant été amenée que par l'impossibilité de réunir en parlement tous les vassaux directs du roi, ceux-ci ont dû être les seuls électeurs des députés qui n'étaient envoyés qu'à leur place.

En second lieu, les vassaux des barons ont demandé longtemps à être exemptés de l'obligation de concourir au paiement des honoraires alloués aux députés de comté, ce qui prouve qu'ils ne concouraient pas à l'élection ; car, s'ils y eussent concouru, leur réclamation eût été absurde.

Ces deux preuves ont le tort d'être indirectes, de reposer sur des conséquences déduites de faits généraux, et non sur des faits spéciaux et positifs, tels que ceux que je viens d'apporter à l'appui de l'opinion contraire.

De plus, la première preuve suppose l'existence d'un principe général, absolu, et invariablement suivi ; elle suppose que ce ne fut que pour représenter les vassaux directs du roi que les députés de comté furent appelés au parlement. Cette supposition n'est ni probable, ni conforme aux faits. Répétons-le sans cesse : il n'y avait à cette époque aucun principe général, aucune règle fixe et invariable. Les principes généraux et leurs conséquences ne subsistent que dans une société calme et déjà constituée ; ils sont incompatibles avec des populations grossières et de longs désordres. Comment donc les classifications sociales et les droits qui y correspondaient fussent-ils demeurés toujours fixes et toujours distincts au milieu d'un tel chaos ? D'ailleurs, le régime féodal n'a jamais dominé assez complétement en Angleterre pour que les principes de ce régime y aient été observés avec tant de rigueur. Il est vrai que le droit qu'avaient tous les vassaux directs du roi de se rendre à l'assemblée centrale a été l'une des sources de la représentation de comté ; mais lorsque ce droit, tombé en désuétude, commença à revivre par la voie de la représentation, il se trouva confondu dans un fait réel et plus puissant, la formation de la classe générale des francs-tenanciers réunis à la cour de comté, et y exerçant des fonctions communes et des droits égaux. Ce fait est incontestable ; aussi les Torys sont-ils forcés d'avouer que les députés étaient élus par tous les assistants à la cour de comté. Que font-ils pour échapper aux conséquences de cet aveu? ils soutiennent que les vassaux directs siégeaient seuls à la cour de comté : une telle opinion est trop contraire à la nature des choses, et à tous les faits que j'ai exposés, pour qu'il soit nécessaire de la réfuter.

Voici une autre difficulté qui embarrasse les écrivains torys, et qu'ils ne surmontent pas plus heureusement. Il leur est impossible de méconnaître que, sous les règnes postérieurs à celui d'Édouard Ier, et notamment sous Henri IV, tous les francs-tenanciers du comté prenaient part à l'élection : or, pour sortir d'embarras, il faut prétendre qu'à la faveur du désordre des temps ils avaient usurpé le droit d'élire, et que le statut de Henri IV (en 1405) a, pour la première fois, consacré cet abus, et appelé légalement les francs-tenanciers à l'élection des députés. Cette supposition, qui ne s'appuie sur aucun fait, n'est nullement probable. Entre les règnes d'Édouard Ier et de Henri IV, on ne découvre rien qui indique l'usurpation du droit électoral par une partie des francs-tenanciers restés jusque-là étrangers à l'élection ; on ne voit aucune trace de changement dans la composition des cours de comté, aucune altération dans la forme et le langage des *writs* de convocation. Tout indique au contraire que les élections continuaient à se passer comme dans les temps antérieurs ; et le statut de Henri IV n'a évidemment pour objet que de prévenir les pratiques illégales des shériffs qui étaient devenues scandaleuses sous le règne de Richard II.

De quelque façon qu'on la considère, cette première preuve est donc sans valeur.

La seconde n'en a pas davantage. Elle se fonde sur la supposition que ceux-là seulement qui concouraient à l'élection des députés devaient contribuer au payement de leur salaire. Or, cette supposition est formellement démentie par un *writ* d'Édouard III qui prouve, que les *villani* mêmes, les simples cultivateurs, qui certainement ne concouraient pas à l'élection, étaient tenus de contribuer au payement des honoraires. Si donc on voit des francs-tenanciers demander à ne pas concourir à cette charge, on n'en peut conclure qu'ils n'avaient pas pris part à l'élection.

Quant à ces réclamations, elles n'ont rien d'extraordinaire. La mission de député au parlement était dans l'origine une véritable charge plutôt qu'un avantage. Aussi l'élu était-il tenu de donner caution, pour garantir qu'il se rendrait à l'assemblée. On cite le singulier exemple d'un chevalier élu qui ne put trouver de caution ; le shériff saisit ses bœufs et ses chevaux de labour pour l'obliger à remplir sa mission. Bientôt, voulant que cette charge devînt moins onéreuse, on la rendit lucrative ; des honoraires furent accordés aux députés. Ces honoraires étaient perçus sur le comté tout entier, sauf certaines franchises particulières. Un *writ* d'Édouard III le prouve formellement. Il est vrai que les vassaux des barons ont fait, principalement sous le règne d'Édouard III, de fréquentes réclamations pour être exemptés du payement des gages dus aux députés : mais ils ne se fondaient pas sur ce qu'ils n'avaient pas concouru à leur élection ; ils s'appuyaient sur un prétexte tiré du droit féodal, soutenant que, puisque leurs seigneurs siégeaient au parlement de plein droit, c'est-à-dire, en qualité de pairs, ils étaient représentés par eux, et ne devaient pas payer des gages aux députés de comté. Il est évident que **ces réclamations provenaient d'une confusion entre les idées de l'ancienne représentation féodale, fiction qui rendait le seigneur en quelque sorte mandataire de ses vassaux, et les idées de la nouvelle représenta-**

tion. Ces faits ne prouvent nullement que les vassaux des barons ne prenaient aucune part à l'élection des députés de comté; tout ce qu'ils indiquent, c'est que la perception des gages de ces députés était très-arbitraire et réglée dans chaque comté par des coutumes diverses; il n'y a aucune conclusion à en tirer relativement aux droits électoraux.

Maintenant que j'ai réduit à leur juste valeur ces deux preuves, seuls soutiens de l'opinion que je combats, il demeure à peu près certain que tous les francs-tenanciers, qui assistaient à la cour du comté, concouraient à l'élection des députés, quelle que fût la nature de leurs relations féodales avec la couronne.

Ainsi se trouvent terminées nos recherches sur l'élection des députés des comtés; voyons ce qui se passait pour l'élection des députés des bourgs.

Bien que dans les cours de comté aucune règle fixe, aucune distinction systématique n'ait présidé à la détermination des droits électoraux, il y eut là du moins quelque chose de général et d'identique dans toute l'Angleterre. Les comtés étaient des circonscriptions territoriales de même nature; partout les cours de comté étaient la même institution, et les francs-tenanciers formaient une même classe d'hommes. D'un fait partout à peu près semblable devait naître et naquit un système d'élection partout le même.

Il n'en fut pas et n'en pouvait être ainsi à l'égard des

bourgs. Ils avaient successivement acquis leurs libertés avec plus ou moins d'étendue et sous mille formes diverses. L'état politique d'une ville n'impliquait rien pour celui des autres villes; elles ne formaient point un ensemble identique. Les droits municipaux appartenaient tantôt à la corporation plus ou moins nombreuse qui tenait la ville en *fee-farm*, tantôt à la collection des francs-tenanciers qui possédaient leurs maisons en *burgage-tenure*, genre de tenure analogue à la tenure en *socage*, tantôt aux propriétaires de maisons en général, tantôt mais beaucoup plus rarement, à la totalité des habitants. Quand tel ou tel bourg fut sommé d'envoyer des députés au parlement, il ne vint à l'esprit de personne de considérer ce nouveau droit comme distinct des droits municipaux, et de régler séparément le système électoral. Cette sommation prit le bourg tel qu'il était, et n'opéra pas la moindre innovation dans l'exercice des pouvoirs. Les citoyens qui, en vertu d'une charte quelconque, possédaient le droit de gouverner les affaires du bourg, exercèrent également celui de nommer ses députés. Il n'y eut donc rien de général, rien d'uniforme dans la fondation de ce nouveau droit, et l'on ne saurait ramener les élections des villes et des bourgs à aucun principe. On peut seulement tirer, de l'examen d'un grand nombre de faits particuliers, les résultats suivants.

1° Le droit politique d'élire les députés au parlement

ne fut point distinct des droits municipaux et s'exerça dans les mêmes formes et par les mêmes citoyens.

2° De là s'ensuivit que cette élection se fit communément par le conseil qui dirigeait les intérêts locaux du bourg; le nombre des électeurs fut ainsi fort restreint dès l'origine.

3° Là où une corporation tenait une ville en *fee-farm* (fermage de fief), ce fut cette corporation qui nomma les députés au parlement. Ces corporations étaient en général composées d'un petit nombre d'individus.

4° Comme les francs-tenanciers d'un grand nombre de bourgs siégeaient dans les cours de comté, beaucoup d'élections de députés de bourgs eurent lieu originairement dans ces mêmes cours de comté, et par les francs-tenanciers des bourgs qui s'y rendaient, soit qu'ils exerçassent ce pouvoir à eux seuls, soit qu'ils y fussent autorisés par leurs concitoyens.

5° Les *writs* ou ordres d'élire des députés furent d'abord adressés directement aux magistrats mêmes des bourgs. C'est du moins ce qui eut lieu en 1264, époque de la première convocation connue des députés des bourgs sous Henri III. En 1283, le même procédé fut suivi par Édouard Ier pour la convocation du parlement de Shrewsbury, où les députés de vingt-un bourgs furent appelés. En 1295, les *writs* furent adressés aux shériffs des comtés dans lesquels les bourgs étaient situés : et depuis cette époque telle a été la forme habituelle et légale de la convocation des bourgs. Cependant en 1352 et 1353, Édouard III adressa directement ses *writs* aux magistrats municipaux, la première fois pour dix bourgs, la seconde fois pour trente-huit. Ce sont les derniers exemples de convocations semblables. Les cinq ports demeurèrent les seuls bourgs qui reçussent directement les *writs*.

Ces faits expliquent comment la représentation des bourgs a été si aisément corrompue en Angleterre, et y est aujourd'hui si choquante[1]. Dans toutes les villes, les droits politiques sont demeurés liés aux pouvoirs municipaux qui, dans l'origine, étaient communément resserrés dans un cercle fort étroit. La tendance générale a bien été depuis lors, et surtout à l'époque de la révolution de 1640, d'élargir dans les bourgs les droits électoraux, et d'y rendre ainsi l'élection plus populaire; mais à tout prendre, elle provient toujours des pouvoirs municipaux, organisés d'après les anciennes chartes d'incorporation. Dans les comtés, les droits électoraux ont pu suivre toutes les vicissitudes de la propriété et s'étendre dans la même proportion ; dans les bourgs, ils sont restés immobiles. Toute institution immobile est vicieuse, parce qu'elle finit par constituer un privilége en contradiction avec l'état réel de la société.

[1] **Avant la réforme du parlement, en 1832.**

Je voudrais ajouter à ces recherches sur le système électoral en Angleterre, au treizième siècle, des détails précis et circonstanciés sur les formes de l'élection : mais on ne peut rien trouver à ce sujet, ni dans les historiens, ni dans les lois. Les lois n'en font pas mention, parce qu'à cette époque de la civilisation on ne pense pas que de telles choses aient besoin d'être réglées ni dites. Il est probable que les électeurs, ordinairement fort peu nombreux, convenaient entre eux, en présence du shériff, des députés qu'ils voulaient nommer, et que le shériff en informait par un *writ* la chancellerie royale.

Le seul fait important, dans cette manière d'élire, c'était la publicité du vote qui s'est perpétuée et qui subsiste encore aujourd'hui. Personne alors n'attachait à son choix assez d'importance pour croire nécessaire de le cacher.

Il faut aller jusqu'au règne de Henri IV pour trouver une loi qui règle quelque chose sur les formes de l'élection. A mesure que les élections étaient devenues importantes, les shériffs, profitant de l'absence de toutes formes, s'en étaient emparés, et les dirigeaient à leur gré ; la loi dont je parle n'est faite que pour prévenir cet abus. Ici comme partout, l'organisation des garanties a été fort postérieure à la reconnaissance et à l'exercice des droits.

QUINZIÈME LEÇON.

Objet de la leçon. — Examen philosophique du système électoral de l'Angleterre au quatorzième siècle. — Ce système était résulté naturellement des faits, sans aucune préméditation savante. — Première question : Quels étaient les électeurs ? — Principes de la solution : 1º l'union du droit électoral avec les droits et autres pouvoirs locaux ; 2º le droit dérivé de la capacité politique ; 3º l'égalité de droits entre les électeurs ; 4º la diversité des caractères extérieurs par lesquels se fait reconnaître la capacité.

Les faits que j'ai exposés prouvent qu'aucune combinaison philosophique, aucune intention générale n'a déterminé, au quatorzième siècle, le système électoral de l'Angleterre. Ce système est sorti des faits, spontanément, naturellement. Il n'en est que plus curieux à étudier : les temps modernes sont pleins de science et d'artifice ; les institutions ne s'y développent point avec simplicité et liberté ; tantôt au nom d'une théorie, tantôt dans tel ou tel intérêt particulier, on torture les choses sous prétexte de les régler. Rien de semblable ne s'est passé dans la formation du parlement britannique; la science n'existait pas, et la ruse n'a pas été nécessaire. La chambre des communes n'avait pas assez d'importance pour que le pouvoir s'inquiétât beaucoup de son origine; la mission de député d'un comté ou d'un bourg n'était pas assez recherchée pour que les partis ou les intérêts divers dressassent vers ce but toutes leurs machines de guerre, tous les stratagèmes de la politique. On avait besoin des députés du pays; l'élection était chargée de les donner; mais on ne demandait à l'élection ni de s'adapter à une théorie, ni de mentir. Dans un tel état de la société, le système électoral peut être vicieux et incomplet de mille manières; les formes en peuvent être désordonnées et dénuées de garanties; mais ses principes généraux doivent être naturels et sains.

Ce sont ces principes que je me propose aujourd'hui de chercher et de mettre en lumière. On ne les connaissait pas, on n'y pensait pas au quatorzième siècle. Mais ils existent dans les faits, car les faits ont toujours leur raison et leurs lois.

Avant d'étudier l'ancien système électoral anglais isolément et en lui-même, il faut le considérer dans ses rapports avec la société en général, avec les pouvoirs qui la régissent et les libertés dont elle jouit.

De nos jours, la politique a rarement considéré les questions sous ce point de vue, le premier et le plus important de tous; elle a opéré sur la société et sur son gouvernement par voie de dissection ; elle a pris un à un tous les pouvoirs, tous les droits, et a essayé de les constituer chacun à part et pour son compte, s'appliquant d'abord à les bien séparer, puis à les faire marcher ensemble, en les confinant étroitement chacun dans sa sphère ; ainsi, nous avons vu énumérer le pouvoir législatif, le pouvoir exécutif, le pouvoir électoral, le pouvoir judiciaire, le pouvoir administratif ; et tout l'effort de la science s'est porté à faire coexister ces divers pouvoirs en en maintenant la distinction rigoureuse, en leur enjoignant de ne jamais confondre, ni même rapprocher leurs attributions et leur action. Le même système a été appliqué aux droits et aux libertés des citoyens. Il est aisé de reconnaître là le triomphe de l'esprit d'analyse qui a caractérisé le dernier siècle. Mais l'analyse est une méthode d'étude, non de création. L'esprit d'analyse est un esprit scientifique, nullement politique. En politique, qu'il s'agisse de droits ou de pouvoirs, le but est de créer des forces réelles, vivantes, capables soit de se faire obéir, soit de résister. C'est à quoi l'analyse ne parvient pas ; car la réalité, la vie, sont quelque chose de fort complexe et qui exige le concours, l'amalgame d'une multitude d'éléments divers, se modifiant et se soutenant les uns les autres. L'analyse sert à connaître et à détruire ; elle ne construit point. L'histoire politique de notre temps l'a démontré. Tous ces pouvoirs, tous ces droits, si soigneusement énumérés et distingués par la science, si bien renfermés dans des limites spéciales, se sont trouvés, au jour de l'action, sans consistance, sans énergie, sans réalité. On a décrété que le pouvoir législatif serait absolument étranger au pouvoir exécutif, le pouvoir judiciaire au pouvoir administratif, le pouvoir municipal au pouvoir électoral ; on a disséqué, isolé les libertés et les droits comme les pouvoirs ; et bientôt tous ces pouvoirs, tous ces droits, hors d'état de subsister et d'agir par eux-mêmes dans cet isolement, sont venus se centraliser ou se perdre dans la main d'un despotisme collectif ou unique, mais seul puissant, seul réel, parce que seul il était autre chose qu'une conception scientifique, une prétention de la théorie.

On peut l'affirmer sans crainte ; les droits comme les pouvoirs publics ne reprendront de la réalité et de l'énergie que lorsqu'ils échapperont à cette prétendue science qui les énerve et les annule sous prétexte de les classer ; lorsque, unis par des liens positifs, ils s'appuieront réciproquement et concourront aux mêmes résultats. Sans doute, ce grand travail d'analyse qu'a fait notre temps ne sera pas perdu ; beaucoup de distinctions fondées, de limitations nécessaires, seront maintenues ; tous les pouvoirs ne reviendront pas à se confondre, ni tous les droits à se concentrer. Il y a du vrai et de l'utile dans les résultats de la dissection sociale qui a été opérée ; mais si elle devait se perpétuer, si les droits et les pouvoirs devaient rester dans cet état d'isolement et de dissolution où de nos jours les a mis la science, nous n'aurions jamais ni gouvernement ni libertés.

Il est fort simple que rien de pareil ne soit arrivé à l'époque où s'est formé le parlement britannique. La politique alors n'avait ni tant de science, ni de telles prétentions. Elle a eu besoin d'appeler au centre de l'État, de faire intervenir dans certaines affaires publiques les hommes importants du pays, négociants, propriétaires ou autres. Elle n'a point songé qu'elle créait là un droit nouveau, un nouveau pouvoir. Elle s'est adressée aux droits établis, aux pouvoirs existants, et leur a demandé d'exercer cette nouvelle fonction, de paraître sous cette nouvelle forme. Les francs-tenanciers, c'est-à-dire, tous les libres et véritables propriétaires, se réunissaient dans les cours de comté pour rendre la justice et traiter ensemble de leurs intérêts communs; les cours de comté ont été chargées de nommer des députés. Dans les villes de quelque importance, les bourgeois, sous des formes plus ou moins libérales, réglaient eux-mêmes leurs affaires, nommaient leurs magistrats, exerçaient en commun certains droits et certains pouvoirs; les corporations municipales ont été appelées à envoyer quelques hommes au parlement. Ainsi, les réunions que nous nommons aujourd'hui colléges électoraux, n'ont point été alors, comme elles le sont aujourd'hui, des réunions spéciales, isolées, investies d'une fonction momentanée, et étrangères d'ailleurs à l'administration du pays. Les cours de comté et les corporations municipales déjà établies, enracinées, fortes par elles-mêmes, sont devenues de plus des colléges électoraux. Ainsi le système électoral s'est trouvé, dès l'origine, lié à toutes les institutions, à tous les droits, à presque tous les pouvoirs locaux et réels. Il a été l'extension, le développement des libertés existantes, une grande force ajoutée à des forces déjà actives et en possession de gouverner d'autres intérêts. Il n'y a pas eu uniquement ici des électeurs, là des administrateurs, ailleurs des juges; il y a eu des citoyens qui, dans les affaires locales, participaient à l'administration, à la justice, et pour les affaires générales élisaient des députés. On comprend sans peine qu'ainsi enraciné dans la société tout entière, étroitement uni à tous les autres pouvoirs, le pouvoir électoral (pour parler le langage de notre temps) ait été à l'abri de toutes les vicissitudes par où nous l'avons vu passer quand on a prétendu le créer à part, dans telle ou telle vue, selon telle ou telle combinaison.

C'est là le premier caractère du système électoral qui nous occupe. On peut sans crainte ériger ce caractère en principe, et affirmer que, là où il ne se rencontre pas, l'élection, c'est-à-dire, le gouvernement représentatif lui-même, sera sans force ou en proie à de continuels orages. La politique moderne a ce tort de redouter outre mesure le pouvoir, quelles que soient sa forme et sa place. Elle le divise et le subdivise à l'infini, si bien qu'il n'existe plus, pour ainsi dire, qu'en poudre. Ce n'est pas ainsi que se fonde la liberté. La liberté ne vit que par les droits, et les droits ne sont rien s'ils ne sont eux-mêmes des pouvoirs, des pouvoirs fortement constitués et pleins de vie. Placer le droit d'un côté et le pouvoir de l'autre, ce n'est point constituer un gouvernement libre, c'est établir la tyrannie en permanence, tantôt sous le nom de despotisme, tantôt sous celui de révolution ; le problème, c'est de mettre partout le pouvoir aux mains du droit, ce qui ne peut se faire qu'en organisant ou en acceptant à la fois, dans le sein même du gouvernement et à tous les degrés de son action, l'autorité et la résistance. Or, la résistance n'est réelle, n'est efficace que lorsqu'elle peut se reproduire partout où se rencontre l'autorité, lorsque partout l'autorité est contrainte de traiter avec elle et de la surmonter ou de lui faire sa part. Qu'est-ce que le droit, ou si l'on veut, le pouvoir électoral isolé de tout autre pouvoir? L'exercice en est rare et passager ; c'est une crise d'un jour, imposée à l'autorité de fait, qui peut, il est vrai, y être vaincue, mais qui, si elle y échappe, se trouve ensuite pleinement affranchie, et se déploie sans le moindre obstacle, ou s'endort dans une aveugle sécurité. Si au contraire le droit d'élire s'appuie sur d'autres droits d'un exercice plus immédiat et plus fréquent, si le système électoral est fortement tissu avec le gouvernement tout entier, si les mêmes citoyens qui ont nommé des députés interviennent, sous d'autres formes, mais au même titre, dans les affaires du pays, si l'autorité centrale a besoin, en d'autres occasions, de leur assentiment et de leur appui, si elle les retrouve encore ailleurs également unis et groupés pour exercer telle ou telle fonction du pouvoir, alors tous les droits se garantissent réciproquement; le système électoral cesse d'être suspendu en l'air, et il devient mal aisé de le fausser dans son principe ou de l'éluder dans ses conséquences.

C'est, on n'en saurait douter, à cette étroite union des droits électoraux avec une multitude d'autres droits locaux ou publics, que le système électoral a dû en Angleterre sa force et sa permanence. Un fait le prouve, entre mille autres. Quand le pouvoir central, menacé par les élections, a voulu se soustraire à leur influence, il a été contraint de retirer aux villes et aux corporations leurs chartes et leurs libertés. Sans cela, rien n'eût été fait. Mais par là aussi, tout était attaqué, et la liberté, le droit se sentant partout en péril, la nation faisait des efforts, non pas seulement pour retrouver une chambre des communes, mais pour reconquérir une multitude de droits étrangers d'ailleurs à l'élection des députés. C'est le secret d'une bonne législation constitutionnelle que de lier ainsi tous les droits les uns aux autres, de telle façon qu'on ne puisse attenter à aucun sans les ébranler tous.

Ce caractère du système électoral britannique a eu aussi, quant aux élections elles-mêmes, d'autres conséquences non moins heureuses et que j'indiquerai tout à l'heure. Pour le moment, je considère ce système en lui-même, dans son organisation intérieure.

Tous les éléments, toutes les lois d'un système électoral quelconque, se rapportent à ces deux questions : 1º Où sont placés les droits électoraux, c'est-à-dire, quels sont les électeurs? 2º Comment s'exercent ces droits, c'est-à-dire, quels sont les procédés et les formes de l'élection ?

Je veux rallier successivement sous ces deux questions tous les faits qui s'y rapportent dans le système électoral de l'Angleterre au quatorzième siècle, et chercher quels principes généraux sont contenus dans ces faits.

Et d'abord, quels étaient les électeurs ?

Il y en avait deux classes, de même qu'il y avait deux sortes d'élections, celles des comtés et celles des bourgs.

Cette classification ne fut point le fruit d'une combinaison systématique, ni d'aucune intention; elle était l'expression d'un fait.

Originairement les chevaliers, et un peu plus tard

les francs-tenanciers, formaient seuls la nation politique, avaient seuls des droits politiques Tous jouissaient du même droit d'assister à la cour ou conseil de leur seigneur; politiquement ils étaient donc égaux.

Lorsque les villes eurent acquis assez d'importance pour aider au besoin le pouvoir, et assez de force pour lui résister, leurs habitants devinrent des citoyens. Ce fut véritablement une nation nouvelle qui entra alors dans l'État. Mais en y entrant, elle demeura distincte de celle qui l'y avait précédée. Les députés des bourgs ne délibéraient point avec ceux des comtés. Chacune des deux classes traitait avec le gouvernement des affaires qui l'intéressaient, et consentait, pour son propre compte, des impôts qui ne pesaient que sur elle. Il n'y avait, dans l'origine, pas plus de fusion entre les députés qu'entre les électeurs; la diversité était complète. On ne peut dire qu'il y eût inégalité, car il n'y avait lieu à aucune comparaison. C'était simplement des sociétés différentes représentées par leurs députés auprès d'un même gouvernement, et la différence de la représentation n'avait aucun autre principe que la différence réelle et primitive des deux sociétés.

Maintenant si l'on considère chacune de ces sociétés isolément et en elle-même, on trouve que les droits politiques y étaient égaux entre les citoyens appelés à en jouir. De même que, dans les comtés, tous les francs-tenanciers participaient avec le même droit à l'élection, de même, dans les villes, tous les membres de la corporation à laquelle une charte avait été accordée élisaient leurs députés.

Ainsi la diversité de classes qui existait dans la société se reproduisait dans la représentation. Mais, d'une part, les classes diverses étaient complètement indépendantes l'une de l'autre ; les chevaliers de comté n'imposaient pas les bourgeois, les bourgeois n'imposaient point les chevaliers de comté ; encore moins prenaient-ils part aux élections les uns des autres. D'autre part, le principe de l'égalité de droit régnait, dans chaque classe, entre les citoyens appelés à concourir à l'élection.

Il n'y a donc aucune induction à tirer de là en faveur d'une inégalité entre des hommes appelés, en vertu d'un même principe, à concourir à un même fait. Une telle inégalité n'existait point dans le régime électoral de l'Angleterre au quatorzième siècle. La diversité avait ses causes dans la société elle-même, et se perpétuait jusque dans le sein de la représentation qui ne formait pas plus un tout uniforme que la société.

Le vrai, le seul principe général qui se manifeste dans la distribution des droits électoraux, telle qu'elle existait alors en Angleterre, c'est que le droit dérive de la capacité et lui appartient. Ceci demande quelques explications.

Il est hors de doute qu'à cette époque, mettant à part les hauts barons dont l'importance personnelle était telle qu'il fallait traiter individuellement avec chacun d'eux, les francs-tenanciers, les ecclésiastiques et les bourgeois de certaines villes étaient seuls capables d'agir comme citoyens. Hors de ces classes, on ne trouvait guère que de pauvres cultivateurs exploitant des propriétés subordonnées et précaires. Elles comprenaient tous les hommes investis d'une indépendance réelle, disposant librement de leur personne, de leurs biens, et en position de s'élever à quelques idées d'intérêt social. C'est là ce qui constitue la capacité politique. Elle varie selon les lieux et les temps ; la même mesure de fortune et de lumières ne suffit pas toujours et partout pour la conférer ; mais les éléments en sont constamment les mêmes. Elle existe partout où se rencontrent les conditions, soit matérielles, soit morales, de ce degré d'indépendance et de développement intellectuel qui met l'homme en état d'accomplir librement et raisonnablement l'acte politique auquel il est appelé. A coup sûr, et en considérant les masses, comme on doit le faire en pareille matière, ces conditions ne se rencontraient pas au quatorzième siècle, en Angleterre, hors des francs-tenanciers, des ecclésiastiques et des bourgeois des villes importantes. On ne trouvait au-delà que dépendance à peu près servile et ignorance presque brutale. En appelant donc à l'élection les classes ci-dessus désignées, le système électoral appelait tous les citoyens capables. Il dérivait donc du principe que la capacité confère le droit ; et, entre les citoyens reconnus capables, il n'établissait aucune inégalité.

Ainsi, ni la souveraineté du nombre, ni le suffrage universel n'ont été, dans l'origine, la base du système électoral britannique. La limite du droit a été posée où cessait la capacité. Dans l'intérieur de cette limite, le droit a été égal.

Il est aisé de prouver que c'est là le seul principe sur lequel un système électoral raisonnable et sincère se puisse fonder. Oublions un moment les faits, et considérons la question sous un point de vue purement philosophique.

Quel motif a déterminé, de tous temps et en tous pays, la fixation d'un âge où l'homme est déclaré majeur, c'est-à-dire, libre de gérer, selon sa volonté, ses propres affaires ?

Cette fixation n'est autre chose que la déclaration de ce fait général qu'à un certain âge l'homme est capable d'agir, librement et raisonnablement, dans la sphère de ses intérêts individuels.

Cette déclaration est-elle arbitraire ? non, car si l'époque de la majorité civile était fixée à dix ans ou à quarante, la loi serait évidemment absurde ; elle supposerait la capacité où elle n'est pas, ou bien elle ne la reconnaîtrait pas là où elle est, c'est-à-dire qu'elle conférerait ou retirerait le droit à tort.

C'est donc la capacité qui confère le droit; et la capacité est un fait indépendant de la loi, que la loi ne peut créer ou détruire à volonté, mais qu'elle doit s'appliquer à reconnaître avec exactitude pour reconnaître en même temps le droit qui en découle.

Et pourquoi la capacité confère-t-elle le droit ? parce que le droit est inhérent à la raison, et seulement à la raison. La capacité n'est autre chose que la faculté d'agir selon la raison.

Ce qui est vrai de l'individu considéré dans ses rapports avec ses intérêts individuels, est vrai du citoyen considéré dans ses rapports avec l'intérêt social. Là aussi la capacité seule confère le droit. Là aussi le droit ne peut, sans injustice, être refusé à la capacité. Là aussi la capacité est un fait que la loi, si elle est juste, démêle et constate pour y attacher le droit.

C'est là le seul principe en vertu duquel la limite des droits électoraux puisse être raisonnablement posée. C'est celui que, sans intention générale, sans vues philosophiques, la nature des choses et le bon sens firent prévaloir, à la fin du treizième siècle, en Angleterre.

Ce principe repousse également l'appel des incapables, ce qui amènerait la domination du nombre, c'est-à-dire, de la force matérielle, l'exclusion de telle ou telle portion des citoyens capables, ce qui serait une iniquité, et l'inégalité entre les capacités dont la moindre est déclarée suffisante, ce qui instituerait le privilége.

Ce principe une fois posé, soit par l'intention éclairée du législateur, soit par la simple force des choses, il faut le mettre en pratique, c'est-à-dire, chercher et reconnaître dans la société les capacités qui confèrent les droits. D'après quels signes extérieurs, susceptibles d'être déterminés par la loi, cette capacité peut-elle être reconnue ? c'est la seconde question qui se présente quand il s'agit de fixer la limite des droits électoraux.

Évidemment on ne peut procéder ici que d'après des présomptions, et des présomptions générales. La capacité d'agir librement et raisonnablement dans l'intérêt social ne se révèle pas à des signes plus certains que telle ou telle autre disposition intérieure. D'ailleurs la loi opère sur des masses; ses déterminations seront nécessairement inexactes, et cependant il faut qu'elles soient rigoureuses. Dans leur application aux individus, elles supposeront assez souvent la capacité où elle n'est pas, et ne l'atteindront pas partout où elle est. C'est l'imperfection de la science humaine; l'effort de la sagesse est de resserrer cette imperfection dans ses plus étroites limites.

— En ceci, le système électoral de l'Angleterre était moins vicieux dans l'origine qu'il ne l'est devenu depuis. Il est assez probable qu'au quatorzième siècle toutes les capacités politiques étaient à peu près contenues dans les classes des francs-tenanciers, des ecclésiastiques et des bourgeois des villes importantes. Ce genre de qualification correspondait donc assez bien aux vrais signes extérieurs de la capacité. On peut même dire que, si le système représentatif avait eu alors toute son énergie, si la réunion des députés avait eu assez de pouvoir et d'importance pour être le principal ressort du gouvernement et devenir l'objet de toutes les ambitions individuelles, on n'eût pas tardé à reconnaître que les conditions légales de capacité embrassaient une multitude d'individus en qui la capacité n'était vraiment pas. C'est parce qu'un grand nombre de ceux qui avaient le droit de concourir aux élections n'y prenaient en fait aucune part, que les inconvénients de tant de latitude ne se firent pas d'abord sentir. Le principe demeura intact parce qu'il ne portait pas tous ses fruits. Lorsque la chambre des communes occupa une plus grande place dans l'État, on fut obligé de restreindre le droit électoral en exigeant des francs-tenanciers eux-mêmes un revenu annuel de quarante schellings. L'action du parlement dans le gouvernement, et par conséquent l'importance des droits électoraux, surpassaient beaucoup les lumières et l'indépendance de beaucoup d'hommes à qui l'ancien usage les accordait. De là, la limitation établie par le parlement sous Henri IV. Depuis cette époque, les progrès de la société et les changements survenus dans l'état de la propriété et de l'industrie ont altéré à cet égard l'exactitude, et par conséquent la bonté du système électoral. Les signes légaux de la capacité électorale sont demeurés les mêmes en droit; ils ont changé en fait. Les francs-tenanciers étaient autrefois les seuls propriétaires vraiment libres et capables de l'exercice des droits politiques; les *copyholders* n'étaient guère encore que des *villani* : il n'en est plus ainsi depuis longtemps; bien que la distinction légale subsiste toujours, elle n'est guère plus que nominale; les *copyholds* sont des propriétés aussi libres, aussi assurées, aussi pleinement héréditaires que les *freeholds*. La qualité de *freeholder* n'est donc plus, comme autrefois, la seule qui désigne un propriétaire capable de l'exercice des droits politiques. La loi, dans sa désignation des caractères extérieurs de la capacité électorale, ne correspond donc plus véridiquement aux faits sociaux. Cet inconvénient n'est pas très-grand dans la pratique, parce qu'il est peu de *copyholders* un peu importants qui ne possèdent un *freehold* de quarante schellings de revenu. Cependant il est réel, car il maintient entre les propriétés, quant aux droits électoraux, une distinction qui ne se fonde plus sur aucune différence réelle entre la nature des propriétés et la capacité de leurs possesseurs. Le système est devenu bien plus vicieux en ce qui touche les droits électoraux dans les bourgs. Ici les signes extérieurs, auxquels la loi prétend reconnaître la capacité, sont devenus, en beaucoup d'occasions, un pur mensonge. L'importance de certaines villes et le développement soit matériel, soit intellectuel de leurs habitants, ont été dans l'origine la cause de l'attribution des droits électoraux. La capacité était là, le droit s'ensuivit. Maintenant le principe a disparu ; il y a des bourgs sans importance, et dont les habitants n'ont ni fortune ni indépendance ; la capacité n'est plus là, et pourtant le droit y est resté. On dirait que le nom du bourg, sa position matérielle, ses murailles sont les signes d'une capacité électorale qui doit y résider à jamais : un privilége appartient à des pierres. En revanche, d'autres villes qui, au quatorzième siècle, n'eussent pas manqué d'obtenir les droits électoraux, parce qu'en effet leurs citoyens en auraient été reconnus capables, ne les possèdent pas encore.

Ainsi, un principe équitable d'abord a cessé de l'être, parce qu'on a prétendu en immobiliser les effets ; ou plutôt le principe même a péri, et une bonne part du système électoral de l'Angleterre n'en est plus qu'une violation.

On voit par là que, si le principe qui, en matière d'élection, attache le droit à la capacité, est de sa nature universel, et susceptible d'une application constante, les conditions de cette capacité, et les signes extérieurs auxquels elle se fait reconnaître, sont essentiellement variables, et ne sauraient être enfermés à jamais dans les termes d'une loi, sans que le principe même ne soit exposé à périr. Les vicissitudes des droits électoraux, même dans les premiers temps de l'existence du parlement, le démontrent. Les droits politiques appartiennent d'abord aux seuls francs-tenanciers. Qui eût pu raisonnablement chercher des députés et des électeurs dans ces bourgs dévastés, abandonnés de la plupart de leurs anciens habitants, peuplés uniquement de quelques familles pauvres dont le sort et les idées ne s'élevaient pas au-dessus de la condition des plus misérables paysans ? quelques villes se relèvent, se repeuplent ; le commerce y ramène la richesse ; avec la richesse y rentrent l'importance sociale et le développement des esprits. Des députés doivent en sortir, car il y a vraiment là des électeurs. De nouvelles capacités se forment et se déclarent par de nouveaux symptômes. En même temps ou peu après, le nombre de francs-tenanciers augmente par la division des fiefs ; beaucoup d'entre eux tombent dans une condition fort inférieure à celle des anciens francs-tenanciers, et ne possèdent plus la même indépendance. Conserveront-ils les mêmes droits quand la capacité n'est plus la même ? non, la nécessité se fait sentir ; la seule qualité de francs-tenanciers n'est plus un signe véridique de la capacité électorale. On en cherche un autre, et la condition de quarante schellings de revenu entre dans les lois. Ainsi, sans aucune violation, et par l'autorité même du principe, les conditions et les signes de la capacité électorale varient selon l'état réel de la société. C'est seulement quand cette portion du système électoral sera devenue invariable que le principe se verra violé.

Il serait donc vain et dangereux de prétendre régler d'avance et à toujours cette partie du régime électoral d'un peuple libre. La détermination des conditions de la capacité et celle des caractères extérieurs qui la révèlent n'ont, par la force même des choses, rien d'universel ni de permanent. Et non-seulement il ne faut pas tenter de les fixer, mais il faut que les lois s'opposent à leur fixation immuable. Plus les caractères légaux de la capacité électorale seront nombreux et flexibles, moins on aura ce péril à redouter. Si, par exemple, l'impôt foncier était fixé et réglé une fois pour toutes, comme on doit désirer qu'il le soit, cet impôt seul serait un mauvais signe de la capacité électorale ; car il ne suivrait pas les vicissitudes de la propriété; il inféoderait à la terre même le droit d'élection ; le revenu serait un caractère mieux choisi parce qu'il serait plus souple. Si au lieu d'attribuer nommément et à jamais les droits électoraux à tel ou tel bourg, les lois anglaises les avaient conférés à toute ville dont la population s'élèverait à telle limite, ou dont le revenu serait de tel taux, la représentation des bourgs, au lieu de se corrompre, aurait suivi les déplacements et les progrès de la véritable capacité politique. Nous pourrions multiplier ces exemples, et prouver de mille manières qu'il n'est bon, ni d'avoir un seul signe légal de la capacité électorale, ni de mettre ce signe hors de l'atteinte des vicissitudes de la société.

En résumé, on peut déduire de l'examen du système électoral de l'Angleterre au quatorzième siècle ces trois résultats :

1º **La capacité de bien élire doit être la mesure du droit, car elle en est la source ;**

2º **Les conditions de la capacité électorale doivent varier selon les lieux, les temps, l'état intérieur de la société, les lumières publiques, etc., etc. ;**

3º **Les caractères extérieurs, assignés par les lois comme annonçant l'accomplissement des conditions de la capacité électorale, ne doivent être ni inflexibles, ni puisés tous dans des faits purement matériels.**

SEIZIÈME LEÇON.

Objet de la leçon. — Continuation de l'examen philosophique du système électoral de l'Angleterre au quatorzième siècle. — Deuxième question : Quels étaient les procédés de l'élection ? — 1º Elle se faisait selon les circonscriptions administratives ordinaires ; — 2º chaque réunion n'élisait qu'un ou deux députés ; — 3º l'élection était directe. — Examen du principe de l'élection directe ou indirecte.

Je passe maintenant à la seconde des grandes questions qui s'élèvent au sujet de tout système électoral : quels sont les procédés et les formes de l'élection ?

Une multitude de questions sont comprises dans celle-là. On peut les diviser en deux classes : les unes se rapportent au mode de réunion des électeurs ; les autres, au mode d'opération des électeurs réunis.

L'étroite union du système électoral avec l'exercice d'autres droits et d'autres pouvoirs politiques a eu en Angleterre, quant au mode de réunion des électeurs, d'immenses et très-heureuses conséquences.

Dans l'origine, l'élection des députés de comté

n'était point, pour les électeurs, l'objet d'une réunion spéciale et extraordinaire. A des époques déterminées, ils se rendaient à la cour de comté pour y remplir les fonctions dont ils étaient tenus; à cette occasion, ils élisaient leurs députés. Les premiers *writs* adressés aux shériffs portent : *Quod eligi facias in proximo comitatu,* « Vous ferez élire dans la prochaine cour de comté. »

Lorsque l'importance de la chambre des communes eut donné à l'élection des députés une importance correspondante, lorsque la nécessité de prévenir les abus d'élections faites, pour ainsi dire, par accident, et sans que personne en fût spécialement averti, se fut fait sentir, l'élection fut annoncée dans tout le comté par une proclamation ordonnant à tous les électeurs de s'y rendre, et indiquant le jour et le lieu de la convocation du parlement. L'élection devint ainsi un acte spécial et solennel, mais toujours accompli dans la cour de comté, et dans l'une de ses réunions périodiques.

Enfin, par le laps de temps, par les changements du système judiciaire et le développement de toutes les institutions, les cours de comté ont cessé d'occuper en Angleterre la place qu'elles y tenaient jadis. Leur juridiction est maintenant rare et fort limitée ; la plupart des francs-tenanciers ne s'y rendent plus ; elles n'ont plus aucune importance politique considérable. L'élection est aujourd'hui le seul objet important de la réunion des francs-tenanciers dans ces cours; mais les circonscriptions sont restées les mêmes ; de fréquentes relations subsistent toujours entre les francs-tenanciers du comté ; la cour de comté en est toujours le centre ; elle est aujourd'hui le collége électoral, et c'est là son seul grand caractère ; mais le collége électoral est toujours l'ancienne cour de comté.

Le grand résultat politique de tous ces faits, c'est que l'élection des députés a toujours été et est encore, non l'œuvre d'une réunion d'hommes extraordinairement et arbitrairement convoqués à cet effet, d'ailleurs sans relation entre eux, sans intérêts communs réguliers et habituels, mais le fruit des relations anciennes, des influences constantes et éprouvées entre des hommes unis d'ailleurs pour des affaires, des fonctions, des droits et des intérêts communs.

En examinant la question en elle-même, on se convaincra bientôt que c'est là le seul moyen d'assurer la véracité des élections, la bonté et l'autorité des députés élus.

Le but de l'élection est évidemment d'obtenir les hommes les plus capables et les plus accrédités du pays. C'est une manière de découvrir et de mettre en lumière la véritable, la légitime aristocratie, celle qu'acceptent librement les masses sur qui doit s'exercer son pouvoir.

Pour atteindre ce but, il ne suffit pas de mettre des électeurs en présence, et de leur dire : Choisissez qui vous voudrez. Il faut que ces électeurs aient la possibilité de bien savoir ce qu'ils font, et de se concerter pour le faire. S'ils ne se connaissent pas les uns les autres, s'ils ne connaissent pas non plus les hommes qui sollicitent leurs suffrages, évidemment le but est manqué. Vous aurez des élections qui ne seront ni des choix véritables, ni le véritable vœu des électeurs.

L'élection est de sa nature un acte brusque et peu susceptible de délibération. Si cet acte ne se lie pas à toutes les habitudes, à tous les antécédents des électeurs, s'il n'est pas en quelque sorte le résultat d'une longue délibération antérieure et l'expression de leur opinion habituelle, il sera trop aisé de surprendre la volonté réelle des électeurs, ou de les pousser à n'écouter que la passion du moment : alors l'élection manquera ou de sincérité ou de raison.

Si au contraire les hommes réunis pour élire un député sont unis depuis longtemps par des intérêts communs, s'ils sont accoutumés à traiter ensemble de leurs affaires, si l'élection, au lieu de les faire sortir de la sphère habituelle où se passe leur vie, où se déploie leur activité, où s'échangent leurs pensées, ne fait que les réunir au centre de cette sphère pour leur demander la manifestation, le résumé de leurs opinions, de leurs vœux, et des influences naturelles qu'ils exercent les uns sur les autres, alors elle pourra être, elle sera généralement raisonnable et sincère.

Toute cette partie du système électoral qui se rapporte au mode de réunion des électeurs doit donc se fonder sur le respect des relations et des influences naturelles. L'élection doit réunir les électeurs au centre vers lequel ils gravitent habituellement pour leurs autres intérêts. Les influences éprouvées et librement acceptées constituent, entre les hommes, la vraie et légitime société. Loin de les craindre, c'est à elles seules qu'il faut demander le véritable vœu de la société. Tout mode de réunion des électeurs qui annulle ou détruit ces influences, fausse les élections, et les pousse en sens contraire de leur but : moins l'assemblée électorale sera extraordinaire, plus elle s'adaptera à l'existence régulière et constante de ceux qui la composent, plus elle atteindra son légitime objet. A ce prix seulement, on a des colléges électoraux qui font ce qu'ils veulent et qui savent ce qu'ils font. A ce prix seulement, on a des députés qui exercent sur les électeurs une solide et salutaire influence.

Le maintien des influences naturelles, et par là la sincérité des élections, n'ont pas été les seuls bons effets de l'identité primitive des réunions électorales et des cours de comté.

Ces cours étant le centre d'une multitude d'intérêts administratifs, judiciaires ou autres, traités par les intéressés eux-mêmes, il était impossible que les circonscriptions auxquelles elles se rapportaient fussent très-étendues. Il en serait résulté, pour les hommes qui s'y réunissaient assez fréquemment, beaucoup d'inconvénients. La division de l'Angleterre en comtés n'a pas été une œuvre systématique, et elle offre des irrégularités frappantes. Mais la force des choses n'a pas permis que la plupart des comtés embrassassent un territoire trop étendu. Cet avantage a passé dans le système électoral. Les relations et les idées de la plupart des citoyens ne s'étendent pas au delà d'une certaine sphère matérielle; c'est seulement dans les limites de cette sphère qu'ils connaissent réellement et qu'ils agissent en connaissance de cause. Si l'élection les en éloigne trop, ils cessent d'être des agents éclairés et libres pour devenir des instruments. Or, puisque c'est à la raison et à la volonté des citoyens qu'on demande des choix, il est absurde de leur retirer en même temps les conditions de la raison et de la liberté. Il y a donc toujours une limite au delà de laquelle la portée d'une convocation électorale ne doit pas s'étendre; et cette limite est elle-même un fait qui résulte de la manière dont se groupent les hommes et les intérêts dans les divisions et les subdivisions du territoire. Elle doit être assez large pour que l'élection produise des députés capables de remplir leur mission publique, assez resserrée pour que le plus grand nombre des citoyens qui concourent à l'élection agissent avec discernement et liberté. Si les élections se faisaient en Angleterre par centuries, elles ne donneraient peut-être que des députés obscurs ou ignorants ; si elles avaient lieu par diocèses épiscopaux, elles annuleraient de fait une bonne part des électeurs. La circonstance matérielle de la nécessité d'un grand déplacement est ici la moindre. Le désordre moral qui résulterait de circonscriptions trop étendues est bien plus grave.

Il y a plus ; l'extension des droits politiques n'est pas ici moins intéressée que la bonté même des résultats de l'élection. Il est désirable d'élargir la sphère de ces droits, autant que le permet l'impérieuse condition de la capacité. Or, la capacité dépend d'une multitude de causes. Tel homme fort capable de bien choisir dans un rayon de cinq lieues de sa demeure, en devient absolument incapable si le rayon s'étend à vingt lieues ; il avait, dans le premier cas, le plein usage de sa raison et de sa liberté ; dans le second, il le perd. Voulez-vous donc multiplier avec sagesse le nombre des électeurs ? N'éloignez pas trop le centre électoral des points de la circonférence d'où l'on doit s'y rendre. On ne procède en tout ceci que d'après des présomptions, et on ne cherche que des résultats généraux ; mais le principe est toujours le même. Il faut que l'élection soit faite par des électeurs capables de bien élire, et qu'elle vous donne des élus capables de bien comprendre les intérêts qu'ils auront à traiter. Ce sont là les deux nécessités entre lesquelles doit être cherchée la limite des circonscriptions électorales, toujours sous la condition de ne point déterminer ces circonscriptions d'une façon arbitraire, et qui rompe les habitudes, l'état naturel et permanent de la société.

La circonscription des comtés, du moins en général, atteignait en Angleterre à ce double but.

Les circonscriptions une fois déterminées, et en accord avec la manière dont se groupent naturellement les citoyens, les électeurs une fois réunis, que leur demande-t-on ?

L'usage, et non aucune mesure dérivée de la population, de la richesse ou de toute autre cause, a fait qu'on n'a demandé en Angleterre, à chaque réunion électorale, sauf un petit nombre de lieux, que deux députés.

Cet usage a eu probablement pour origine l'impossibilité de trouver autrefois, dans les bourgs et même dans les comtés, un plus grand nombre d'hommes qui voulussent ou pussent se charger d'une mission alors fort peu recherchée.

On a vu que plusieurs fois, trois ou quatre chevaliers furent demandés aux cours de comté. On se réduisit bientôt à deux, et ce fait est devenu la loi générale.

Quoi qu'il en soit de son principe historique, ce fait contient un principe rationnel, c'est que l'élection n'est réelle et bonne qu'autant qu'elle n'a à fournir qu'un très-petit nombre d'élus.

Personne n'a jamais nié que la loi fondamentale de toute élection, c'est que les électeurs fassent ce qu'ils veulent et sachent ce qu'ils font. Dans la pratique, on l'a souvent oublié. On l'oublie quand on demande à des électeurs, passagèrement réunis, plus d'un ou de deux choix.

Le mérite de l'élection, c'est de procéder de l'électeur, d'être de sa part un choix véritable, c'est-à-dire, un acte de jugement et de volonté. Sans doute nul jugement, nulle volonté étrangère n'a, en aucun cas, le droit de s'imposer à lui; il peut toujours accepter ou refuser ce qu'on lui propose; mais cela ne suffit pas; il faut encore placer l'électeur dans une position telle que son jugement personnel, sa propre volonté soient, non-seulement libres, mais provoqués à se produire tels qu'ils sont en effet. Il faut que l'exercice ne lui en soit pas, non-seulement impossible, mais trop difficile. Or, c'est ce qui n'est point quand, au lieu d'un ou deux noms, on lui demande une liste de noms. L'électeur presque toujours hors d'état de remplir cette liste, de lui-même et par son propre discernement, tombe alors sous l'empire de combinaisons qu'il subit plutôt qu'il ne les accepte, car il n'a pas dans ses propres lumières de quoi en bien juger toute l'intention et tout l'effet. Qui ne sait que presque aucun électeur n'a, en pareil cas, à porter sur la liste plus d'un ou deux noms qui lui soient vraiment connus, et dont il veuille réellement?

On fait donc pour lui ses autres choix ; il les écrit de complaisance ou de confiance. Et qui les fait ? le parti auquel l'électeur appartient. Or, les influences de parti, comme toutes les influences, ne sont bonnes qu'autant que celui sur qui elles s'exercent est en mesure de les juger, et ne les subit pas aveuglément. Le despotisme de l'esprit de parti ne vaut pas mieux que tout autre ; et toute bonne législation doit tendre à en préserver les citoyens. Il peut y avoir, dans l'élection comme dans tout autre acte, de la légèreté, de l'irréflexion, de la passion ; mais ce ne sont jamais là des dispositions auxquelles les lois doivent respect et facilité. Il faut au contraire qu'elles s'appliquent à en prévenir les effets, et que, par les procédés mêmes de l'élection, elles rendent, autant qu'il se peut, le citoyen à l'exercice de son jugement comme à l'indépendance de sa volonté. Il ne s'agit point de repousser les influences, ni de les déclarer d'avance illégitimes. Toute élection est un résultat d'influences, et il y aurait de la folie à prétendre isoler l'électeur sous prétexte d'obtenir, dans leur pureté, son opinion et son vœu. C'est oublier que l'homme est un être raisonnable et libre, et que la raison est appelée à débattre, la liberté à choisir. La vérité de l'élection naît précisément du combat des influences. Il faut que la loi les laisse arriver à l'électeur, et qu'elle leur permette tous les moyens naturels d'agir sur son jugement ; mais elle ne leur doit point de le leur livrer sans défense; elle a des précautions à prendre contre la faiblesse humaine; et de ces précautions, la plus efficace est de ne demander à l'électeur que ce qu'il peut faire avec une véritable spontanéité.

Le citoyen ainsi rendu à lui-même, toutes les influences pourront encore agir sur lui; elles lui feront peut-être abandonner le nom qu'il aimait pour en porter un qu'il ne connaît pas; mais du moins elles auront plus d'efforts à faire pour vaincre sa raison, ou s'emparer de sa volonté. Or, il est bon qu'elles soient condamnées à de tels efforts, et qu'elles ne puissent obtenir de la légèreté, de la précipitation, de l'ignorance seule, un assentiment dont l'effet est de donner à tout le pays tel ou tel interprète dont peut-être l'électeur lui-même n'eût pas voulu s'il eût pu, en le nommant, faire usage de toute sa raison.

Quand on recherche quelles causes ont pu introduire dans certains pays, en matière d'élection, un usage si contraire aux vrais intérêts de la liberté, et qui ne se rencontre point là où la liberté a passé réellement dans la pratique de la vie politique, on s'aperçoit qu'il dérive, en partie du moins, du mauvais principe sur lequel tout le système électoral a été fondé. Les droits électoraux ont été isolés des autres droits et constitués à part; les réunions électorales ne se sont point rattachées à d'autres affaires publiques, à l'administration locale, à des intérêts communs et permanents. On en a fait des assemblées extraordinaires, solennelles, et d'une fort courte durée. Les circonscriptions électorales ont été en général trop étendues : de là, la nécessité de réunir soudainement tous les électeurs, de les renvoyer presque aussitôt, et, en même temps, de leur demander un trop grand nombre de choix. Le *poll* reste ouvert au moins quinze jours en Angleterre pour l'élection d'un ou deux députés. Chacun vient quand il lui plaît apporter son suffrage. En Amérique, les autres formes sont encore plus libres et plus lentes. Dans le système qui a prévalu chez nous au contraire, tout est brusque, précipité, tout se fait en masse, et par des masses à qui l'étendue et la précipitation de l'opération enlèvent nécessairement une bonne part de leur raison et de leur liberté. De là aussi l'invention de la majorité absolue et du ballotage, conséquences inévitables d'une élection rapide et multipliée, tandis qu'ailleurs, le système de la pluralité relative, longuement débattue, laisse à l'opinion publique tout loisir de se reconnaître et toute liberté de se manifester. De là, enfin, cette nécessité d'un bureau élu qui livre d'avance à la majorité la surveillance de toutes les opérations électorales, et rend ainsi suspecte l'authenticité des résultats. Quand la liberté est partout, quand tous les droits se lient et se soutiennent réciproquement, quand la publicité est réelle et partout présente, il y a partout des magistrats indépendants, auxquels on peut confier la conduite et la surveillance des élections ; et l'on n'est pas obligé de les livrer aux mains de l'esprit de parti, pour les soustraire à l'influence toujours suspecte de l'autorité supérieure.

Ces détails se rapportent aux formes des opérations électorales ; mais comme leurs vices découlent des principes généraux qui y président, il était nécessaire de montrer cette connexité.

L'élection directe a été la pratique constante de l'Angleterre. L'Amérique a adopté le même système. Il en a été autrement dans la plupart des États Européens, où s'est établi, de nos jours, le gouvernement représentatif. C'est un des faits les plus graves que nous présente le système électoral britannique.

L'élection directe a été, dans ce système, la conséquence naturelle de l'idée qu'on se formait alors des droits politiques. Non-seulement ces droits n'appartenaient point à tous; ils n'avaient pas même été distribués systématiquement, et d'après une intention générale. On les avait reconnus là où l'on avait rencontré en fait la capacité de les exercer. L'importance des francs-tenanciers et des bourgeois avait entraîné leur intervention dans les affaires publiques. Cette intervention était leur droit quand ces affaires étaient les leurs. Ne pouvant exercer ce droit par eux-mêmes, ils élisaient des députés. Dans l'esprit du temps, ce droit d'élection correspondait exactement au droit qu'exerçaient les hauts barons de se faire représenter au parlement par un fondé de pouvoirs. L'importance individuelle d'un haut baron étant très-grande, son représentant était individuel. Les francs-tenanciers et les bourgeois avaient aussi un droit individuel, mais non la même importance ; ils eurent un représentant pour plusieurs. Mais au fond, la représentation se fondait sur le même principe, sur le droit individuel des électeurs à débattre et à consentir ce qui les intéressait.

Dans ce point de vue, on comprend sans peine que l'élection directe ait prévalu, qu'aucune autre idée même ne se soit présentée aux esprits. Toute élection indirecte, tout nouvel intermédiaire placé entre le parlement et l'électeur, eût paru et eût été en effet une atténuation du droit, un affaiblissement de l'importance et de l'intervention politique des électeurs.

L'élection directe est donc l'idée simple, le système électoral primitif et naturel du gouvernement représentatif, quand ce gouvernement est lui-même le produit spontané de son véritable principe, c'est-à-dire, quand les droits politiques y dérivent de la capacité.

En considérant ce mode d'élection sous un point de vue purement philosophique et dans son rapport, non avec les électeurs seuls, mais avec la société en général, le trouve-t-on également préférable à toute autre combinaison plus artificielle ?

Il faut l'examiner, d'abord dans sa relation avec le

principe rationnel du gouvernement représentatif, en second lieu dans ses résultats pratiques.

Nous avons établi ailleurs le principe rationnel du gouvernement représentatif; en droit, ce principe déclare que la vraie souveraineté est celle de la justice, et que nulle loi n'est légitime si elle n'est conforme à la justice et à la vérité, c'est-à-dire, à la loi divine. En fait, ce principe reconnaît que nul homme, nulle réunion d'hommes, nulle force terrestre, en un mot, ne connaît pleinement et ne veut constamment la raison, la vérité, la justice, la vraie loi. Rapprochant ce droit et ce fait, il en conclut que les pouvoirs publics, qui exercent la souveraineté de fait, doivent être constamment tenus et contraints de chercher en toute occasion la vraie loi, seule source de l'autorité légitime.

Le but du système représentatif, dans ses éléments généraux comme dans tous les détails de son organisation, est donc de recueillir, de concentrer toute la raison qui existe éparse dans la société, et de l'appliquer à son gouvernement.

De là suit nécessairement que les députés doivent être les hommes les plus capables, 1° de découvrir, par suite de leur délibération commune, la loi de raison, la vérité qui, en toute affaire, dans les moindres comme dans les plus grandes, existe et doit décider ; 2° de faire reconnaître et exécuter par la généralité des citoyens cette loi une fois découverte et rendue.

Pour trouver et obtenir les hommes les plus capables de cette mission, c'est-à-dire, les bons députés, il faut obliger ceux qui croient, ou qui prétendent l'être, à prouver leur capacité, à la faire reconnaître et proclamer par les hommes qui, à leur tour, sont capables de porter un jugement sur ce fait-là, c'est-à-dire, sur la capacité individuelle de quiconque aspire à être député. Ainsi se constate le pouvoir légitime, et c'est ainsi que, dans le fait de l'élection philosophiquement considérée, ce pouvoir est pris par ceux qui le possèdent, et accepté par ceux qui le reconnaissent.

Or, il y a un certain rapport, un certain lien entre la capacité d'être (un bon député ou autre chose), et la capacité de reconnaître celui qui possède la capacité d'être. Ceci est un fait dont dépose à chaque instant le spectacle du monde. Le brave se fait suivre de ceux qui sont capables de s'associer à sa bravoure. L'habile se fait obéir de ceux qui sont capables de comprendre son habileté. Le savant se fait croire de ceux qui sont capables d'apprécier sa science. Toute supériorité a une certaine sphère d'attraction, dans laquelle elle agit et groupe autour d'elle des infériorités réelles, mais en état de sentir et d'accepter son action.

Cette sphère n'est point illimitée. Ceci est encore un fait simple, et de soi-même évident. Le rapport qui lie une supériorité aux infériorités dont elle est reconnue, étant un rapport purement intellectuel, il ne peut exister là où n'existe pas le degré de connaissance et d'intelligence nécessaire pour le former. Tel homme très-propre à reconnaître la supériorité capable de délibérer sur les affaires de sa commune, est hors d'état de sentir et de constater par son assentiment celle qui sera capable de délibérer sur les affaires de l'État. Il y a donc des infériorités étrangères à tout rapport véritable avec certaines supériorités, et qui, si elles étaient appelées à les constater, ne les constateraient point, ou porteraient sur ce fait le plus faux jugement.

La limite où cesse la faculté de reconnaître et d'accepter la supériorité qui constitue la capacité d'être un bon député, est celle où doit cesser le droit d'élire, car c'est celle où cesse la capacité d'être un bon électeur.

Au-dessus de cette limite, le droit d'élire existe par cela seul qu'existe en fait la capacité de reconnaître la capacité supérieure qu'on cherche. Au-dessous, le droit n'est point.

De là découle philosophiquement la nécessité de l'élection directe. Apparemment, on veut obtenir ce qu'on cherche. Or, ce qu'on cherche, c'est le bon député. La capacité supérieure, celle du député, est donc nécessairement la condition dominante, le point de départ de toute l'opération. Vous obtiendrez cette capacité supérieure en appelant à la reconnaître toutes les capacités qui, bien qu'inférieures, sont en rapport naturel avec elle. Si au contraire vous commencez par faire élire les électeurs, qu'arrive-t-il ? vous avez à accomplir une opération analogue à la précédente; mais le point de départ est changé, la condition générale est abaissée. Vous prenez pour base la capacité de l'électeur, c'est-à-dire, une capacité inférieure à celle qu'en définitive vous voulez obtenir; et vous vous adressez forcément à des capacités encore inférieures, hors d'état de vous conduire, même sous cette forme, au résultat plus élevé auquel vous aspirez; car la capacité de l'électeur n'étant que celle de reconnaître le bon député, il faudrait être en état de comprendre celle-ci pour comprendre celle-là, ce qui n'arrive point.

L'élection indirecte, considérée en elle-même, déroge donc au principe primitif comme au dernier but du gouvernement représentatif, et abaisse sa nature.

Considéré dans ses résultats pratiques, dans les faits, et indépendamment de tout principe général, ce système ne paraît pas plus recommandable.

D'abord, nous regardons comme admis qu'il est à désirer que l'élection des députés ne soit pas en général l'ouvrage d'un très-petit nombre d'électeurs. Quand les réunions électorales sont fort resserrées, non-seulement l'élection manque de ce mouvement, de cette énergie qui entretiennent dans la société la vie politique, et font ensuite une bonne part de la force du député lui-même; mais les intérêts généraux, les idées étendues, les sentiments publics cessent d'être le mobile et le régulateur. Des coteries se forment ; au lieu de brigues politiques on a des intrigues personnelles; la lutte s'établit entre des intérêts, des sentiments et des rapports presque individuels. L'élection n'est pas moins disputée, mais elle est beaucoup moins nationale, et ses résultats ont le même vice.

Partant donc de ce point que les réunions électorales doivent être assez nombreuses pour que les individualités n'y dominent pas si aisément, je cherche comment, par l'élection indirecte, on pourra raisonnablement atteindre ce but.

Deux hypothèses sont seules possibles : ou les circonscriptions territoriales, dans l'intérieur desquelles se formera la réunion chargée de nommer les électeurs, seront très-petites, ou elles auront une assez grande étendue. En Angleterre, par exemple, on demanderait des électeurs aux décuries ou aux centuries, ce qui correspond à peu près à nos communes et à nos cantons.

Si ces circonscriptions sont très-petites et qu'on ne demande à chacune d'elles qu'un très-petit nombre de choix, deux électeurs par exemple, on aura très-probablement des électeurs d'une nature très-inférieure. Les vraies capacités électorales ne sont point également réparties entre les communes; telle commune en possède vingt, trente; telle autre n'en a que peu ou même point, et c'est le plus grand nombre. Si chaque circonscription est chargée de fournir le même nombre d'électeurs ou des nombres peu différents, une grande violence sera faite aux réalités. Beaucoup d'incapacités seront appelées, beaucoup de capacités ne le seront pas, et l'on aura en définitif, une assemblée électorale peu propre à bien choisir les députés. Si au contraire chaque circonscription est tenue de désigner un nombre d'électeurs proportionné à son importance, à sa population, aux richesses et aux lumières qui y sont concentrées, alors, partout où le nombre de ces choix sera considérable, ils ne seront plus de véritables choix. On a vu que les choix, quand ils sont nombreux et simultanés, perdent leur caractère. On aura des listes d'électeurs, dressées par l'influence extérieure soit des partis, soit du pouvoir, et qui seront adoptées ou repoussées sans discernement et sans liberté. A cet égard, le fait a confirmé partout les prévoyances de la raison.

Si les circonscriptions appelées à désigner les électeurs ont une certaine étendue, une autre alternative se présente. Ou bien l'on ne demandera à chacune qu'un petit nombre de choix, et alors le but sera manqué; l'assemblée qui devra élire les députés sera très-peu nombreuse ; ou l'on demandera à chaque circonscription un grand nombre d'électeurs, et alors on tombera dans l'inconvénient déjà signalé.

Qu'on épuise toutes les combinaisons possibles de l'élection indirecte, on n'en trouvera aucune qui donne en définitif, pour l'élection des députés, une assemblée assez nombreuse, et cependant formée avec discernement et liberté. Dans ce système, ces deux résultats s'excluent mutuellement.

Je passe à un autre vice pratique de ce système, et qui n'est pas moins grave.

Le but du gouvernement représensatif est de mettre publiquement en présence et aux prises les grands intérêts, les opinions diverses qui se partagent la société et s'en disputent l'empire, dans la juste confiance que, de leurs débats, sortiront la connaissance et l'adoption des lois et des mesures qui conviennent le mieux au pays en général. Ce but n'est atteint que par le triomphe de la vraie majorité, la minorité constamment présente et entendue.

Si la majorité est déplacée par artifice, il y a mensonge. Si la minorité est mise d'avance hors de combat, il y a oppression. Dans l'un ou l'autre cas, le gouvernement représentatif est corrompu.

Toutes les lois constitutives de cette forme de gouvernement ont donc deux conditions fondamentales à remplir : 1° procurer la mise en lumière et la victoire de la vraie majorité ; 2° garantir l'intervention et le libre effort de la minorité.

Ces deux conditions pèsent sur les lois qui règlent

le mode d'élection des députés comme sur celles qui président aux débats des assemblées délibérantes. Ni dans l'un ni dans l'autre cas, il ne doit y avoir mensonge ou tyrannie.

Un système électoral qui, d'avance, annulerait, quant au résultat définitif des élections, c'est-à-dire, quant à la formation de l'assemblée délibérante, l'influence et la participation de la minorité, détruirait le gouvernement représentatif, et serait aussi fatal à la majorité elle-même qu'une loi qui, dans l'assemblée délibérante, condamnerait la minorité à se taire.

C'est, jusqu'à un certain point, le résultat de l'élection indirecte.

Par l'élection directe, et en supposant que la limite de la capacité électorale a été raisonnablement fixée par la loi, c'est-à-dire, qu'elle est celle où la vraie capacité cesse en effet, tous les citoyens que leur position sociale, leur fortune, leurs lumières placent au-dessus de cette limite, sont également appelés à concourir au choix des députés. On ne leur demande point à quels intérêts, à quelles opinions ils appartiennent. Les résultats de l'élection feront connaître la vraie majorité; mais quoi qu'il en soit, ils n'auront point à se plaindre; l'épreuve aura été complète, ils y auront pris part.

L'élection indirecte, au contraire, opère d'avance, sur les capacités électorales, une véritable épuration; elle en élimine un certain nombre, et uniquement en raison des intérêts ou de l'opinion auxquels elles appartiennent. Elle intervient dans la sphère de ces capacités pour en chasser une partie de la minorité, donner à la majorité une force factice, et porter ainsi atteinte à la vérité des choses. On se récrierait contre une loi qui dirait *à priori* : « Tous les hommes, ou seulement le « tiers, le quart des hommes attachés à tel intérêt, à « telle opinion, seront exclus de toute participation à « l'élection des députés, quelles que soient d'ailleurs « leur importance et leur position sociale. » C'est précisément ce que fait *à posteriori* l'élection indirecte ; et par là, elle introduit dans le gouvernement représentatif un véritable désordre, car elle crée, au profit de la majorité, un moyen de tyrannie.

Il pourrait même arriver, et cela n'est pas sans exemple, que l'élection indirecte, ainsi employée à éliminer une partie des capacités électorales naturelles, eût pour résultat de tourner contre la majorité elle-même, et de la mettre en minorité. Une supposition expliquera clairement cette pensée : si au quatorzième siècle on eût dit en Angleterre : « les *Copyholders* et les *Villani* concourront à nommer les électeurs des députés au parlement ; » n'est-il pas clair que leurs choix seraient tombés sur les seigneurs dont ils tenaient ou exploitaient les terres à tel ou tel titre, et que les habitants des villes, les bourgeois, auraient été presque absolument exclus de la chambre des communes? Ainsi, cette part de la nation, déjà si importante, se serait vu dépouiller de l'exercice des droits politiques par un système dont l'unique prétexte spécieux eût été de communiquer ces droits à un plus grand nombre d'individus.

C'est là en effet la véritable source de l'élection indirecte; elle dérive de la souveraineté du nombre et du suffrage universel : dans l'impossibilité de faire passer ces deux principes dans la pratique, on s'est efforcé d'en retenir quelque ombre. On a violé le principe du gouvernement représentatif, abaissé sa nature et énervé le droit d'élection pour demeurer, en apparence, conséquent à une erreur. Qui ne voit en effet qu'un tel système a dû énerver l'élection, et que le système de l'élection directe lui conserve seul sa réalité et son énergie? Toute action dont le résultat est éloigné et incertain inspire peu d'intérêt ; et les mêmes hommes qui concourent avec beaucoup de discernement et de vivacité au choix de leurs officiers municipaux donneront aveuglément et froidement leur suffrage à des électeurs futurs que leur pensée ne suit point dans un avenir où ils interviennent si peu. Ce prétendu hommage à des volontés trop peu éclairées pour qu'on leur fasse, dans le choix des députés, une part plus efficace, n'est au fond qu'une misérable charlatanerie, une adulation mensongère; et sous une prétendue extension des droits politiques, se cachent la restriction, la mutilation, l'affaiblissement de ces mêmes droits dans la sphère où ils existent réellement, et où ils s'exerceraient dans toute leur plénitude, avec tout leur effet.

Le vrai moyen de répandre partout la vie politique, et d'intéresser à l'État un aussi grand nombre de citoyens qu'il se peut, n'est pas de les faire concourir tous aux mêmes actes, bien qu'ils n'en soient pas tous également capables, mais de leur conférer à tous les droits dont ils sont capables. Les droits ne sont rien tant qu'ils ne sont pas pleins, directs, efficaces. Au lieu de dénaturer les droits politiques en les exténuant, sous prétexte de les répandre, qu'il y ait partout des libertés locales, garanties par des droits réels. Le système électoral lui-même y puisera beaucoup plus de force que dans un prétendu suffrage universel.

Le dernier fait important à remarquer dans le système électoral de l'Angleterre, au quatorzième siècle, c'est le vote public. Quelques personnes en ont voulu faire un principe absolu, et constamment applicable : **nous ne pensons pas qu'il en doive être ainsi. Le seul principe absolu en cette matière, c'est que l'élection doit être libre, et faire connaître avec vérité la pensée et le vœu réel des électeurs.** Si le vote public porte une grave atteinte à la liberté des élections, s'il en dénature les résultats, il doit être repoussé. Sans doute u tel état accuse la faiblesse de la liberté, la timidité des mœurs; sans doute il prouve qu'une partie de la société se débat contre des influences qu'elle craint de secouer, quoiqu'elle désire s'y soustraire. C'est un fait fâcheux, mais c'est un fait que la liberté fécondée par le temps peut seul détruire. Il est très-vrai que le vote public, dans les élections comme dans les débats des assemblées délibérantes, est la conséquence naturelle du gouvernement représentatif. Il est très-vrai qu'il y a, pour la liberté, quelque chose de honteux à réclamer le secret, quand elle impose la publicité au pouvoir. La liberté qui ne sait qu'attaquer est bien faible encore, car sa vraie force consiste à se défendre, et à se défendre en s'avouant. Il y a, cela est sûr, une sorte de mauvaise grâce à se plaindre de la mesquinerie et de la lenteur avec lesquelles le pouvoir accorde des droits, quand on a besoin de se cacher pour oser exercer les droits qu'on possède déjà. Mais, quand la raison s'applique à la pratique, elle ne voit, pour quelque temps du moins, rien au-dessus des faits, et le plus impérieux de tous les principes, c'est la nécessité. Imposer le vote public quand il attaquerait la liberté des élections, ce serait compromettre la liberté générale elle-même qui, un jour, doit amener nécessairement le vote public.

En résumé, on découvre dans le système électoral de l'Angleterre, au quatorzième siècle, presque tous le principes fondamentaux d'un système électoral raisonnable et libre. Attribution du droit électoral à la capacité, étroite union des droits électoraux avec tous les droits, respect des relations et des influences naturelles, absence de toute combinaison arbitraire et factice dans la formation et les procédés des réunions électorales, limitation prudente dans le nombre des choix que chaque réunion doit accomplir, élection directe, vote public, tout cela s'y rencontre. Tout cela est dû à cette circonstance décisive que le système électoral et le gouvernement représentatif lui-même ont été, en Angleterre, le résultat naturel et simple des faits, la conséquence et le développement des libertés antérieures, réelles et fortes, qui leur ont servi de base, qui ont gardé et nourri dans leur sein les racines de l'arbre qu'elles avaient fait pousser. Par une autre circonstance également décisive, ce système, si national et si spontané dans son origine, s'est corrompu du moins en partie, et paraît avoir aujourd'hui besoin de redressement. Peut-être à cause de sa force même, il demeure inflexible; il n'a suivi que de loin les vicissitudes et les progrès de l'état social. Il protége maintenant les restes des abus contre lesquels il fut d'abord et longtemps dirigé; et cependant la réforme de ces abus, à quelque époque et de quelque façon qu'elle s'opère, sera le fruit des institutions, des habitudes, des principes et des sentiments que ce système a fondés.

DIX-SEPTIÈME LEÇON.

Objet de la leçon. — Origine de la division du parlement Anglais en deux chambres. — Il ne formait d'abord qu'un seul corps. — Les députés des comtés votaient d'abord avec les grands barons. — Les députés des villes et des bourgs votaient toujours séparément. — Les classifications de la société se reproduisaient dans le parlement. — Causes qui amenèrent les députés de comté à se séparer des grands barons et à siéger et voter avec les députés des bourgs. — Effets de ce rapprochement. — La division du parlement en deux chambres s'opéra définitivement au milieu du quatorzième siècle.

Jusqu'à présent, nous ne nous sommes occupés que des éléments dont se composait le parlement, et des procédés employés à sa formation, c'est-à-dire, de l'élection; nous avons maintenant une autre question à traiter; il faut savoir quelles étaient la constitution et l'organisation, tant intérieure qu'extérieure, de ce parlement ainsi composé.

Le parlement, au commencement du quatorzième siècle, n'était point divisé, comme aujourd'hui, en chambre des pairs et chambre des communes. Il ne formait pas non plus un seul corps.

On varie sur l'époque à laquelle il a pris définitivement sa forme actuelle. Carte la place à la dix-septième année du règne d'Édouard III (1344); les auteurs de l'*Histoire parlementaire* à la sixième année du même règne (1333); M. Hallam à la première année du règne d'Édouard III (1327), et peut-être même à la huitième année du règne d'Édouard II (1315).

La principale cause de cette diversité d'opinions, c'est la diversité de la circonstance à laquelle chaque auteur attache le fait de la fusion des députés des comtés et des bourgs en une seule assemblée. On déduit ce fait tantôt de leur réunion dans un même lieu, tantôt de leur délibération commune, tantôt de l'union de leurs votes sur la même affaire. Et comme chacune de ces circonstances se rencontre dans tel ou tel parlement, indépendamment des autres, on retarde ou on avance l'époque de l'existence du parlement dans sa forme actuelle, suivant la circonstance qu'on regarde comme décisive à cet égard. Quoi qu'il en soit, on peut affirmer **que la division du parlement en deux chambres comprenant, l'une les lords ou hauts barons convoqués individuellement, l'autre tous les députés élus soit dans les comtés, soit dans les bourgs, et délibérant et votant ensemble sur toutes les affaires, n'a été complète et définitive** que vers le milieu du quatorzième siècle.

Il faut suivre les gradations par lesquelles ce fait a passé avant de s'accomplir. C'est le seul moyen d'en bien comprendre les causes et la nature.

Originairement, comme on l'a vu, tous les vassaux immédiats du roi avaient le même droit de se rendre au parlement, et de prendre part à ses délibérations. Les simples chevaliers, quand ils s'y rendaient, siégeaient, délibéraient et votaient donc avec les grands barons.

Quand l'élection remplaça, pour les chevaliers de comté, ce droit individuel, quand les élus des cours de comté vinrent seuls au parlement, ils ne cessèrent pas pour cela d'appartenir à la classe à laquelle ils appartenaient auparavant. Bien qu'élus et envoyés non-seulement par les chevaliers vassaux immédiats du roi, mais par tous les francs-tenanciers de leur comté, ils continuèrent de siéger, de délibérer et de voter avec les grands barons individuellement convoqués.

Les députés des bourgs au contraire, dont la présence au parlement était un fait nouveau, et qui ne se rattachait point à un droit antérieur, exercé seulement sous une nouvelle forme, formèrent, dès leur première apparition dans le parlement, une assemblée distincte, siégeant à part, délibérant et votant pour son compte, aussi séparée des chevaliers de comté que des grands barons.

Cette séparation est évidente par les votes des parlements de cette époque. Au parlement tenu à Westminster sous Édouard Ier (1295), les comtes, barons et chevaliers des comtés accordent au roi un onzième de leurs biens-meubles, le clergé un dixième, les citoyens et bourgeois un septième. En 1296, les premiers accordent un douzième, les derniers un huitième. En 1305, les premiers un trentième, le clergé, les citoyens et bourgeois un vingtième. Sous Édouard II, en 1308, les barons et chevaliers accordent un vingtième, le clergé un quinzième, les citoyens et bourgeois un quinzième. Sous Édouard III, en 1333, les chevaliers de comté accordent un quinzième, comme les prélats et les lords, les citoyens et les bourgeois un dixième, et cependant les rôles de ce parlement portent expressément que les chevaliers de comté et les bourgeois ont délibéré en commun. En 1341, les prélats, comtes et barons, d'une part, les chevaliers de comté de l'autre, accordent le neuvième des brebis, agneaux et toisons, les bourgeois un neuvième de tous leurs biens-meubles. En 1345, les chevaliers de comté accordent deux quinzièmes, les bourgeois un cinquième; les lords promettent de suivre le roi en personne et n'accordent rien.

Ainsi, à cette dernière époque, les chevaliers de comté ne votent plus en commun avec les lords, mais ils votent encore à part des bourgeois.

En 1347, les communes, sans distinction, accordent deux quinzièmes à lever en deux ans, dans les cités, les bourgs, les anciens domaines de la couronne et les comtés. A cette époque, la fusion des deux éléments de la chambre est donc complète; elle continue depuis cette époque, quoiqu'on trouve encore quelques exemples d'impôts spéciaux, votés seulement par les députés des villes et bourgs en matière de douanes, notamment en 1373.

La séparation originaire était donc celle des députés des comtés, et des députés des bourgs. Les souvenirs du droit féodal rallièrent les premiers aux grands barons pendant plus de cinquante ans.

Cette séparation ne se rapportait pas uniquement au vote des subsides. Tout indique, sans qu'aucun texte le prouve formellement, que les chevaliers de comté et les députés des bourgs ne délibéraient pas non plus en commun sur les affaires, législatives ou autres, qui n'intéressaient qu'une des deux classes. Lorsqu'il s'agissait des intérêts des marchands, le roi et son conseil en traitaient avec les seuls députés des villes et bourgs. Ainsi, il y a lieu de croire que le statut dit *d'Acton Burnel* (1283) fut rendu de cette sorte, de l'avis des seuls députés des bourgs réunis, à cet effet, à Acton-Burnel, tandis que les chevaliers de comté siégeaient avec les hauts barons à Shrewsbury pour assister au jugement de David, prince de Galles, prisonnier. La séparation des deux classes de députés pouvait donc aller jusqu'à ce point que chaque classe siégeât dans des villes différentes, bien que voisines.

Quand elles siégeaient dans la même ville, et surtout à Westminster, le parlement tout entier se réunissait vraisemblablement dans la même salle ; mais alors les hauts barons et les chevaliers de comté occupaient le haut de la salle, et les députés des bourgs le bas.

Une division existait même parmi les députés des bourgs. Jusqu'au règne d'Édouard III, les députés des bourgs qui faisaient partie de l'ancien domaine de la couronne formaient une classe à part, et votaient des subsides distincts.

Loin donc que la division du parlement, à son origine, eût lieu dans les formes qui prévalurent cinquante ans plus tard, elle s'opérait d'après d'autres principes. Aucune idée d'intérêts vraiment généraux, et d'une représentation nationale, n'existait alors. Les intérêts spéciaux, assez importants pour intervenir dans le gouvernement, y intervenaient pour leur propre compte seulement, et traitaient isolément leurs propres affaires. S'agissait-il uniquement de choses où les hauts barons parussent intéressés et où le roi n'eût besoin que d'eux ? ils venaient et délibéraient seuls. S'agissait-il de modifications à la nature et au mode de transmission de la propriété territoriale féodale ? les chevaliers de comté intervenaient ; ainsi fut rendu, sous Édouard Ier, le statut *quia emptores*. S'agissait-il d'intérêts commerciaux ? le roi en traitait avec les seuls députés des bourgs. Dans ces divers cas, comme en matière de subsides, la délibération et le vote des diverses classes de membres du parlement étaient distincts. Ces classes se formaient en raison d'intérêts communs, ne se mêlaient pas des affaires les unes des autres; et très-rarement, jamais peut-être, à cette époque, y avait-il une affaire assez générale, assez commune à tous, pour que tous fussent appelés à délibérer et à voter en commun.

Ainsi la classification de la société se perpétuait dans le parlement, et était le véritable principe de la division entre les membres du parlement.

Cet état de choses dura peu, parce que la classification de la société qui en était l'origine tendait elle-même à s'effacer. Les députés de comté ne pouvaient manquer de se séparer tout à fait des hauts barons, et de se réunir complétement avec les députés des bourgs. En voici les causes.

Si les chevaliers de comté continuèrent quelque temps à siéger et à voter avec les hauts barons, c'était purement l'effet d'un souvenir, un reste de l'ancienne parité de leur position féodale. Cette parité avait déjà reçu un grand échec par la substitution de l'élection à la présence individuelle. La cause qui avait amené ce changement continuait d'agir ; l'inégalité d'importance et de richesse entre les hauts barons et les simples chevaliers de comté allait croissant; le souvenir du droit politique féodal s'affaiblissait; chaque jour, la position sociale des chevaliers de comté devenait plus différente de celle des hauts barons. Leur position parlementaire devait suivre la même marche; tout les poussait à se séparer de plus en plus.

En même temps tout tendait à rapprocher les députés des comtés et ceux des bourgs. Ils avaient la même origine et venaient au parlement en vertu du même titre, l'élection. Le lien qui avait rattaché les élections de comté au droit féodal s'atténuait progressivement. De plus, ces deux classes de députés correspondaient également à des intérêts locaux. Ces intérêts étaient souvent les mêmes ou de même nature. Les habitants des villes situées dans un comté et les propriétaires ruraux du comté avaient souvent les mêmes affaires, formaient souvent les mêmes réclamations et les mêmes vœux. D'ailleurs les cours de comté étaient pour eux un centre commun où ils se réunissaient habituellement. Les élections de comté et celles des bourgs se faisaient souvent également dans ces cours. Ainsi, tandis que certaines causes séparaient de plus en plus les chevaliers de comté des hauts barons, d'autres causes rapprochaient les premiers des députés des bourgs. L'analogie des positions sociales devait entraîner la **fusion des positions parlementaires.**

Enfin les hauts barons formaient le grand conseil du roi. Ils se réunissaient souvent auprès de lui en cette qualité, et indépendamment de toute convocation des députés élus. En raison de leur importance personnelle, ils s'occupaient des affaires publiques et intervenaient dans le gouvernement habituellement et d'une façon permanente. Les députés des comtés et des bourgs n'y intervenaient, au contraire, que d'époque en époque, en certains cas déterminés. Ils avaient des droits, des libertés, mais ils ne gouvernaient pas, ne se disputaient pas le gouvernement, n'y étaient pas constamment associés. Leur position politique était à cet égard la même, et très-différente de celle des hauts barons. Tout tendait donc à les distinguer profondément de ceux-ci et à les réunir entre eux.

C'est par l'action de toutes ces causes que fut amenée la constitution du parlement dans sa forme actuelle. Elle était accomplie au milieu du quatorzième siècle, bien qu'on rencontre encore dans la suite quelques cas de séparation entre les deux éléments de la chambre des communes. Bientôt ces cas même disparurent et la fusion fut entière. Un seul fait demeura, ce fut la supériorité d'importance et d'influence des députés des comtés sur les députés des bourgs, malgré l'infériorité habituelle de leur nombre. Ce fait, sauf quelques interruptions, se retrouve dans tout le cours de l'histoire du parlement.

Ainsi se sont opérées d'une part la séparation de la chambre des pairs et de la chambre des communes ; de l'autre, la fusion des divers éléments de la chambre des communes en une seule assemblée, composée de membres exerçant les mêmes droits et votant sur toutes choses en commun.

C'est là le grand fait qui a décidé la destinée politique de l'Angleterre. A eux seuls, les députés des bourgs n'auraient jamais eu assez d'importance, assez de force pour former une chambre des communes capable de résister tantôt au roi, tantôt aux hauts barons, et de conquérir, sur les affaires publiques, une influence toujours croissante. Mais l'aristocratie ou plutôt la nation féodale s'étant coupée en deux, et la nation nouvelle qui se formait dans les villes s'étant fondue avec les francs-tenanciers des comtés, de là sortit une chambre des communes imposante et nécessaire. Il y eut un grand corps de nation indépendant et du roi et des grands seigneurs. Il en arriva aussi que le roi ne put, comme en France, se servir des communes pour anéantir les libertés et les droits politiques de l'ancien système féodal, sans les remplacer par des libertés nouvelles. Sur le continent, l'affranchissement des communes amena, en définitive, le pouvoir absolu. En Angleterre, une portion de la féodalité et les communes s'étant réunies, elles défendirent en commun leurs libertés. Et d'autre part, la couronne soutenue par les hauts barons qui ne pouvaient songer à s'ériger, dans leurs domaines, en petits souverains indépendants, eut assez de force pour se défendre à son tour. Les hauts barons furent obligés de se rallier à la couronne. Il n'est pas vrai, comme on le répète sans cesse, que toute l'aristocratie et le peuple aient fait, en Angleterre, cause commune contre le pouvoir royal, et que de là soient nées les libertés anglaises. Mais il est vrai que la division de l'aristocratie féodale ayant prodigieusement accru la force des communes, les libertés publiques eurent de bonne heure assez de moyens de résistance, et le pouvoir royal assez d'appui.

Considérant ainsi la division du parlement en deux chambres sous le point de vue historique, on voit et comment elle s'est opérée, et comment elle a été favorable à l'établissement des libertés publiques. Est-ce là tout? Ce fait et ses résultats sont-ils un pur accident, né de circonstances particulières à l'Angleterre et de l'état où s'y trouvait au quatorzième siècle la société? Ou bien cette division du pouvoir législatif en deux chambres est-elle une forme constitutionnelle bonne en elle-même, et partout aussi bien fondée en raison qu'elle le fut en Angleterre dans les nécessités du temps? Il faut examiner cette question pour bien apprécier l'influence que cette forme a exercée en Angleterre sur le développement du système constitutionnel, et pour en bien connaître les causes.

DIX-HUITIÈME LEÇON.

Objet de la leçon. — Examen de la division du pouvoir législatif en deux chambres. — Causes de la diversité des idées à ce sujet. — École philosophique et école historique. — Du principe fondamental de l'école philosophique. — Double source de ses erreurs. — Caractères de l'école historique. — La division du parlement britannique en deux chambres n'a-t-elle été qu'un fait motivé par les grandes inégalités existantes dans la société anglaise, ou bien a-t-elle une valeur rationnelle et générale ?—Cette division dérive rigoureusement du principe fondamental du gouvernement représentatif. — **De son mérite pratique.**

Pour juger en elle-même la division du pouvoir législatif en deux chambres et en évaluer le mérite, il faut d'abord dégager ce fait de certains caractères particuliers et purement locaux qui ne lui sont pas essentiellement inhérents, et que lui ont fait revêtir en Angleterre des causes qui peuvent ne pas se rencontrer partout, ni de tout temps. C'est pour n'avoir pas commencé par là que beaucoup de publicistes sont tombés, sur cette question comme sur bien d'autres, dans de graves erreurs. Les uns ont jugé cette institution uniquement d'après quelques-unes des causes qui en amenèrent, au quatorzième siècle, l'établissement en Angleterre ; et comme ils ne voulaient en général ni de ces causes, ni de leurs effets, comme ils trouvaient mauvais l'état social dont elles faisaient partie, ils ont condamné l'institution elle-même, paraissant croire qu'elle ne dérivait que de cet état social et ne pouvait s'en détacher. Les autres, frappés, au contraire, soit des raisons générales qui militent en faveur de l'institution, soit des bons effets qu'elle a produits en Angleterre et aussi ailleurs, l'ont adoptée sous une seule forme et absolument telle qu'elle a été enfantée chez nos voisins par leur ancien état social, affirmant que tous les caractères avec lesquels elle se présente là lui sont essentiels et même la constituent. Ainsi, tantôt l'institution a été réprouvée à cause de certains faits qui l'ont accompagnée et ont concouru à la produire ; tantôt ces faits et leurs conséquences spéciales ont été adoptés comme des principes, par cela seul qu'ils se trouvaient accolés à l'institution, jugée intrinsèquement bonne. Ces deux façons de juger, également erronées, caractérisent les deux écoles qu'on peut appeler, l'une l'école philosophique, l'autre l'école historique. Comme cette double manière de considérer les questions politiques les a faussées, tantôt dans un sens, tantôt dans l'autre, il me paraît utile de présenter à ce sujet quelques observations générales qui s'appliqueront ensuite à la question particulière dont nous nous occupons.

L'école philosophique est dominée par une idée, celle du droit. Elle prend constamment le droit pour point de départ et se le propose pour but. Mais le droit lui-même a besoin d'être cherché ; avant de l'adopter comme principe ou de le poursuivre comme but, il faut savoir quel il est. Pour chercher le droit, l'école philosophique se renferme communément dans l'individu. Elle saisit l'homme, considère isolément et en lui-même cet être raisonnable et libre, et de l'examen de sa nature elle déduit ce qu'elle appelle ses droits. Une fois en possession de ces droits, elle les présente comme une nécessité de justice et de raison qui doit s'appliquer aux faits sociaux comme la seule règle rationnelle et morale d'après laquelle ces faits doivent être jugés, s'il ne s'agit que de juger, et institués, s'il s'agit d'instituer le gouvernement.

L'école historique est sous le joug d'une autre idée, celle du fait. Ce n'est pas que, si elle a quelque bon sens, elle nie le droit; elle se le propose même comme but; mais elle ne le prend pas pour point de départ. Le fait est le terrain sur lequel elle ramène tout, et comme les faits ne peuvent être considérés isolément, comme ils se tiennent tous, comme le passé lui-même est un fait auquel se rattachent les faits du présent, elle professe pour le passé un grand respect, et n'admet le droit qu'autant qu'il se fonde sur les faits antérieurs, ou du moins elle ne cherche à établir le droit qu'en le liant étroitement à ces faits et en s'efforçant de l'en déduire.

Tel est le point de vue, non pas exclusif, car cela ne se peut, mais dominant, des deux écoles. Qu'y a-t-il de faux, qu'y a-t-il de vrai dans l'une et dans l'autre, c'est-à-dire, qu'y a-t-il d'incomplet dans toutes les deux?

L'école philosophique a raison de prendre le droit, non-seulement pour but, mais aussi pour point de départ. Elle a raison de soutenir qu'une institution n'est pas bonne par cela seul qu'elle a existé ou qu'elle existe, et qu'il y a des principes rationnels d'après lesquels toutes les institutions doivent être jugées; des droits supérieurs à tous les faits, et qui ne peuvent être violés sans que les faits qui les violent ne soient des faits illégitimes, bien que réels et même puissants.

Mais fondée en ce point, qui est son principal caractère, l'école philosophique se trompe souvent dès qu'elle entreprend d'aller plus loin. Nous disons qu'elle se trompe, philosophiquement parlant, et indépendamment de toute idée d'application et de danger pratique.

Voici, selon moi, ses deux grandes erreurs : 1° elle procède mal à la recherche du droit; 2° elle méconnaît les conditions sous lesquelles le droit se peut réaliser.

Ce n'est pas en ne considérant l'homme qu'isolément, dans sa seule nature et comme individu, qu'on arrive à la découverte de ses droits. L'idée de droit emporte celle de relation. Le droit ne se déclare qu'au moment où la relation s'établit. Le fait d'un rapport, d'un rapprochement, en un mot, d'une société, est donc impliqué dans le mot même de droit. Le droit commence avec la société.

Ce n'est pas que la société, à son origine, crée le droit par une convention arbitraire. De même que la vérité est avant que l'homme la connaisse, de même le droit existe avant de se réaliser dans la société. Il est la règle rationnelle et légitime de la société, à tous les degrés de son développement, à tous les moments de son existence. Les règles sont avant leur application ; elles seraient, quand même elles ne s'appliqueraient point. L'homme ne les fait pas. Comme être raisonnable, il est capable de les découvrir et de les connaître. Comme être libre, il peut leur obéir ou les violer. Mais soit qu'il les ignore, soit que les connaissant il les viole, leur réalité en tant que règles, c'est-à-dire, leur réalité rationnelle et morale, est indépendante de lui, supérieure et antérieure à son ignorance ou à sa science, au respect ou à l'oubli qu'il en fait.

Posant donc en principe, d'une part, que la règle

existe virtuellement avant la relation ou la société à laquelle elle convient, d'autre part, qu'elle ne se manifeste et ne se déclare qu'au moment où la société s'établit, c'est-à-dire, qu'elle ne s'applique qu'au fait de la société, nous demandons ce qu'est le droit et comment on peut le découvrir.

Le droit, considéré en lui-même est la règle que l'individu est moralement tenu d'observer et de respecter dans sa relation avec un autre individu, c'est-à-dire, la limite morale à laquelle s'arrête et cesse sa liberté légitime dans son action sur cet individu, c'est-à-dire, que le droit d'un homme est la limite au-delà de laquelle la volonté d'un autre homme sur lui ne saurait moralement s'étendre dans la relation qui les unit.

Que tout homme dans la société ait droit, de la part des autres hommes et de la société elle-même, au maintien, au respect de cette limite, rien n'est plus certain. C'est là le droit primitif et inaltérable qu'il possède en vertu de la dignité de sa nature. Si l'école philosophique s'était bornée à poser ce principe, elle eût eu pleinement raison, elle eût rappelé la société à la vraie règle morale. Mais elle a voulu aller plus loin ; elle a prétendu déterminer, d'avance et d'une manière générale, la limite même à laquelle la volonté des individus les uns sur les autres, ou de la société sur les individus, cessait, dans tous les cas, d'être légitime.

Il ne lui a pas suffi de fonder le droit en principe ; elle s'est crue en état d'énumérer *à priori* tous les droits sociaux, et de les ramener à certaines formules générales qui les comprissent tous, et se pussent ainsi appliquer à toutes les relations que fait naître la société. Elle a été conduite par là et à méconnaître une multitude de droits très-réels, et à créer de prétendus droits sans réalité. S'il est vrai, comme nous l'avons établi, que le droit soit la règle légitime d'une relation, il est clair qu'il faut connaître la relation pour connaître le droit qui doit y présider. Or, les relations sociales, soit d'un homme à un homme, soit d'un à plusieurs, ne sont ni simples ni identiques. Elles se multiplient, se croisent et varient à l'infini, et le droit change avec la relation. Un exemple nous fera comprendre. Nous prendrons la relation sociale la plus naturelle, la plus simple, celle du père à l'enfant. Personne n'oserait dire que le droit y est étranger, c'est-à-dire, que ni le père, ni l'enfant, n'ont aucun droit l'un sur l'autre, et que leur volonté doit régler arbitrairement leurs rapports. Voyez cependant combien le droit est loin de rester constamment le même pendant la durée de ces rapports. A leur origine, tant que l'enfant est dénué de raison, sa volonté n'a aucun ou presque aucun droit ; le droit appartient tout entier à la volonté du père qui, même alors, n'est légitime sans doute qu'autant qu'elle est conforme à la raison, mais qui n'est et ne peut être nullement subordonnée à celle de l'enfant sur qui elle s'exerce, et dont elle dispose. A mesure que la raison de l'enfant se développe, le droit de la volonté du père se restreint; ce droit dérive toujours du même principe, et se doit exercer selon la même loi; mais il ne s'étend plus jusqu'à la même limite; il va changeant et se resserrant de jour en jour, avec les progrès du développement intellectuel et moral de l'enfant, jusqu'à l'âge enfin où l'enfant, devenu homme, se trouve avec son père dans une relation toute différente, à laquelle préside un tout autre droit, c'est-à-dire dans laquelle le droit paternel est renfermé dans de tout autres limites et ne s'exerce plus de la même façon.

Si dans la plus simple des relations sociales, le droit, immuable dans son principe, subit dans son application tant de vicissitudes, si la limite à laquelle il s'arrête se déplace continuellement, selon que cette relation change de nature et de caractère, à plus forte raison en sera-t-il ainsi dans toutes les autres relations sociales, infiniment plus mobiles et compliquées. Chaque jour périront des droits anciens, chaque jour naîtront des droits nouveaux; c'est-à-dire, chaque jour se feront des applications différentes du principe du droit; et dans chaque occasion varieront les limites où le droit cesse, soit de l'une, soit de l'autre part, dans les innombrables relations qui constituent la société.

Ce n'est donc pas une œuvre simple que la détermination des droits, ni qui se puisse faire une fois pour toutes, et selon quelques formules générales. Ou ces formules se réduisent à cette vérité qui domine tout : nulle volonté soit de l'homme sur l'homme, soit de la société sur l'individu, soit de l'individu sur la société, ne doit s'exercer contre la justice et la raison ; ou bien elles sont vaines, c'est-à-dire qu'elles se bornent à exprimer le principe même du droit, ou qu'elles tentent sans succès d'en énumérer et d'en régler d'avance toutes les applications.

En ceci consiste donc la première erreur de l'école philosophique, que, fière d'avoir rétabli le principe du droit (chose immense en effet), elle s'est crue dès lors, et par les mêmes procédés, en état de reconnaître et de définir tous les droits, c'est-à-dire, toutes les applications du principe aux relations sociales; chose dangereuse parce qu'elle est impossible. Il n'est pas donné à l'homme de saisir ainsi, d'avance et d'un coup-d'œil, l'ensemble des lois rationnelles qui doivent régler les rapports des hommes soit entre eux, soit avec la société en général. Sans doute dans chacun de ces rapports, et dans chacune des vicissitudes qu'ils subissent, il y a un principe qui en est la règle légitime, et qui détermine les droits; et c'est ce principe qu'il faut découvrir. Mais c'est dans la relation même à laquelle ce principe doit présider qu'il est contenu et peut se découvrir; il est intimement lié à la nature et au but de cette relation ; et ce sont là les premières données à étudier pour arriver à la connaissance du principe. L'école philosophique néglige presque constamment ce travail. Au lieu de s'appliquer à découvrir les vrais droits qui correspondent aux diverses relations sociales, elle construit arbitrairement les droits en prétendant les déduire du principe général et primitif du droit ; tentative complétement anti-philosophique, car les droits spéciaux sont des applications, non des conséquences logiquement déduites de ce principe, qui se reproduit tout entier dans chaque cas particulier, mais qui ne contient point dans son sein tous les éléments, toutes les données nécessaires à la découverte du droit dans tous les cas.

La seconde erreur de l'école philosophique, c'est de méconnaître les conditions sous lesquelles le droit peut se réaliser, c'est-à-dire, passer dans les faits et les régler.

Depuis bien longtemps, on dit que deux puissances, le droit et la force, la vérité et l'erreur, le bien et le mal se disputent le monde. Ce qu'on ne dit pas autant, bien que cela soit, c'est qu'elles se le disputent parce qu'elles le possèdent simultanément, parce qu'elles y coexistent partout à la fois. Ces deux puissances, si opposées dans leur nature, ne sont point séparées en fait ; elles se rencontrent et se mêlent partout, formant, par leur coexistence et leur combat, cette sorte d'unité impure et agitée qui est la condition de l'homme sur la terre, et qui se reproduit dans la société comme dans l'individu. Tels sont, ici-bas, tous les faits ; il n'en est aucun qui soit complétement dénué de vérité, de droit, de bien; aucun qui soit la vérité. le droit, le bien seul et pur. La présence simultanée, et en même temps la lutte de la force et du droit, voilà le fait primitif et dominant qui se reproduit dans tous les autres.

L'école philosophique méconnaît habituellement cet intime et inévitable amalgame de la force et du droit dans tout ce qui existe et se passe sur la terre. Parce que ces deux puissances sont ennemies, elle les croit séparées. Lorsque, dans une institution, dans un pouvoir, dans une relation sociale, elle reconnaît quelque grande violation du droit, elle en conclut que le droit y manque absolument; et en même temps elle imagine que, si elle peut parvenir à se saisir de ce fait, à le modeler, à le régler à son gré, elle y fera pleinement dominer le droit. De là le mépris, on pourrait dire la haine avec lesquels elle juge et traite les faits. De là aussi la violence avec laquelle elle prétend leur imposer les règles et les formes qui sont le droit à ses yeux; quel égard est dû à ce qui n'est que l'œuvre de la force ? quels sacrifices ne sont pas dus à ce qui sera le triomphe de la justice et de la raison ? et plus les esprits sont fermes et les caractères énergiques, plus cette façon de considérer les choses humaines les domine et les emporte.

Les faits passés ou présents ne méritent pas tant de dédain, ni les faits futurs tant de confiance. Et ce n'est pas que nous abondions ici dans le sens des sceptiques, ni que nous regardions tous les faits comme également bons ou mauvais, également investis ou dépourvus de raison ou de droit. Rien n'est plus contraire à notre pensée. Nous croyons fermement à la réalité, à la légitimité du droit, à sa lutte contre la force, et à l'utilité comme à l'obligation morale de soutenir le droit dans ce combat éternel, mais progressif. Nous demandons seulement que, dans cette lutte, on n'oublie rien, on ne confonde rien, et qu'on ne porte point les coups au hasard. Nous demandons que parce qu'un fait contient beaucoup d'éléments illégitimes, on ne suppose pas *à priori* qu'il n'en contient point d'autres, car cela n'est point. Plus ou moins, il y a du droit partout, et partout le droit doit être respecté. Plus ou moins aussi, il y a du faux, de l'incomplet dans l'idée spéculative que nous nous formons du droit, et il y aura de la violence, de la force injuste dans le combat qui fera prévaloir cette idée, et dans les nouveaux faits qui naîtront de son triomphe. Ce n'est point à dire que le combat doive être suspendu, que le triomphe ne doive pas être poursuivi. Il faut seulement reconnaître avec vérité la condition des choses humaines et ne jamais la perdre de vue, qu'il soit question de juger ou d'agir.

C'est à quoi l'école philosophique sait rarement se résoudre. Prenant le droit pour point de départ et pour but, elle oublie qu'entre ces deux termes sont placés les faits, les faits réels et présents, donnée indépendante, condition qu'il faut bien subir quand on travaille à l'extension du droit, puisque ces faits sont la matière même à laquelle le droit se doit appliquer. Cette école commence par négliger l'un des éléments fondamentaux du problème qu'elle doit résoudre; elle rêve et construit des faits imaginaires, tandis qu'elle a à agir sur des faits réels. Et quand elle est forcée de sortir des hypothèses pour traiter avec les réalités, alors elle s'irrite des obstacles et condamne sans restriction les faits qui les lui opposent. Ainsi, pour avoir voulu l'impossible, elle est amenée à méconnaître une partie du vrai.

A quelque époque qu'on prenne une société, elle est plus ou moins éloignée du type général du droit, c'est-à-dire que les faits qui constituent son état matériel et moral sont plus ou moins réglés selon le droit, et aussi plus ou moins susceptibles de recevoir une forme, une règle plus parfaite, de s'assimiler de plus en plus à la raison et à la vérité. C'est là ce qu'il faut absolument étudier et connaître, soit avant de porter sur ces faits un jugement, soit avant de travailler à leur épuration, à leur métamorphose. La perfection est le but de la nature humaine et de la société humaine ; le perfectionnement est la loi de leur existence, mais l'imperfection en est la condition. L'école philosophique n'accepte pas cette condition. C'est là ce qui l'égare dans ses efforts pour le perfectionnement, et même dans l'idée qu'elle se forme de la perfection à laquelle elle aspire.

L'école historique a d'autres caractères et tombe dans d'autres erreurs. Pleine de respect pour les faits, elle se laisse aisément induire à leur attribuer des mérites qui ne leur appartiennent point, à y voir plus de raison, plus de justice, c'est-à-dire, plus de droit qu'ils n'en contiennent, et à repousser tout dessein un peu hardi de les juger ou de les régler selon des principes plus conformes à la raison générale. Elle incline même à nier ces principes, à soutenir qu'il n'y a point de type rationnel et invariable du droit que l'homme puisse prendre pour guide dans ses jugements ou dans ses efforts. Erreur immense et qui suffit pour placer cette école, philosophiquement considérée, dans un rang subalterne. Qu'est-ce donc que le perfectionnement s'il n'y a pas une perfection idéale qui soit le but ? qu'est-ce que le progrès des droits réels s'il n'y a pas un droit rationnel qui les comprenne tous ? qu'est-ce que l'esprit humain s'il ne lui est pas donné de s'élancer dans la connaissance de ce droit rationnel, bien au-delà des réalités actuelles ? et comment les juge-t-il si ce n'est en les comparant à ce type sublime qu'il ne possède jamais pleinement, mais qu'il ne peut nier sans se nier lui-même, sans perdre toute règle fixe et tout fil conducteur? Sans doute les faits commandent des ménagements parce qu'ils sont une condition, une nécessité, et ils en méritent parce qu'ils contiennent toujours une certaine mesure de droit. Mais le jugement ne doit point s'y asservir, ni attribuer la légitimité absolue à la réalité. Est-il donc si difficile de reconnaître que le mal est mal, alors même qu'il est puissant et inévitable ? l'école historique s'applique constamment à éluder cet aveu. Elle essaie d'expliquer toutes les institutions pour s'abstenir de les juger, comme si l'explication et le jugement n'étaient pas deux actes distincts qui n'ont aucun droit l'un sur l'autre. Elle ne souffre guères que l'on établisse une comparaison entre l'état réel d'une société et l'état rationnel de la société en général, comme si le réel, le possible même étaient la limite de la raison, comme si elle devait s'abdiquer, quand elle juge, parce que, lorsqu'elle s'applique, elle est contrainte de subir des conditions et de céder aux obstacles qu'elle ne peut vaincre. Si l'école historique se bornait à étudier soigneusement les faits, à mettre en lumière la portion de droit qu'ils renferment, et à rechercher quels perfectionnements ils sont suscestibles de recevoir, si elle se restreignait à soutenir qu'il est mal-aisé de reconnaître les vrais droits, injuste de condamner les faits en masse, impossible et dangereux de n'en tenir compte, elle aurait pleinement raison. Mais quand elle entreprend de légitimer les faits par les faits, quand elle refuse de leur appliquer à tous l'invariable loi de la justice et du droit rationnel, elle abandonne tout principe; elle tombe dans une sorte de fatalisme absurde et honteux; elle déshérite l'homme et la société de ce qu'il y a de plus pur dans leur nature, de plus légitime dans leurs prétentions, de plus noble dans leurs espérances.

En résumé, l'école philosophique a ce mérite qu'elle porte partout le principe du droit et l'adopte pour règle immuable de son jugement sur les faits. Elle a ce tort que sa science des droits est légère, incomplète, précipitée, et qu'elle n'accorde aux faits ni la puissance qui en est inséparable, ni la part de légitimité qui y est toujours déposée. L'école historique connaît mieux les faits, en apprécie plus équitablement les causes et les conséquences, fait plus fidèlement l'analyse de leurs éléments, et arrive à une connaissance plus exacte des droits particuliers comme à une plus juste évaluation des réformes possibles. Mais elle manque de principes généraux et fixes; ses jugements flottent au hasard; aussi hésite-t-elle presque toujours à conclure et ne parvient-elle point à satisfaire les esprits, dont l'école philosophique, au contraire, se saisit toujours fortement, au risque de les égarer.

Nous avons insisté sur les caractères distinctifs et les torts opposés de ces deux écoles parce qu'on les rencontre sans cesse quand on recherche comment les institutions et les faits sociaux ont été compris et jugés. Nous en avons donné un exemple en indiquant les deux points de vue sous lesquels la division du pouvoir législatif en deux chambres a été communément considérée. L'école historique l'approuve et la recommande, mais en puisant ses raisons dans des faits souvent illégitimes, en adhérant trop absolument aux formes que cette institution a revêtues dans le passé, et sans se rattacher à aucun principe rigoureux et rationnel. L'école philosophique a longtemps soutenu, et beaucoup d'esprits qu'elle domine croient encore que c'est là une institution arbitraire, accidentelle, qui ne se fonde point sur la raison et la nature même des choses.

Considérons maintenant cette institution en elle-même après l'avoir dégagée de ce qui, en Angleterre, a tenu uniquement à son origine de fait et aux circonstances locales dans le sein desquelles elle a pris naissance.

Il est hors de doute que la prodigieuse inégalité de richesse, de crédit, en un mot de force et d'importance sociale, qui existait entre les hauts barons et les autres classes de la nation politique, francs-tenanciers ou bourgeois, a été en Angleterre la seule cause de la formation de la chambre des pairs. Aucune combinaison politique, aucune idée de droit public n'y a concouru. L'importance personnelle d'un certain nombre d'individus a fait ici leur droit. L'ordre politique est nécessairement l'expression, le reflet de l'ordre social. A ce degré surtout de la civilisation, le pouvoir est un fait qui passe, sans contradiction, de la société dans le gouvernement. Il y a eu une chambre des pairs parce qu'il y avait des hommes qui, hors de toute comparaison avec les autres, ne pouvaient rester confondus avec eux, n'exercer que les mêmes droits, ne posséder que la même part d'autorité.

La même cause a déterminé quelques-uns des principaux caractères de la chambre des pairs; l'hérédité de l'importance sociale, de la richesse, de la force, résultat du système féodal quant à la propriété, a entraîné l'hérédité de l'importance politique. La preuve en est que les seuls pairs héréditaires ont été d'abord les barons par tenure féodale. L'hérédité n'a point appartenu, dans l'origine, aux barons par *writ*, bien qu'appelés individuellement à la chambre haute, ils exerçassent, quand ils y siégeaient, les mêmes droits. Les fonctions judiciaires de la chambre des pairs ont eu la même source. Elles avaient d'abord appartenu à l'assemblée générale des vassaux directs du roi. Lorsque la plupart de ces vassaux cessèrent de se rendre à cette assemblée, les hauts barons qui y venaient seuls continuèrent d'en exercer à peu près toutes les fonctions, et notamment celle de juges. Ils en avaient donc la possession continue quand les chevaliers rentrèrent dans le parlement par la voie de l'élection. Ils la gardèrent; ainsi un droit, originairement dévolu à la réunion générale de la nation politique, se trouva concentré dans la nouvelle chambre des pairs, dans toutes les affaires du moins que n'attiraient pas les nouvelles juridictions instituées par le roi. En examinant, dans tous ses détails, le rôle que joue maintenant en Angleterre la chambre des pairs dans l'ordre politique, on trouverait ainsi qu'un grand nombre de ses attributions ne sont que le résultat de faits anciens, point inhérents à l'institution elle-même, dérivés seulement de la position sociale des hauts barons; et on reconnaîtrait en même temps que tous ces faits se rattachent au fait général et primitif de la grande inégalité qui existait entre les hauts barons et les citoyens.

Puisque cette inégalité subsistait et ne pouvait manquer de se reproduire dans le gouvernement, il fut très-heureux pour l'Angleterre qu'elle y prît la forme de la chambre des pairs. L'inégalité n'est jamais plus pesante et plus funeste que lorsqu'elle se déploie uniquement à son profit et dans un intérêt individuel. C'est ce qui arrive quand les supérieurs demeurent dispersés sur le territoire, et toujours rapprochés, toujours en présence des inférieurs. Si au lieu de se réunir en chambre des pairs pour exercer, comme membres de cette assemblée, leur part de pouvoir sur la société, les hauts barons étaient demeurés chacun sur ses terres, ils auraient fait peser sur leurs vassaux et leurs fermiers toute leur supériorité de force, et l'émancipation sociale en eût été fort retardée. Chaque baron n'eût jamais eu affaire qu'à des inférieurs. Dans la chambre des pairs, au contraire, il avait affaire à des égaux; et pour conquérir dans cette assemblée quelque influence, pour y faire prévaloir sa volonté, il était obligé d'avoir recours à la discussion, à des raisons publiques, de se faire l'interprète de quelque intérêt supérieur à son intérêt personnel, de quelque idée autour de laquelle les hommes se pussent réunir. Ainsi des hommes qui, isolés sur leurs domaines, n'auraient agi que sur des inférieurs et pour leur propre compte, se trouvaient contraints, dès qu'ils étaient réunis, d'agir sur leurs égaux et pour le compte des masses dont l'appui pouvait seul accroître leurs forces dans les luttes fréquentes que leur imposait cette nouvelle situation. Ainsi, par le seul fait de sa concentration, la haute aristocratie féodale changea insensiblement de caractère. Les droits de chacun de ses membres ne dérivaient originairement que de sa propre force, et il venait à la chambre des pairs pour les exercer uniquement dans son intérêt; mais une fois rapprochés et mis en présence les uns des autres, tous ces intérêts individuels se virent dans la nécessité de chercher ailleurs qu'en eux-mêmes de nouveaux moyens de crédit et d'autorité. Les pouvoirs personnels furent contraints de se fondre dans un pouvoir public. Une assemblée composée de supériorités individuelles, jalouses seulement de se conserver ou de s'accroître, se convertit par degrés en une institution nationale forcée de s'adapter, sur beaucoup de points, à l'intérêt de tous. J'ai eu occasion de le dire ailleurs : l'un des plus grands vices du régime féodal était de localiser la souveraineté, et de la mettre partout, pour ainsi dire, à la porte de ceux sur qui elle s'exerçait. La formation de la chambre des pairs atténua, en Angleterre, ce vice, et porta ainsi à la féodalité, du moins sous le point de vue politique, la plus rude atteinte.

De plus, les hauts barons, ainsi formés en corps, purent et durent défendre en commun, contre le pouvoir royal, leurs libertés et leurs droits ; et leur résistance, au lieu de consister en une série de guerres isolées comme il arriva en France, prit aussitôt les caractères d'une résistance collective et vraiment politique, fondée sur certains principes généraux de droit et de liberté. Or il y a, dans ces principes et dans leur langage, quelque chose de contagieux qui les étend bientôt au-delà des limites où ils étaient resserrés d'abord. Le droit appelle le droit, la liberté enfante la liberté. Les réclamations et les résistances des hauts barons provoquaient les réclamations et les résistances des autres classes de la nation. Sans la concentration de la haute aristocratie dans la Chambre des Pairs, la chambre des communes ne se fût probablement jamais formée.

De tous ces faits découle cette conséquence que lorsqu'une grande inégalité existe en fait dans la société, entre diverses classes de citoyens, il est non-seulement naturel, mais utile aux progrès de la justice et de la liberté que la classe supérieure soit recueillie et concentrée en un grand pouvoir public au sein duquel les supériorités individuelles viennent se placer dans un horizon plus élevé que celui de l'intérêt personnel, apprennent à traiter avec des égaux, à rencontrer des résistances, à donner l'exemple de la défense des libertés et des droits, et en s'exposant, en quelque sorte, à la vue de toute la nation, subissent, par ce fait seul, la nécessité de s'adapter, jusqu'à un certain point, à ses idées, à ses sentiments, à ses intérêts.

Mais, dira-t-on, une inégalité sociale assez profonde pour donner lieu à la formation d'un tel pouvoir n'est un fait ni universel, ni en soi bon et désirable ; et sous ce point de vue, la Chambre des Pairs, telle qu'elle est constituée en Angleterre, n'a été qu'un remède à un mal. Il est hors de doute que l'accumulation de propriétés, de richesses, de pouvoir positif qui appartenait aux grands barons, et l'immobilisation de tous ces avantages sociaux, étaient une œuvre violente, et contraire à la tendance intérieure comme aux principes rationnels de la société en général. Si donc la division du pouvoir législatif en deux chambres ne dérivait que de telles causes, elle pourrait être, en certains cas, inévitable et même bonne; mais là où ces causes ne se rencontreraient point, rien ne la recommanderait et ne devrait faire regretter sa nécessité. L'équitable et naturelle répartition des avantages sociaux, leur rapide circulation, la libre concurrence des droits et des forces, c'est là le but comme la loi rationnelle de l'état social. Une institution qui, en elle-même et par sa nature, écarterait de ce but et dérogerait à cette loi, n'aurait rien qui la dût faire adopter quand elle ne serait pas imposée par la nécessité.

En est-il ainsi de la division du pouvoir législatif en deux chambres, abstraction faite des caractères particuliers qui, dans la Chambre des Pairs anglaise, dérivent uniquement de faits locaux et accidentels, et ne sauraient être rapportés à des causes rationnelles et partout valables?

Avant de considérer cette question dans son rapport avec le principe fondamental du gouvernement représentatif, quelques observations sont nécessaires.

Il n'est point vrai que des inégalités semblables à celles qui, en Angleterre, produisirent la prépondérance des hauts barons, et une classification permanente de la société en raison de tels faits, soient des conditions nécessaires de l'état social. La Providence n'en vend pas toujours si cher les bienfaits au genre humain, et elle n'a point attaché l'existence même de la société à cette domination, à cette constitution immobile du privilége. La raison se refuse à supposer et les faits prouvent que la société peut non-seulement subsister, mais se trouver mieux dans un autre état, dans un état où le principe de la libre concurrence exerce plus d'empire, où les diverses conditions sociales sont plus rapprochées. Il est certain cependant que deux tendances également légitimes dans leur principe, également salutaires dans leurs effets, bien qu'en opposition permanente, existent dans la société. L'une est la tendance à la production de l'inégalité, l'autre la tendance au maintien ou au rappel de l'égalité entre les individus. L'une et l'autre sont naturelles et indestructibles ; ceci est un fait qui n'a pas besoin de preuve ; le spectacle du monde en dépose partout, et il suffit de descendre en soi-même pour l'y apercevoir : qui ne désire, sous tel ou tel rapport, s'élever au-dessus de ses égaux ? qui ne voudrait aussi, sous tel ou tel rapport, ramener à l'égalité ses supérieurs ? ces deux tendances, considérées dans leur principe, sont également légitimes : l'une se rattache au droit des supériorités naturelles qui existent dans l'ordre moral comme dans l'ordre physique ; l'autre, à ce droit de tout homme à la justice qui ne veut pas qu'aucune force arbitraire lui enlève aucun des avantages sociaux que, par lui-même et sans nuire à autrui, il possède ou pourrait acquérir. Empêcher les supériorités naturelles de se déployer et d'exercer le pouvoir qui leur appartient, c'est créer une inégalité violente et mutiler le genre humain dans ses parties les plus nobles. Asservir les hommes, dans les droits qui leur sont communs à tous en raison de la similitude de leur nature, à des lois inégales, imposées ou maintenues par la force, c'est insulter à la nature humaine et méconnaître son impérissable dignité. Enfin ces deux tendances sont également salutaires dans leurs effets : sans l'une la société serait immobile et morte; sans l'autre la force seule y régnerait, le droit serait à jamais étouffé. En les considérant dans ce qu'elles ont de légitime et de moral, qu'est-ce que la tendance à l'inégalité sinon le besoin de s'élever, de se répandre, de mettre en lumière et de faire prévaloir la part de pouvoir moral qui est naturellement déposée par la volonté du Dieu créateur dans tel ou tel individu? et n'est-ce pas ce mouvement qui constitue la vie, qui détermine le progrès du genre humain? qu'est-ce en revanche que la tendance à l'égalité sinon la résistance à la force, à des volontés capricieuses, arbitraires, et le besoin de n'obéir qu'à la justice, à la vraie loi? Sans doute, dans l'une et l'autre de ces tendances, se déploient les mauvaises comme les bonnes parties de notre nature; il y a de l'insolence dans le besoin de s'élever, et de l'envie dans la passion de l'égalité. On peut employer l'injustice et la violence, soit pour abaisser ses supérieurs, soit pour surpasser ses égaux; mais dans cette lutte du bien et du mal qui est partout la condition de l'homme, il n'en est pas moins vrai que les deux tendances dont je parle sont le principe même de la vie sociale, la double cause qui fait avancer le genre humain dans la carrière du perfectionnement, l'y ramène quand il s'en écarte, et l'y pousse quand des forces ou des volontés perverses tentent de l'y arrêter.

La tendance à l'inégalité est donc un fait en lui-même inévitable, légitime dans son principe et salutaire dans ses effets, s'il est contenu sous la loi de la concurrence, c'est-à-dire, sous la condition d'une lutte permanente et libre avec la tendance à l'égalité qui, dans l'ordre de la Providence, paraît le fait destiné à balancer celui-là. Dans tout pays, il se formera, il y aura toujours un certain nombre de grandes supériorités individuelles qui chercheront dans le gouvernement une place analogue à celle qu'elles occupent dans la société. Elles ne doivent point l'obtenir dans leur intérêt personnel, ni l'agrandir au-delà de ce que comporte l'intérêt public, ni la garder sans posséder toujours le titre qui les y a appelées, c'est-à-dire, leur importance de fait, ni conserver ce titre par des moyens attentatoires au principe de la libre concurrence et au maintien des droits communs à tous. Tout cela est indubitable; mais, cela convenu, reste toujours la nécessité de recevoir, de concentrer dans le sein des pouvoirs supérieurs les grandes supériorités du pays, pour les employer à la gestion des affaires publiques et à la défense des intérêts généraux.

Le système représentatif, comme on l'a vu, n'a pas un autre objet; il se propose précisément de découvrir et de concentrer les supériorités naturelles et réelles du pays pour les appliquer à son gouvernement. Maintenant est-il bon, est-il conforme au principe fondamental de ce système, de n'appliquer à la recherche de ces supériorités qu'un seul moyen, et de les recueillir toutes dans un seul vase? c'est-à-dire, faut-il les réunir en une seule assemblée, formée aux mêmes conditions, après les mêmes épreuves et par le même mode? nous arrivons au cœur de la question.

Le principe du système représentatif est la destruction de toute souveraineté de droit permanente, c'est-à-dire, de tout pouvoir absolu sur la terre. On a de tout temps agité la question de ce qu'on appelle aujourd'hui *omnipotence*. Si on entend par là un pouvoir définitif en fait, aux termes des lois établies, un tel pouvoir existe toujours dans la société, sous une multitude de formes et de noms; car partout où il y a une affaire à décider et à finir, il faut un pouvoir qui la décide et la finisse. Ainsi, dans la famille, le père exerce le pouvoir de statuer définitivement sur tel ou tel point de la conduite et du sort de ses enfants ; dans la commune bien réglée, le conseil municipal statue définitivement sur le budget local; dans les débats civils, certains tribunaux jugent les procès en dernier ressort ; dans l'ordre politique, l'omnipotence électorale appartient aux électeurs. Le pouvoir définitif est ainsi disséminé dans l'état social, et se rencontre nécessairement partout. Est-ce à dire qu'il doive exister quelque part un pouvoir qui possède l'omnipotence de droit, c'est-à-dire, qui ait droit de tout faire? ce serait le pouvoir absolu ; et le but de toutes les institutions, le dessein formel du système représentatif sont précisément de faire en sorte qu'un tel pouvoir n'existe nulle part, que tout pouvoir soit soumis à certaines épreuves, rencontre des obstacles, essuie des contradictions, ne domine enfin qu'après avoir prouvé ou donné lieu de présumer sa légitimité.

Il n'y a donc, il ne peut y avoir aucune omnipotence de droit, c'est-à-dire aucun pouvoir qui doive être admis à dire : « Cela est bon et juste parce que je l'ai décidé ainsi »; et tous les efforts de la science politique, toutes les institutions doivent tendre à ce qu'un tel pouvoir ne se forme nulle part, à ce que l'omnipotence de fait, qui existe sous tant de noms dans la société, rencontre partout des nécessités et des obstacles qui l'empêchent de se convertir en omnipotence de droit.

Tant qu'on n'arrive pas au sommet de la société,

tant qu'on ne constitue que des pouvoirs au-dessus desquels seront placés d'autres pouvoirs permanents qui auront mission et force pour les surveiller, ce but paraît aisé à atteindre. Le pouvoir judiciaire, le pouvoir municipal et tous les pouvoirs du second ordre peuvent être définitifs sans trop de danger, parce que, s'ils abusaient de façon à devenir funestes, le pouvoir législatif ou exécutif serait là pour les réprimer. Mais il faut nécessairement arriver au suprême pouvoir, à celui qui plane sur tous les autres, et n'est dominé ni contenu lui-même par aucun pouvoir visible et constitué. L'omnipotence de droit appartiendra-t-elle à celui-ci? non certes, quelles que soient sa forme et son nom. Cependant il sera enclin à y prétendre et en mesure de l'usurper, car il possède, dans l'ordre politique, l'omnipotence de fait; et il n'y a pas moyen de la lui enlever, car en matière d'intérêts généraux comme d'intérêts locaux et privés, un pouvoir définitif est une nécessité.

C'est donc ici que doit se déployer toute la prévoyance de la politique, et qu'elle a besoin de tout son art, de tous ses efforts, pour empêcher que l'omnipotence de fait ne se convertisse en omnipotence de droit, et que le pouvoir général définitif ne devienne pouvoir absolu.

On travaille à assurer ce résultat par une multitude de moyens : 1° en reconnaissant aux citoyens des droits individuels qui ont pour effet de surveiller, de contrôler, de limiter ce pouvoir central suprême, et de le ramener constamment sous la loi de raison et de justice à laquelle il doit être subordonné ; le jury, la liberté de la presse, toutes les publicités ont cet objet : 2º en constituant d'une façon distincte et indépendante les principaux pouvoirs du second ordre, comme le pouvoir judiciaire, le pouvoir municipal, etc., de telle sorte que ceux-ci, réprimés et contenus au besoin par le pouvoir central, le répriment et le contiennent à leur tour, s'il tente de devenir absolu : 3º en organisant le pouvoir central lui-même de telle sorte qu'il lui soit très-difficile d'usurper l'omnipotence de droit, et que, dans son propre sein, il rencontre des résistances et des obstacles qui ne lui permettent d'arriver à l'omnipotence de fait que sous des conditions laborieuses et dont l'accomplissement donne lieu de présumer qu'il agit en effet selon la raison et la justice, c'est-à-dire, qu'il possède la légitimité.

Ce dernier genre de moyens est le seul qui se rattache à la question dont je m'occupe. La division du pouvoir législatif en deux chambres a précisément cet objet. Elle est dirigée contre la facile acquisition de l'omnipotence de fait au sommet de l'ordre social, et par conséquent contre la transformation de l'omnipotence de fait en omnipotence de droit. Elle est donc conforme au principe fondamental du système représentatif ; elle en découle nécessairement.

Pourquoi ne veut-on pas que les pouvoirs législatif

et exécutif, c'est-à-dire le pouvoir suprême tout entier résident soit dans un seul homme, soit dans une seule assemblée? pourquoi la tyrannie est-elle toujours née de ces deux formes de gouvernement? parce qu'il est dans la nature des choses qu'un pouvoir qui n'a point d'égal se croie souverain de droit et devienne bientôt absolu. Il en est arrivé ainsi dans la démocratie, dans l'aristocratie, dans la monarchie; partout où le pouvoir, souverain en fait, a appartenu à un seul homme ou à un seul corps, cet homme ou ce corps s'est prétendu souverain en droit; et plus ou moins fréquemment, avec plus ou moins de violence, il a exercé le despotisme.

L'art de la politique, le secret de la liberté est donc de donner des égaux à tout pouvoir auquel on ne peut donner des supérieurs. C'est là le principe qui doit présider à l'organisation du gouvernement central : car, à ce prix seulement, on peut prévenir l'établissement du despotisme au centre de l'État.

Maintenant se peut-il que, si on attribue le pouvoir législatif à une seule assemblée et le pouvoir exécutif à un homme, ou si on divise le pouvoir législatif entre une seule assemblée et le pouvoir exécutif, chacun de ces pouvoirs ait assez de force, de consistance, pour que l'égalité nécessaire ait lieu, c'est-à-dire, pour que l'un ou l'autre ne devienne pas pouvoir unique et seul souverain ?

En fait, cela ne s'est jamais vu : partout où le pouvoir central a été ainsi constitué, il s'est établi une lutte qui, selon les temps, a eu pour résultat l'annulation du pouvoir exécutif par l'assemblée législative, ou celle de l'assemblée législative par le pouvoir exécutif. Des pays ont été gouvernés par une seule assemblée, d'autres par plusieurs assemblées, les unes aristocratiques, les autres démocratiques, et se disputant l'empire. Ces diverses formes de gouvernement ont entraîné soit la tyrannie, soit de continuels orages, et cependant elles ont duré. Mais un gouvernement où une assemblée législative et le pouvoir exécutif soient demeurés distincts, conservant leur personnalité, leur indépendance, et se limitant réciproquement, c'est là un phénomène sans exemple, dans l'antiquité comme dans les temps modernes. L'un de ces deux pouvoirs a promptement succombé, ou s'est vu réduit à un état de subordination et de dépendance équivalent à la nullité, du moins quant au but essentiel de son institution.

Cela devait être. Il n'y a point d'égalité possible entre des pouvoirs complétement dissemblables, soit dans leur nature, soit dans leurs moyens de force et de crédit. La domination d'un seul, c'est-à-dire la forme monarchique pure a ses causes et ses moyens d'action dans certaines dispositions de la nature humaine et certains états de la société. La domination pleine et exclusive d'une seule assemblée a aussi les siens dans d'autres dispositions et d'autres circonstances sociales; selon que les unes ou les autres de ces circonstances dominaient, des rois ont chassé des assemblées, des assemblées ont chassé des rois. Mais la coexistence de ces deux systèmes de gouvernement mis face à face et directement aux prises est impossible. Il ne se limitent point alors, ils se combattent à outrance; aussi un tel fait ne s'est-il jamais vu que dans des temps de révolutions : il a pu en être la condition nécessaire; mais alors il a toujours entraîné l'un ou l'autre despotisme ; il n'est jamais devenu la base d'un gouvernement libre et régulier.

Dès qu'il est admis que, pour prévenir ou du moins pour rendre difficile et rare toute usurpation de l'omnipotence de droit, la division du pouvoir central est indispensable, il en découle avec rigueur que cette division doit s'opérer de telle sorte que les pouvoirs qui en résultent soient capables de coexister régulièrement, c'est-à-dire, de se contenir, de se limiter et de se contraindre réciproquement à chercher en commun la raison, la justice, la vérité qui doivent régler leur volonté et présider à leur action. Il faut qu'aucun de ces pouvoirs ne s'élève tellement au-dessus des autres qu'il puisse s'en affranchir ; car la bonté du système consiste précisément dans leur dépendance mutuelle et dans les efforts qu'elle leur impose pour arriver à l'unité. Or il n'y a dépendance mutuelle qu'entre des pouvoirs investis d'une certaine indépendance et assez forts pour la maintenir.

La division du pouvoir central ou de la souveraineté de fait entre le pouvoir exécutif et deux chambres dérive donc avec rigueur du principe fondamental du système représentatif; ou plutôt, c'est la seule forme constitutionnelle qui corresponde pleinement à ce principe et en garantisse le maintien, puisque c'est la seule qui, en donnant des égaux à des pouvoirs qui n'admettent point de supérieurs, les empêche tous de prétendre et d'usurper la souveraineté de droit, c'est-à-dire, le pouvoir absolu.

Pourquoi a-t-on souvent méconnu cette vérité? pourquoi cette forme constitutionnelle a-t-elle été souvent repoussée par des hommes qui voulaient cependant le gouvernement représentatif? c'est qu'ils ont méconnu le principe de ce gouvernement. Au moment même où ils dirigeaient leurs efforts contre le pouvoir absolu, ils ont supposé qu'il existait légitimement quelque part; ils l'ont attribué à la société elle-même, au peuple entier, manquant ainsi, contre le pouvoir absolu, de conséquence ou de courage, et ne sachant pas ou n'osant pas le poursuivre partout, ne lui laisser aucun refuge, le maudire et le bannir sous toutes les formes et sous tous les noms. Admettant ainsi un souverain unique et toujours légitime par sa nature, il a bien fallu qu'ils admissent une représentation unique d'un souverain unique; la souveraineté du peuple, ainsi entendue, entraînait nécessairement l'unité du pouvoir législatif: et quand la tyrannie en est née, quand les leçons de l'expérience ont fait chercher d'autres combinaisons, quand on a cru devoir diviser l'assemblée législative, on l'a fait en disant que cela était contraire aux principes, mais nécessaire, que les principes ne pouvaient être suivis à la rigueur, qu'il fallait croire à la théorie, mais non la pratiquer. Un tel langage est une insulte à la vérité; car la vérité ne contient jamais le mal; et quand le mal se produit quelque part, ce n'est pas de la vérité qu'il découle, mais de l'erreur. Si les conséquences d'un principe sont funestes, ce n'est pas que le principe, vrai en lui-même, ne soit pas applicable, c'est qu'il n'est pas vrai. Les partisans du droit divin avaient dit : il n'y a qu'un Dieu ; donc il ne doit y avoir qu'un roi, et tout pouvoir lui appartient parce qu'il est le représentant de Dieu. Les partisans de la souveraineté du peuple ont dit : il n'y a qu'un peuple ; donc il ne doit y avoir qu'une assemblée législative, car elle représente le peuple. Dans les deux cas l'erreur est la même, et elle conduit également au despotisme. Il n'y a qu'un Dieu, cela est sûr ; mais ce Dieu n'est nulle part sur la terre, car aucun homme ni le peuple entier n'est Dieu, ne sait parfaitement et ne veut constamment sa loi. Nul pouvoir de fait ne doit donc être unique, car l'unité du pouvoir de fait suppose la plénitude du pouvoir de droit que personne ne possède et ne peut posséder.

Loin donc que la division du pouvoir législatif soit une dérogation aux principes de la liberté politique, elle est au contraire en parfaite harmonie avec ces principes, et spécialement dirigée contre l'établissement du pouvoir absolu.

Après l'avoir ainsi fondée en principe, il serait aisé de la considérer dans la pratique et d'en démontrer les bons effets. Il serait aisé de prouver qu'elle est indispensable pour réaliser la responsabilité du pouvoir exécutif, pour contenir les ambitions désordonnées, pour faire tourner au profit de l'État tous les genres de supériorité, pour empêcher que les institutions fondamentales, les droits publics des citoyens et toute la haute législation ne soient traités comme de simples mesures de gouvernement, et livrés à la mobilité de la politique de circonstance ; mais ces considérations me mèneraient trop loin. J'ai voulu fonder en principe cette forme constitutionnelle, parce que c'est à défaut de tels fondements qu'elle a été longtemps, pour beaucoup d'hommes éclairés, un sujet de méfiance et de doute. On ne contestait guères son utilité ; on convenait de ses bons résultats ; mais on ne savait comment la mettre d'accord avec les principes généraux d'un gouvernement libre, et l'on craignait, avec raison, d'énerver ces principes en y dérogeant. L'empirisme n'est jamais l'esprit dominant dans les temps de régénération du genre humain ; il faut alors à l'homme des principes rationnels et rigoureux auxquels tout se rattache, et il se méfie de l'expérience quand il trouve ses conseils en désaccord avec les axiomes primitifs qu'a fermement embrassés sa raison. Cette disposition est la nôtre ; gardons-nous de la déplorer, elle caractérise toutes les grandes époques ; il faut seulement alors examiner sévèrement les principes mêmes, et n'accorder un tel empire qu'aux idées qui le méritent en effet.

Une seconde question resterait à traiter ; ce serait celle de savoir comment doit s'opérer la division du pouvoir législatif en deux chambres, quels doivent être le mode de formation, les attributions et les rapports des deux assemblées. C'est ici, en grande partie du moins, une question de circonstance et dont la solution est presque complétement subordonnée à l'état de la société, à sa constitution intérieure, à la manière dont les richesses, les influences, les lumières y sont réparties. Ce que j'ai dit sur les causes de la formation de la chambre des pairs en Angleterre l'indique assez. Il est clair, par exemple, que des pays où n'existerait pas l'inégalité qui était alors entre les diverses conditions sociales, se prêteraient mal à une division du pouvoir législatif conçue d'après les mêmes idées, offrant les mêmes caractères et entraînant les mêmes conséquences. La seule idée générale peut-être qui puisse être établie d'avance à ce sujet, c'est que les deux assemblées ne doivent pas provenir de la même source, se former par le même mode, être en un mot presque complétement semblables. Le but de leur séparation serait alors manqué, car leur similitude détruirait l'indépendance mutuelle qui est la condition de leur utilité.

DIX-NEUVIÈME LEÇON.

Objet de la leçon. — Du pouvoir et des attributions du parlement britannique au quatorzième siècle. — A son origine et depuis qu'il a atteint son plein développement, le parlement s'appelle également le grand conseil du royaume. — Grande variété de ses attributions et de son pouvoir de fait entre les deux époques. — Comment le gouvernement presque entier alla naturellement à la couronne, et comment le parlement y reprit par degrés sa place.

Le premier nom qu'ait porté en Angleterre l'assemblée à laquelle succéda le parlement était, vous l'avez vu, celui de grand conseil, conseil commun du royaume, *magnum, commune consilium regni*.

C'est aussi le nom que, depuis deux siècles, on donne en Angleterre au parlement quand on veut indiquer d'une manière complète la nature de son intervention dans le gouvernement, et le rôle qu'il y joue. On l'appelle le grand conseil national : le roi gouverne en parlement, c'est-à-dire, de l'avis et avec l'assentiment du grand conseil de la nation.

Ainsi, soit à l'origine du gouvernement britannique, soit depuis qu'il a atteint son complet développement, la même idée s'est attachée à l'assemblée ou à la réunion des grandes assemblées publiques ; elles ont été désignées par le même mot.

C'est qu'en effet, à l'une et à l'autre de ces époques, le parlement, ou l'assemblée correspondante qui l'avait précédé, n'a point été, et n'a pu être considéré comme un pouvoir spécial, distinct du gouvernement proprement dit, accessoire et restreint, dans son action, à un certain nombre d'affaires ou de nécessités. Le gouvernement lui-même a résidé là. Là sont venus se concentrer et s'exercer tous les pouvoirs supérieurs.

A l'origine des États modernes, et notamment de l'Angleterre, on était fort loin de penser que le corps des citoyens capables, que la nation politique eût, pour tout droit, celui de consentir les impôts, qu'elle fût soumise d'ailleurs à une autorité indépendante, et ne dût point intervenir, directement ou indirectement, dans la généralité des affaires de l'État. Quelles que fussent ces affaires, elles étaient les siennes ; elle s'en occupait toutes les fois que leur importance appelait naturellement son intervention. L'histoire du *wittenagemot* saxon, du *magnum consilium* anglo-normand, et de toutes les assemblées nationales des peuples germains, dans la première période de leur existence, en fait foi. Ces assemblées étaient vraiment le grand conseil national, traitant et décidant, de concert avec le roi, des affaires de la nation.

Quand le système représentatif a fait toutes ses grandes conquêtes et porté ses fruits essentiels, on en est revenu là ; on s'est trouvé reporté au point de départ. En dépit de toutes les distinctions, de toutes les limitations apparentes, le pouvoir du parlement s'est étendu à tout, a exercé sur toutes les affaires de l'État une influence plus ou moins immédiate, mais au fond décisive. Le parlement est redevenu le grand conseil national où sont débattus et réglés tous les intérêts nationaux, tantôt par la voie de la délibération antérieure, tantôt par celle de la responsabilité.

Quand on a reconnu ce premier et ce dernier état des gouvernements libres, on s'aperçoit qu'entre ces deux termes se rencontre un état tout différent, où le parlement, bien que qualifié parfois de grand conseil national, n'en exerce point les fonctions, n'intervient point dans les affaires politiques d'une façon permanente, n'est pas, en un mot, le siége et l'instrument habituel du gouvernement. Durant toute cette époque, le gouvernement est hors du parlement, et réside tout entier dans la royauté autour de laquelle se groupent les principaux membres de la haute aristocratie. Le parlement est nécessaire dans certains cas, mais il n'est point le centre, le foyer de l'action politique. Il exerce des droits, défend ses libertés, travaille à les étendre; il n'influe pas d'une façon décisive sur le gouvernement; et des principes qui n'appartiennent qu'à la monarchie absolue coexistent avec la convocation plus ou moins fréquente des représentants de la nation.

Tel est l'état du parlement britannique depuis sa formation au treizième siècle jusque vers la fin du dix-septième. C'est seulement à la fin du dix-septième siècle qu'il a ressaisi tous les caractères d'un grand conseil national, et est redevenu le siége du gouvernement tout entier.

Le parlement britannique n'était donc, au quatorzième siècle, ni ce qu'avaient été dans l'origine les assemblées publiques des peuples germains, ni ce qu'il est aujourd'hui. Pour bien comprendre quelles étaient alors la nature de son pouvoir et la portée de son influence, il faut suivre la marche des faits.

La délibération commune sur les affaires communes est le principe et la forme simple de la liberté politique. Ce principe dominait pleinement dans l'enfance des peuples modernes. L'assemblée nationale était le grand conseil où se traitaient les affaires publiques de tout genre. Le roi, chef naturel de ce conseil, était tenu de le réunir et de suivre ses avis.

Par la dispersion de la nation sur un territoire étendu, le grand conseil national se trouva dispersé et impossible à réunir : il dura cependant quelque temps dans son ancienne forme, et avec toute l'étendue de ses anciens droits; mais la puissance est attachée à la continuelle présence, et le grand conseil devint rare. Il se rétrécit rapidement; bientôt il ne se composa plus que de grands propriétaires que leurs richesses, leur importance politique et l'ambition qui croît avec le pouvoir, réunissaient fréquemment autour du roi. Le gouvernement, qui résidait autrefois dans le grand conseil national, ne résida plus alors que dans ce nouveau conseil formé du roi et des hauts barons qui, chaque jour, se séparaient davantage du corps de la nation. Les mots demeurèrent les mêmes : le roi gouverna toujours avec son grand conseil; mais ce n'était plus du tout la même assemblée; le gouvernement et le corps de la nation s'étaient séparés.

Le roi tenta de s'affranchir des hauts barons, et de gouverner seul : ils résistèrent, et dans la lutte qu'ils engagèrent pour la défense de leurs libertés ou pour conserver dans le gouvernement central leur influence, ils furent contraints de s'appuyer sur le corps de la nation, les francs-tenanciers et les bourgeois. L'issue de cette lutte fut favorable à la liberté; les francs-tenanciers et les bourgeois, qui étaient devenus à-peu-près étrangers au gouvernement central, y rentrèrent par la formation du parlement, et ce grand conseil du roi qui, depuis deux siècles, allait toujours se resserrant, recommença à s'étendre.

Mais en y rentrant, les nouveaux citoyens furent bien loin d'y reprendre la place qu'avaient occupée leurs ancêtres. Le premier résultat des progrès de l'état social est toujours le développement de l'inégalité. La royauté s'était étendue et fortifiée ; elle existait maintenant par elle-même, puissante et indépendante réclamant des droits distincts et proportionnés aux forces qui lui étaient propres. Les hauts barons étaient dans le même cas, forts et indépendants aussi par eux-mêmes. Si l'on eût pu réunir dans une seule assemblée tous les descendants des anciens Saxons ou Normands qui avaient originairement formé le grand conseil commun, elle eût offert un tout autre spectacle. Au lieu d'y trouver une réunion de guerriers, point égaux entre eux sans doute, mais assez peu différents pour que chacun conservât son importance personnelle et se crût en état de la défendre, au lieu de voir à leur tête un chef trop peu distinct des principaux d'entre eux pour être puissant sans eux, on y eût vu un *roi* investi d'une grande richesse et d'une grande force, de hauts barons suivis d'une multitude presque entièrement dans leur dépendance, et des citoyens obligés de se réunir et d'agir collectivement pour ressaisir quelque influence sur les mesures qui les intéressaient le plus directement. Dans cette nouvelle composition de la société et de l'assemblée nationale, les députés des comtés et des bourgs étaient bien loin de prétendre s'associer au gouvernement proprement dit, bien loin de songer à diriger ou à contrôler, dans toutes les affaires publiques, le pouvoir central; plusieurs siècles devaient s'écouler avant que leurs idées acquissent tant de généralité, et que leur intervention dans le parlement prît tant d'étendue. Ils y venaient uniquement pour se défendre, eux et leurs mandants, contre les plus criants abus de la force, contre l'invasion violente et arbitraire de leurs personnes et de leurs biens. Débattre les demandes de subsides qu'on leur adressait, et présenter au gouvernement leurs plaintes contre les plus périlleuses injustices des agents du roi ou des grands seigneurs, c'était là toute leur mission, et dans leur propre pensée, toute l'étendue de leurs droits. Leur importance personnelle était trop petite, et leur activité intellectuelle trop bornée pour qu'ils se crussent appelés à discuter et à régler les affaires générales de l'État. Ils résistaient au pouvoir quand le pouvoir les atteignait directement ou exigeait d'eux de grands sacrifices; mais la royauté et ses prérogatives, le conseil ordinaire du roi et ses mesures en matière de législation, de paix et de guerre, ou de politique générale, en un mot, le gouvernement proprement dit, cela leur était étranger. Ils n'avaient ni la force, ni même la volonté de s'y ingérer; tout cela se débattait et se décidait entre le roi, ses ministres et les grands seigneurs que l'élévation et l'importance de leur position sociale appelaient naturellement à s'en mêler.

On chercherait donc vainement, dans le parlement du quatorzième siècle, soit l'ancienne assemblée des guerriers Saxons ou Normands, soit le parlement actuel. On ne fait point violence aux faits : une nouvelle société s'était formée; elle ne pouvait enfanter qu'un ordre politique en accord avec elle-même. Une grande inégalité y régnait; cette inégalité devait se reproduire entre les pouvoirs sortis de son sein. L'unité primitive et simple qui existe dans une société barbare avait disparu; l'unité savante à laquelle peut s'élever, par la diffusion des richesses et des lumières, une société civilisée, était bien loin encore. Il y avait un roi, une chambre des barons, une chambre des communes : il n'y avait pas un parlement, dans le sens politique qui s'attache aujourd'hui à ce mot.

Le fait important à travers toutes ces vicissitudes du gouvernement et de la liberté, c'est la coïncidence permanente d'un grand conseil public et de la royauté. Ce conseil, formé d'abord par l'assemblée générale de la nation, restreint ensuite aux grands barons, admettant bientôt dans son sein les députés des autres conditions sociales, a toujours été en Angleterre la principale pièce du gouvernement central. La royauté anglaise n'a jamais réussi à s'en isoler, à s'en affranchir. Il s'est resserré ou étendu en raison des changements survenus dans l'état social; mais il a toujours été la condition et la forme de la monarchie. Les libertés publiques, pour ainsi dire, ont toujours eu le pied dans le pouvoir central; la nation n'a jamais été complétement hors de ses affaires. Les progrès du parlement ont été les progrès du gouvernement lui-même. En vain, la chambre des communes était faible, et agissait peu à son origine; elle existait, elle faisait partie du conseil du roi; elle était là toujours en mesure de saisir les occasions d'étendre son influence, d'agrandir sa place et son rôle. Au quatorzième siècle, son pouvoir était bien borné, ses attributions bien restreintes, son intervention dans les affaires publiques bien rare; mais il était impossible qu'elle ne grandît pas chaque jour. Elle grandit en effet beaucoup, d'Édouard I à Henri VI. Pendant les guerres de la rose rouge et de la rose blanche, la haute aristocratie féodale se détruisit par ses discordes. Quand Henri VII monta sur le trône, il n'y avait plus de corps des hauts barons capables de résister à main armée au pouvoir royal. La chambre des communes, bien qu'affermie, n'était pas encore sortie de sa condition d'infériorité, ni capable de remplacer les hauts barons dans la résistance à la royauté. De là, le despotisme des Tudor dans le seizième siècle, seule époque à laquelle les maximes du pouvoir absolu aient prévalu en Angleterre; mais dans ce siècle même, la chambre des communes pénétra chaque jour plus avant dans le gouvernement, et la révolution du dix-septième siècle vint révéler les progrès de son pouvoir.

Je vous fais entrevoir l'espace parcouru entre l'époque où le parlement britannique fut définitivement formé et celle où il voulut se saisir de tout son empire. Dans nos prochaines réunions, nous rechercherons, à travers ce laps de trois siècles, les principales phases du développement de ce grand gouvernement.

VINGTIÈME LEÇON.

Objet de la leçon. — De l'état et des attributions du parlement sous le règne d'Édouard II (1307-1327). — Empire des favoris. — Lutte des barons contre les favoris. — Factions aristocratiques. — Pétitions adressées au roi, soit par le parlement, soit en parlement. — Formes des délibérations à ce sujet. — Déposition d'Édouard II.

Pour faire connaître comment le parlement britannique s'est formé, j'ai dû jusqu'ici en suivre pas à pas l'histoire, entrer dans tous les détails et recueillir tous les faits qui pouvaient servir de preuves soit de son existence, soit de sa participation aux affaires publiques. J'ai maintenant un autre but à atteindre, et je dois prendre une autre marche. Le parlement est définitivement formé; si je continuais à retracer tous les faits qui s'y rapportent, et à tenir, pour ainsi dire, registre de tous ses actes, je ferais l'histoire du pays et non celle des institutions. Ce que je cherche, c'est le développement du gouvernement représentatif; j'écarte toute question étrangère à ce dessein : l'extension qu'a prise le parlement, les révolutions qu'il a subies, en un mot sa vie propre et intérieure, voilà ce qui doit nous occuper.

En considérant le règne d'Édouard Ier sous le point de vue politique, on reconnaît que malgré les agitations qui le troublèrent il y eut, durant ce règne, de l'ensemble et de l'unité dans l'exercice du pouvoir. Édouard était un prince ferme et capable qui savait recueillir et diriger les forces sociales; l'État avait en lui un centre et un chef. Sous Édouard II, le gouvernement anglais perd toute assiette et toute unité ; aucune volonté intelligente et fixe n'y préside ; la nation ne se groupe autour de personne ; le lien du faisceau est rompu ; toutes les forces, toutes les passions se déploient au hasard et se combattent dans des intérêts d'individu ou de faction.

En un tel état, que pouvait être le parlement ? rien, ou presque rien, si ce n'est un instrument des factions. Le corps des barons était alors, et devait être longtemps, la partie prépondérante de cette assemblée ; les communes, assez fortes quelquefois pour se défendre quand il s'agissait de leurs intérêts propres, ne l'étaient pas assez pour intervenir, d'une manière décisive, dans les affaires publiques, et devenir le centre du gouvernement. Tout se passa donc entre la cour et les barons, ou pour mieux dire entre les diverses factions qui se formèrent dans le corps des barons. Les communes paraissaient à la suite de l'un ou de l'autre parti, pour donner à leurs triomphes alternatifs l'apparence d'une adhésion nationale, mais sans jamais déterminer ni même modifier avec quelque puissance les événements. Le pouvoir et le pays étaient en proie aux luttes et aux déchirements de la haute aristocratie.

Pour prouver clairement cet état des institutions et du gouvernement central, il suffit de rappeler les trois principaux événements de ce règne.

Le premier est la lutte que les barons anglais soutinrent contre le roi, au sujet d'un favori, Pierre Gaveston, qu'en dépit des conseils de son père, Édouard II avait appelé auprès de lui. Le favori et ses créatures absorbaient le pouvoir et les bienfaits de la cour; en 1311, les barons avides de richesses et de faveurs, après avoir tout mis en œuvre pour le renverser, demandèrent sa chute les armes à la main. Évidemment il ne s'agissait, dans leur entreprise, ni des intérêts du peuple ni de ceux du roi; c'était une révolte de courtisans. Ils combattaient non pour revendiquer des chartes ou des droits, mais pour conquérir les emplois et les trésors d'un favori. Ils essayèrent de donner à leur rébellion une couleur nationale. On vit reparaître les desseins et les mesures du grand parlement rebelle tenu à Oxford sous Henri III; **des lords ordonnateurs (*lords ordainers*) furent chargés de réformer l'État**; ils sollicitèrent la faveur publique par l'abolition de quelques abus; ils ordonnèrent que des hommes possédant des propriétés territoriales seraient seuls nommés shérifs; ils restreignirent le droit d'approvisionnement (*purveyance*) de la couronne, ils défendirent toute concession de lettres royales portant suspension du cours régulier de la justice. Mais ce n'était là que des apparences destinées à couvrir l'égoïsme des grands barons; leur but unique était de se rendre maîtres de l'autorité royale, de la nomination aux grands emplois, et des revenus de la couronne. Ils firent mettre Gaveston à mort et s'emparèrent de tout le pouvoir. Les députés des comtés et des bourgs, présents au parlement où s'exécutaient ces desseins, donnèrent leur assentiment; mais ils étaient à la suite de la rébellion et n'influaient point sur le gouvernement. Les hauts barons, venant au parlement en armes et suivis de leurs troupes, décidaient seuls de tout.

Édouard sortit de la tutelle que lui avait imposée la coalition des barons, pour passer sous celle de deux nouveaux favoris, Hugh le Despenser, ou Spenser, et son fils. L'élévation de ces deux courtisans souleva contre eux un orage semblable à celui qui avait renversé Gaveston. La nouvelle rébellion qui éclata en 1321 est le second événement remarquable de ce règne. Elle fut signalée d'abord par une sentence portée par les hauts barons contre les deux Spenser. Ils la rendirent seuls, sans le concours des communes ni du roi, et se firent donner en même temps par le roi un acte d'amnistie pour eux et leurs adhérents; bientôt après, la guerre civile s'engagea et la confédération des barons fut vaincue. Édouard convoqua à York, en 1322, un parlement où les communes assistèrent, et qui révoqua d'abord la sentence contre les Spenser, puis toutes les ordonnances rendues en 1311 et 1312, par les *lords ordainers*, comme contraires aux droits du roi, aux lois et aux usages du pays. Ainsi, selon que la cour ou les rebelles triomphaient, un parlement sanctionnait leur triomphe, sauf le recours toujours prochain à la guerre civile, seul et vrai moyen de décision.

Du reste on conçoit que les richesses qu'on amassait par les faveurs de la cour et l'exercice du pouvoir fussent un sujet de jalousie et de factions. La pétition présentée au roi en 1322 par Hugh Spenser le père contre les barons qui l'avaient condamné, porte qu'ils ont dévasté 63 de ses manoirs ou domaines dans 15 comtés différents, qu'ils lui ont enlevé 28,000 moutons, 22,000 bœufs ou vaches, deux moissons, l'une dans ses greniers, l'autre sur pied, 600 chevaux, une grande quantité de provisions de toute sorte, des armures complètes pour équiper 200 hommes, et qu'ils ont de plus causé, dans ses châteaux et terres, pour plus de 30,000 livres sterling de dommage. Telle était alors la richesse d'un grand baron anglais; il y avait là une source intarissable de rébellions.

Un troisième événement, la déposition d'Édouard II, offre un spectacle du même genre que les deux précédents. Celui-ci fut le résultat d'une nouvelle confédération des barons, à la tête de laquelle s'était mise la reine Isabelle. Un parlement convoqué à Westminster, le 7 janvier 1327, déclara l'incapacité du roi, prisonnier au château de Kénilworth. Une députation composée de quatre évêques, deux comtes, quatre barons, trois députés de chaque comté et quelques bourgeois de Londres, des cinq ports et d'autres cités, lui fut envoyée pour lui signifier l'acte du parlement et renoncer formellement au serment de fidélité. Cette députation reçut d'Édouard II son abdication en faveur de son fils Édouard III, alors âgé de 14 ans, sous le nom duquel la faction dominante se promettait d'exploiter à son profit le pouvoir.

Malgré l'intervention des communes dans cet acte et dans les précédents, il est clair que tout se passait entre des factions aristocratiques guidées par des intérêts personnels, et profitant de l'incapacité du roi pour s'approprier le gouvernement et tous ses avantages. Il n'y a rien là qui annonce un progrès des institutions politiques et le triomphe des libertés nationales. Le gouvernement des barons, après de telles scènes, était encore plus arbitraire, plus oppressif que celui du roi.

Cependant c'est un fait remarquable que, dans tous ces événements, la sanction du parlement fut toujours regardée comme nécessaire et comme le seul moyen de terminer et de légaliser les œuvres de la violence. Le parlement, la chambre des communes du moins, n'était guère en cela qu'un instrument passif; mais déjà on ne croyait plus pouvoir s'en passer. Or, comme il est dans la nature de cet instrument de servir la cause des libertés publiques et d'amener, tôt ou tard, leur extension, tout ce qui accroissait son importance et fondait sa nécessité peut être considéré comme un progrès du système représentatif.

Je veux mettre sous vos yeux les principaux faits parlementaires de cette époque, et chercher en quoi les principes d'un gouvernement libre s'y sont manifestés ou introduits.

C'est alors que le parlement est décidément devenu le centre où ont afflué toutes les demandes en réforme d'abus, redressement de griefs, modification des lois, en un mot toutes les pétitions; il en était ainsi dès l'origine, mais avec beaucoup moins d'étendue. Lorsque le parlement, ou plutôt le seul corps des barons réunis en parlement, eut recommencé à agir comme grand conseil du roi, une multitude de réclamations qui auparavant n'étaient point formées, ou étaient adressées au roi seul, furent adressées au roi en parlement et y devinrent un sujet de délibération. Ainsi dans le parlement tenu à Westminster, en 1315, on voit que 268 pétitions furent présentées.

Ces pétitions étaient de deux sortes. Les unes étaient présentées par les communes au roi en son conseil et avaient pour objet des demandes ou des griefs d'intérêt général. Les autres étaient présentées par des individus, des corporations, des villes, et avaient pour objet des intérêts privés ou locaux. Les premières ont donné naissance au droit d'initiative des chambres; les secondes au droit de pétition.

Les unes et les autres étaient adressées au roi en qui résidait le pouvoir de fait, et qui, par cela seul, était chargé soit de pourvoir aux nécessités générales de l'État, soit de rendre justice aux intérêts spéciaux.

A l'ouverture de chaque parlement un certain nombre de jours était fixé pour la réception des pétitions. Un certain nombre de personnes, principalement des juges ou conseillers ordinaires du roi, étaient chargées de les recevoir, d'en faire l'examen préalable, de les classer selon leur objet, de distinguer celles qui devaient former matière à quelque délibération du parlement lui-même et de les lui présenter ensuite.

Cette délibération était presque toujours renfermée dans la chambre des barons, qui étaient censés former un grand conseil intermédiaire entre le conseil privé du roi et le parlement tout entier. Les barons réunis au conseil privé délibéraient et prononçaient sur les demandes des communes en matière d'intérêts généraux.

Si ces demandes portaient sur certains griefs contre les abus de l'exercice du pouvoir royal, sur la conduite des shériffs, par exemple, le roi y répondait en son seul nom, après avoir pris l'avis de son conseil privé, des juges, et des barons selon les cas.

Si les pétitions appelaient quelque interprétation, quelque déclaration de la loi existante, la réponse avait lieu de la même manière.

Si elles provoquaient une loi nouvelle, le roi, quand il le jugeait convenable, proposait ensuite cette loi au parlement; mais dans l'origine, cela était fort rare, et la pétition une fois présentée, les communes n'y intervenaient plus ordinairement que pour recevoir la réponse du roi.

Quant aux pétitions qui provenaient d'individus ou de corps étrangers au parlement, et qui ne se rapportaient qu'à des intérêts privés, la réunion du parlement n'était guères que l'occasion de leur présentation, une époque plus favorable qu'une autre pour qu'il y fût statué. Le conseil du roi prononçait sur toutes celles qui n'exigeaient pas l'intervention des barons ou du parlement tout entier.

La présentation des pétitions à cette époque est donc un fait très-complexe auquel se rattachent non-seulement le droit de pétition aux chambres, mais le droit de pétition au gouvernement en général, le droit d'initiative, la juridiction des chambres, c'est-à-dire une multitude d'institutions essentielles au régime représentatif et qu'il est nécessaire de considérer chacune à part. Elles existaient toutes, mais confuses et seulement en germe, dans cette affluence de pétitions de toute sorte qui provoquaient l'exercice de pouvoirs très-différents, exercés alors pêle-mêle. Cette confusion originaire a été, on n'en saurait douter, l'une des principales causes de l'universalité du pouvoir du parlement britannique. Nous ne saurions examiner en ce moment toutes les institutions qui sont nées de là et qui se sont progressivement débrouillées. La question du droit de pétition, dans le sens qu'on y attache aujourd'hui, mérite à elle seule un examen approfondi, et je vous en entretiendrai dans notre prochaine réunion.

Un fait particulier atteste les progrès que commençaient à faire les communes dans l'intelligence de leur force et de leurs droits. Il est hors de doute que, dès l'origine, les subsides ont toujours été, pour elles, un moyen d'obtenir quelques concessions ou le redressement de leurs griefs, et l'histoire des chartes le prouve. Mais en 1309, en accordant à Édouard II un vingtième de leurs biens meubles, elles y attachèrent expressément la condition « que le roi prendrait en considé-
« ration et leur accorderait le redressement de certains

« griefs dont elles avaient à se plaindre [1]. » Ces griefs existaient depuis longtemps et se perpétuèrent longtemps encore; mais les communes commencèrent alors à s'en rendre nettement compte et à insister d'année en année sur leur redressement, en en faisant la condition de leurs subsides.

Un statut rendu (en 1322) dans le parlement d'York, qui révoqua la sentence portée contre les Spenser, déclare que « désormais les choses à établir dans l'État « seront traitées, accordées, et établies en parlement « par le roi, et du consentement des prélats, comtes et « barons, et de la communauté du royaume. » C'est une reconnaissance formelle du droit des communes à

---

[1] Ces griefs sont au nombre de onze, savoir : 1° que les pourvoyeurs du roi prennent une grande quantité de choses sans les payer; 2° que de nouveaux droits sont mis sur le vin, sur le drap et autres importations; 3° que les denrées sont trop chères; 4° et 5° que l'intendant et le maréchal du palais étendent outre mesure leur juridiction, ce qui opprime le peuple; 6° que les communes ne trouvent personne pour recevoir les pétitions qu'elles adressent au conseil du roi; 7° que les percepteurs des droits du roi dans les villes et dans les foires, prennent plus qu'il n'est légitime; 8° que de certaines personnes sont entravées dans leurs poursuites civiles par des *writs* de protection accordés à leurs adversaires; 9° que des coupables échappent au châtiment, en se procurant des chartes de pardon; 10° que les constables des châteaux du roi prennent connaissance des procès civils; 11° enfin que les préposés à la prise de possession des biens échus au roi dépouillent certaines personnes des biens qu'elles possèdent légitimement, sous prétexte d'une enquête d'office.

intervenir dans la législation et dans toutes les grandes affaires publiques.

Plusieurs publicistes anglais attachent une grande importance à ce statut, et le regardent comme le premier acte qui ait officiellement consacré le principe fondamental du gouvernement britannique. Cette importance me paraît exagérée. Ce qu'énonce ce statut s'était pratiqué bien des fois auparavant, et on ne savait pas alors assez nettement ce qui était matière de législation et d'intérêt général pour s'y conformer dans la pratique. Aussi s'en faut-il beaucoup que les communes, à dater de cette époque, aient toujours exercé le pouvoir que ce statut leur reconnaît. Cependant l'expression officielle du principe annonce un progrès dans les idées du temps.

Tels sont, quant à l'état et à l'action du parlement, les faits principaux du règne d'Édouard II. Ils ne contiennent aucune innovation considérable, mais ils annoncent la consolidation et le progrès naturel des institutions définitivement établies sous Édouard Ier. Les écrivains torys, se prévalant de l'influence prépondérante qu'exercèrent, sous Édouard II, les hauts barons, essayent de répandre des doutes sur l'assistance même des communes à plusieurs parlements de cette époque. Les écrivains whigs en revanche voudraient déduire, des preuves de cette assistance des communes, celle de leur grande importance et de leur participation décisive aux événements. Les premiers se trompent quand ils nient la présence des communes au parlement parce qu'ils n'ont pas, disent-ils, retrouvé les *writs* de convocation adressés aux shérifs; on a, pour presque tous les parlements de cette époque, les *writs* qui ordonnent le paiement des gages des députés. Les seconds déduisent, de la présence des communes au parlement, des conséquences trop étendues; il est hors de doute que la haute aristocratie, qui siégeait dans la chambre des lords, faisait et dirigeait alors presque seule les événements. Les progrès de la liberté ne sont pas si rapides; ce qui importe, c'est qu'ils soient assurés. Ils l'étaient dès-lors, et ils se développèrent sous les deux règnes suivants.

VINGT-UNIÈME LEÇON.

Objet de la leçon. — Des pétitions dans les premiers temps du gouvernement représentatif. — Elles étaient adressées au roi, soit par les chambres, soit par des corporations ou de simples citoyens. — Comment il y était statué. — De la transformation du droit de pétition des chambres en droit de proposition et d'initiative. — Comment les pétitions cessèrent d'être adressées au roi et furent adressées aux chambres. — Comment le droit d'enquête en a découlé. — Nécessité que le gouvernement représentatif soit complet. — Artifices et abus auxquels donne lieu le droit de pétition quand les chambres ne possèdent ni le droit de proposition, ni le droit d'enquête.

Ce qui se passe à l'origine d'une institution est très-propre à en bien faire comprendre la nature. Les choses sont simples alors et se produisent d'elles-mêmes. On n'a pas encore fait effort pour les éluder ou les dénaturer, et l'état social est trop peu compliqué pour qu'on ne puisse atteindre que par des moyens savants et indirects le but auquel on aspire.

En quoi consiste, à vrai dire, le droit de pétition? c'est le droit de demander la réparation d'un tort, d'exprimer un vœu.

Une telle demande doit naturellement s'adresser au pouvoir qui peut satisfaire le vœu ou réparer le tort, qui a mission et force pour y répondre.

Ainsi, au quatorzième siècle, toutes les pétitions, qu'elles vinssent des deux chambres ou d'individus étrangers aux chambres, qu'il s'agît d'intérêts généraux ou privés, étaient adressées au roi. Personne ne songeait à en adresser aux chambres mêmes : le roi gouvernait; en lui résidaient le droit et le pouvoir de redresser les griefs publics ou particuliers, de satisfaire aux besoins de la nation. C'était à lui que les barons, les communes, les corporations, les citoyens venaient le demander.

Le roi gouvernait dans son conseil; et de tous ses conseils, le parlement était le plus éminent, le plus étendu. Dans certains cas, l'avis et l'adhésion du parlement, en tout ou en partie, étaient nécessaires à l'exercice de l'autorité royale. La réunion du parlement était donc l'occasion naturelle de toutes les pétitions. C'était, pour ainsi dire, le moment où le gouvernement et la nation se trouvaient en présence, soit pour traiter en commun les affaires qui exigeaient leur concours, soit pour s'adresser réciproquement les demandes qu'ils avaient à se faire l'un à l'autre. Les simples citoyens devaient saisir ce moment pour présenter aussi leurs pétitions, soit que la réunion des grands pouvoirs publics fût nécessaire pour y répondre, soit qu'il s'agît de réclamations dont le roi pouvait décider seul, mais sur lesquelles son attention était alors plus efficacement appelée, et qui pouvaient trouver de l'appui dans le patronage des barons ou des députés rassemblés alors autour du roi.

Dans tous les cas, c'était au roi en son conseil, c'est-à-dire au gouvernement lui-même, que les pétitions étaient adressées; et bien loin que les chambres, après les avoir reçues et examinées, les renvoyassent au gouvernement, c'était le roi qui, par des officiers désignés à cet effet, les recevait, les examinait et appelait ensuite la délibération des chambres sur celles dont il ne pouvait accomplir le vœu sans leur concours. Toutes les réclamations allaient ainsi directement au pouvoir chargé, en définitif, d'y statuer; et les chambres n'y intervenaient ensuite que dans certains cas, et à titre de conseil nécessaire.

Tel a été le fait primitif et naturel. Les progrès du système représentatif en ont complétement changé le cours et le caractère.

On a vu qu'au quatorzième siècle les pétitions étaient de deux sortes : les unes rédigées et présentées au roi par les chambres ou par l'une d'elles, et relatives à des griefs plus ou moins généraux; les autres adressées au roi par des corporations ou par des citoyens, dans des intérêts collectifs ou privés.

Il ne s'agit plus maintenant des premières de ces

pétitions. Elles se sont métamorphosées, pour les chambres, en un droit d'initiative plus ou moins efficace, plus ou moins direct. Ce droit, son importance, ses formes donnent naissance à des questions tout à fait distinctes. On n'appelle plus maintenant du nom de pétitions que les réclamations ou les vœux de citoyens étrangers aux pouvoirs législatifs.

Il ne s'agit plus maintenant du droit d'adresser de telles réclamations au pouvoir exécutif lui-même, au gouvernement proprement dit. Personne ne songe à contester aux citoyens la faculté de poursuivre ainsi le redressement de leurs griefs ou la satisfaction de leurs vœux. Ce n'est pas que cette faculté, si simple et si incontestable en elle-même, n'ait eu quelquefois une grande importance politique, et n'ait été, par cela seul, l'occasion de vifs débats. En 1680, Charles II ayant cessé depuis plusieurs années de réunir le parlement, un grand nombre de pétitions lui furent adressées pour lui en demander la convocation. Le roi, par une proclamation, les déclara séditieuses et les interdit; mais le parlement s'étant enfin assemblé, la chambre des communes décréta, le 27 octobre 1680 : 1° Que le droit de pétition au roi était le droit des sujets ; 2° Que c'était trahir la liberté des sujets et travailler à l'introduction du pouvoir arbitraire que de représenter au roi l'exercice de ce droit comme un acte séditieux ; 3° qu'un comité serait nommé pour faire une enquête sur la conduite des personnes qui avaient ainsi porté atteinte aux droits des sujets.

Un état de crise peut seul amener une semblable tentative de détruire le plus naturel des droits des citoyens, celui de s'adresser au gouvernement lui-même pour lui exprimer leurs vœux, et la Charte n'a songé, avec raison, ni à le consacrer ni à le restreindre. Le droit qu'elle a consacré et qui porte seul maintenant le nom de *droit de pétition*, est le droit de s'adresser aux chambres pour provoquer leur intervention, soit en matière de législation générale, soit pour le redressement des griefs privés. A ce droit-là se restreint la question dont nous nous occupons. Il faut chercher comment il s'est introduit dans le gouvernement représentatif, et comment les diverses formes qu'il a revêtues correspondent aux divers degrés de développement de ce système.

En fait, ce droit n'existait pas au quatorzième siècle, c'est-à-dire, que personne ne songeait à l'exercer ni à le réclamer. Les chambres, et surtout la chambre des communes, étaient elles-mêmes le grand pétitionnaire public. Elles avaient bien assez à faire de présenter et de faire accueillir leurs propres réclamations, sans se donner la charge d'intervenir en faveur d'intérêts privés qu'on traitait d'ailleurs alors avec beaucoup moins d'égards. Elles étaient de plus trop étrangères au gouvernement pour se mêler ainsi des détails de son action.

Elles n'étaient point le siége ni le centre du pouvoir. Leur réunion durait fort peu. Communément les réponses du roi à leurs propres réclamations n'étaient faites qu'à la session suivante. En un tel état de choses, il était naturel que toutes les pétitions particulières allassent directement au roi en son conseil, car c'était seulement de là que le redressement pouvait être espéré.

Lorsque les chambres eurent acquis plus d'importance, siégèrent plus longtemps, pénétrèrent dans toutes les grandes affaires publiques, lorsqu'en pleine et sûre possession de leurs droits fondamentaux, elles commencèrent à en poursuivre les applications au lieu de se borner à en défendre l'existence, lorsqu'en un mot elles eurent acquis, dans l'opinion et en fait, la consistance de pouvoirs publics associés au gouvernement de l'État, il devint naturel que des pétitions leur fussent adressées contre les abus ou les torts de ce gouvernement qu'elles étaient chargées de contrôler. Le droit de pétition aux chambres fut considéré alors comme une conséquence naturelle du droit de pétition au roi. Le parlement était toujours censé et appelé le grand conseil du roi. Ce conseil, à la vérité, était habituellement en opposition et en lutte avec le gouvernement du roi, encore placé en dehors et qui voulait s'en affranchir ; mais les anciennes traditions conservaient leur empire ; c'était à une partie du gouvernement du roi qu'on se plaignait des torts de l'autre partie. Le nouveau mode de pétition ne parut donc point étrange, et l'on ne songea ni à le permettre ni à l'interdire. Il fut mis en usage sans contradiction [1].

---

[1] M. Hallam pense que l'intervention des communes dans les pétitions d'intérêt privé eut pour unique origine leur désir de réprimer les empiétements du conseil privé. « Ce fut, dit-il, sous le règne de Henri V, et non auparavant, que les communes commencèrent à s'occuper des pétitions présentées par de simples individus aux lords ou au conseil du roi.... Beaucoup de requêtes présentées à ce conseil ne pouvaient être accordées sans excéder les limites des lois établies. Les communes avaient souvent manifesté une juste inquiétude sur les envahissements du conseil du roi ; voyant leurs remontrances sans effet, elles prirent des mesures pour prévenir l'usurpation du pouvoir législatif et introduisirent la nécessité de leur propre adhésion aux pétitions particulières. Celles-ci furent dèslors présentées par les communes elles-mêmes, et passèrent souvent sous la forme de statuts, avec l'assentiment exprès de trois pouvoirs. C'est là l'origine des bills d'intérêt privé, qui remplissent la **plus grande partie des registres des parlements de Henri V et de Henri VI.** » (Hallam, *Hist. constit. d'Angleterre*, trad. française, t. III, p. 137.)

A dater du règne d'Édouard III (1322), ou selon M. Hallam d'Édouard II (1310), on voit les deux chambres, à l'ouverture de la session, nommer chacune un comité chargé, non-seulement de recevoir, mais d'examiner les pétitions, afin de faire des recherches sur **les faits,** avant que les pétitions ne devinssent l'objet de délibérations des chambres (*Parl. hist.*, t. I, p. 230 et passim). Les comités recevaient-ils directement les pétitions adressées au roi en son conseil, ou bien celles qui doivent occuper le parlement leur étaient-elles renvoyées par les officiers du roi ? cela est douteux.

En 1410, on trouve un exemple d'une pétition, dans un intérêt **privé,** adressée aux communes, et par elles transmise au roi, avec recommandation (*Report of the lords comm.*, p. 362).

Mais lorsque ce mode s'introduisit, les chambres elles-mêmes, leur constitution intérieure, leurs procédés et leurs priviléges avaient changé de forme et reçu un grand développement. Aux pétitions que, dans l'origine, elles présentaient au roi, s'était substitué le droit d'initiative, et ce droit appartenait à tout membre de l'une des deux chambres, qui pouvait l'exercer en faisant, dans les formes et délais réglés par l'usage, la motion dont il jugeait à propos d'occuper l'assemblée. Au droit d'initiative se joignait le droit d'enquête sur tous les faits ou actes qui paraissaient assez graves à la chambre pour qu'elle voulût les connaître à fond, et prendre ensuite à leur sujet une résolution soit de poursuite, soit de censure, ou simplement déclarer son opinion. En arrivant à des chambres investies de pareils droits, les pétitions y devaient prendre un tout autre tour qu'il ne fût advenu si ces droits leur eussent manqué. Et d'abord il passa en usage qu'elles devaient être présentées par un membre; cet usage ne fut point, dans l'origine, une précaution contre l'abus du droit de pétition, mais la forme naturelle de son exercice. Tout membre ayant le droit d'appeler, par une motion, l'attention de la chambre sur un sujet quelconque, il était simple qu'il usât de ce droit pour se rendre,

---

Voyez sur le mode de présentation des pétitions, soit au conseil privé, soit à la chambre des lords, *Hallam*, t. III, p. 213-214, et toute sa dissertation sur le conseil privé.

auprès de la chambre, l'organe des réclamations de ses mandants ou de ses amis. Elles acquéraient par là une autorité qu'elles ne pouvaient avoir par aucun autre moyen ; la chambre délibérait ainsi, non sur la pétition, mais sur la motion même du membre qui l'avait présentée, et qui en avait tiré une proposition soit d'enquête, soit d'adresse, soit de poursuite, soit de loi, soit de tout autre acte que la chambre avait droit d'accomplir. Et quelle que fût cette motion, elle était soumise à toutes les formes, à tous les délais qui réglaient, en toute occasion, les débats et les délibérations de l'assemblée.

Ainsi investies de tous les droits nécessaires pour exercer sur le gouvernement, par tel ou tel mode, l'influence qui leur appartenait, les chambres anglaises ne considéraient les pétitions qui leur étaient présentées que comme une occasion d'exercer cette influence, en vertu de ces droits. Elles n'agissaient point comme une sorte de patron placé entre les pétitionnaires et le gouvernement auquel en définitif le redressement du grief était demandé ; elles ne renvoyaient point à celui-ci la pétition avec leur apostille pour lui demander tel ou tel acte dont elles ne pouvaient suivre ni exiger l'exécution. Après la présentation, ce n'était plus du tout de la pétition qu'il s'agissait ; si la motion à laquelle elle avait donné lieu était adoptée, alors commençait un acte de la chambre elle-même, accompli dans toutes les formes ordinaires et terminé par une résolution qui lui appartenait en propre, qui mettait le gouvernement en présence de l'opinion ou de la volonté, complétement débattue et clairement exprimée, de l'assemblée associée à l'exercice du pouvoir.

Lorsque, par un nouveau progrès, le gouvernement se vit enfin obligé de s'établir dans le sein des chambres, lorsqu'elles furent redevenues le grand conseil national, débattant et décidant en public les affaires publiques, les pétitions se trouvèrent ramenées à leur état naturel, à leur premier état, c'est-à-dire qu'adressées aux chambres, elles furent adressées, en fait, au roi en son conseil, au gouvernement lui-même résidant dans la royauté entourée de la majorité parlementaire, et obligé de justifier ses volontés ou ses actes contre les attaques de l'opposition qui siège dans le même conseil, en vertu du même titre, et avec les mêmes droits. Qu'arrive-t-il dès-lors? toute pétition, convertie en motion par un membre de la chambre, donne lieu à un combat régulier et dans les formes habituelles, entre l'opposition et le ministère. L'issue de ce combat décide pleinement du sort de la pétition, c'est-à-dire du résultat qu'elle poursuit : elle n'a point à aller chercher ailleurs une solution ; la chambre ne s'est ni légèrement compromise, ni vainement prononcée; et. sauf le cas d'appel à une chambre nouvelle par la dissolution, tous ses actes, après s'être accomplis dans les formes qui en garantissent la maturité, atteignent directement leur but.

Tel a été, en Angleterre, le cours du droit de pétition. Étroitement lié à tout l'ensemble du gouvernement représentatif, il a suivi les progrès de ce système, s'adaptant à ses divers états successifs, se coordonnant avec les autres droits des assemblées délibérantes, et ramené par là à sa vraie nature, qui est de faire sans cesse pénétrer et retentir, dans le sein du gouvernement lui-même, les griefs ou les vœux des citoyens, pour assurer, après mûre délibération, le redressement des uns et l'accomplissement des autres.

Je ne dis pas que ce résultat soit toujours atteint en Angleterre ; d'autres causes y ont faussé, à certains égards, la vertu naturelle du gouvernement représentatif, et l'empêchent de produire tous ses légitimes résultats. Je dis seulement que le droit de pétition y a pris sa forme raisonnable, et que, sans l'action des causes qui altèrent le système en général, il atteindrait par cette forme le but que doivent se proposer ses défenseurs.

Examinons maintenant ce qui doit arriver dans un état de choses différent, et lorsque le gouvernement représentatif, moins altéré peut-être sous certains rapports, est cependant beaucoup plus incomplet. On verra comment le droit de pétition peut introduire le désordre dans le sein des pouvoirs publics, et demeurer cependant à-peu-près illusoire.

Voici l'hypothèse où je me place. Je suppose des chambres investies, en droit, d'un grand pouvoir, associées à la législation, votant les impôts, recevant le compte-rendu de l'administration des revenus de l'État, discutant en public, et jouissant, dans cette discussion, d'une grande liberté. Il est hors de doute que, dans l'opinion publique, elles seront considérées comme ayant la mission et la force de faire redresser tous les griefs et de satisfaire tous les vœux légitimes, d'obliger le pouvoir exécutif à s'exercer, en toute occasion, selon la justice, les lois et l'intérêt général. C'est de l'action des chambres que le public et les citoyens attendront ce qu'ils désirent ou ce qu'ils espèrent; c'est vers elles qu'ils tourneront les yeux pour l'obtenir.

La disposition des esprits étant telle, si ces mêmes chambres sont dépourvues du droit d'initiative, du droit d'enquête, de toute juridiction positive extérieure, si elles sont hors d'état de se donner à elles-mêmes le mouvement et de poursuivre leur propre but, si leurs moyens d'action directe, enfin, sont fort au-dessous de leur mission écrite et de l'attente du public, qu'arrivera-t-il?

Évidemment les chambres et le public chercheront des moyens indirects d'exercer cette influence qui leur appartient en droit, et qu'en fait on leur suppose. Et si le droit de pétition a été solennellement consacré, c'est à lui qu'on s'adressera pour suppléer aux droits qui manquent; c'est par là que les membres des chambres s'efforceront de saisir ce contrôle du gouvernement tout entier qu'on a essayé de leur interdire.

Qui ne voit, par exemple, que le droit de pétition est un véritable droit d'initiative, puisqu'il a pour effet d'introduire, dans les chambres, des questions que le gouvernement n'y a point portées et d'y amener une délibération dont le gouvernement n'imprime pas le mouvement? ainsi le droit d'initiative, refusé aux membres des chambres, appartient à tous les citoyens, au premier venu, à un nom supposé. L'élu d'un grand nombre de citoyens ne peut pas provoquer ses collègues à discuter avec lui une question solennellement proposée. Qu'il sorte de la chambre, qu'il dépouille son caractère de député et prenne celui de pétitionnaire, il a ce pouvoir, et les moindres citoyens l'ont comme lui. Ainsi au lieu d'une initiative dont l'utilité et la convenance auraient pour garantie le caractère et la position des membres des chambres, on a une initiative sans aucune garantie, et qui n'impose à celui qui l'exerce nulle responsabilité morale, puisqu'il est étranger au pouvoir public qu'il met en mouvement.

Et comme ce pouvoir est placé très-haut dans l'opinion, comme on lui suppose la mission et le droit de remédier à tout, on provoquera son intervention sur toutes choses; on l'appellera à délibérer sur les matières les plus étrangères à ses attributions; et l'on s'étonnera ensuite de trouver sa puissance de fait si peu en rapport avec l'immensité des droits qu'on lui suppose.

Bientôt on sentira qu'il y a désordre dans un tel état, et l'on voudra y porter remède. On essaiera de restreindre cette initiative universelle. Le remède s'offrirait de lui-même si tout membre des assemblées législatives avait le droit de faire les motions qu'il jugerait convenables. Il arriverait alors, comme en Angleterre, que toute pétition devrait être présentée par un membre, et devenir, de sa part, le sujet d'une motion. Ainsi les membres eux-mêmes exerceraient sur les pétitions cette espèce de censure dont il est impossible de les affranchir. A défaut de cette censure, on en invente une autre, on renvoie les pétitions à un comité *ad hoc* chargé de les examiner d'avance et d'appeler l'attention de la chambre sur celles qui paraissent le mériter ; mais à qui appartient cette censure ? à la majorité parlementaire qui nomme le comité. C'est le renversement de l'ordre naturel. Les pétitions appartiennent presque toujours à la minorité. C'est elle qui les présente et les soutient. Voilà donc la minorité placée, sous ce rapport, à la discrétion de la majorité, dont la censure peut devenir un moyen de tyrannie ; tandis que, si l'initiative appartenait à tous les membres, on aurait une censure légitime qui se refuserait à produire une multitude de pétitions inconvenantes, et n'écarterait ou n'ajournerait aucune de celles qui auraient une importance réelle.

Après le premier degré de l'exercice du droit, c'est-à-dire, après la présentation des pétitions, vient leur discussion. Si elles ne pouvaient être introduites que par un membre, cette discussion serait sujette à tous les délais, à toutes les formes exigées pour bien régler les débats législatifs. Une première motion, par exemple, aurait pour objet la lecture de la pétition, une seconde celle de son impression, une troisième celle d'une enquête, ou d'une adresse, ou d'un projet de loi. Dans cette progression les faits s'éclairciraient, les opinions se formeraient; et la lutte ne s'engagerait entre la minorité et la majorité que sur le refus bien formel, de la part de celle-ci, de rendre la justice réclamée ou de satisfaire au vœu exprimé. Dans l'autre système au contraire, le débat est précipité et confus; il faut que la chambre et le gouvernement prennent leur parti en quelques instants, sans bien connaître ce qu'ils se demandent ou se refusent l'un à l'autre. Les pétitions se succèdent et tombent les unes sur les autres avec une rapidité qui produit tantôt la violence, tantôt l'indifférence; et le droit de pétition lui-même devient ainsi une occasion de désordre, ou se voit traité avec une sorte de légèreté et de dédain qui le compromet dans les chambres et compromet aussi les chambres dans le public.

La manière dont les pétitions sont introduites dans les chambres n'est pas la seule cause d'un mode de délibération si vicieux ; l'absence du droit d'enquête y contribue aussi beaucoup. Toute pétition reçue par une chambre appelle de sa part une résolution ; il y a donc plus que de la bizarrerie à lui interdire les moyens de prendre cette résolution en pleine connaissance de cause. C'est un grand défaut du gouvernement représentatif qu'amenant nécessairement l'organisation systématique et la lutte permanente des partis, il coupe habituellement la vérité en deux et induit les hommes à ne jamais considérer les questions que d'un côté, et à ne voir que la moitié des idées ou des faits d'après lesquels elles doivent être décidées. C'est, on n'en saurait douter, un système d'exagération et de partialité ; et ce mal est, jusqu'à un certain point, inévitable. Tous les moyens de l'atténuer sont donc d'une grande importance. Or, le plus efficace est sans contredit d'obliger les opinions qui se combattent à se réunir, dans certains cas, pour chercher ensemble la vérité. C'est là l'effet du droit d'enquête. Lorsque ces opinions arrivent au moment de la résolution sans s'être rapprochées, pénétrées, sans avoir été contraintes de se communiquer réciproquement les motifs et les faits, la résolution sera surtout dictée par l'esprit de parti et par des engagements antérieurs qui n'auront ressenti aucune nécessité de le modifier. Tout ce qui met au contraire la majorité et la minorité en présence, avant le moment où elles doivent se produire en public et se prononcer, les tire quelque temps de leur sphère habituelle, et les amène à étendre ou à rectifier leurs idées. Cela arrive surtout en matière de faits. Il y a un immense inconvénient à ce que toutes les communications de ce genre ne se puissent faire qu'à la tribune et au milieu du combat décisif, car alors elles sont repoussées et n'influent presque jamais sur la décision. Ainsi l'absence du droit d'enquête laissant les partis dans leur ignorance naturelle et leur crudité primitive, nuit non-seulement à la bonté des résolutions spéciales des assemblées délibérantes, mais à la sagesse de leurs dispositions générales.

D'ailleurs, lorsque le droit d'enquête manque, il en arrive comme pour le droit d'initiative; on demande au droit de pétition d'y suppléer. Dans l'impossibilité de se livrer à une investigation sérieuse et complète de tel ou tel genre d'abus qui paraît s'être introduit dans le gouvernement, on provoque et on multiplie les plaintes particulières. Or, le droit de pétition n'est pas plus propre à remplacer le droit d'enquête que le droit d'initiative. La révélation d'abus ou de griefs à laquelle il donne lieu est, par la nature même des choses, pleine de confusion et d'erreur; les choses n'y sont presque jamais présentées qu'avec prévention et sans généralité. Et cependant, par cela même qu'on n'a pas les moyens de les approfondir, de les examiner dans leur ensemble, on est involontairement porté à ajouter foi aux plaintes. Jamais les demandes en redressement de griefs de la chambre des communes elle-même n'ont été si multipliées et si violentes que dans les temps où elle se bornait à les présenter au roi, n'étant admise d'ailleurs ni à les faire examiner à fond par ses propres membres, ni à les résumer en un corps de faits accompagnés de preuves.

En résumé, quand le gouvernement représentatif est complet et muni de tous les droits, de tous les moyens d'action dont il a besoin pour atteindre son but, le droit de pétition n'est autre que le droit d'appeler l'attention des chambres, par l'entremise d'un de leurs membres, sur telle ou telle question, sur tel ou tel acte du pouvoir. Quand une fois cette première provocation a eu lieu par voie de pétition, la pétition a atteint son but; il ne s'agit plus que d'une délibération et d'une résolution de l'assemblée elle-même, qui s'accomplit dans les formes ordinaires, et comme si elle avait eu son origine dans le sein de l'assemblée, indépendamment de toute relation avec le dehors. Ainsi l'exercice d'un droit qui doit appartenir à tous les citoyens se concilie avec la dignité des pouvoirs publics et la maturité de leurs actes. Ainsi tous les griefs peuvent solliciter le redressement, tous les vœux peuvent être exprimés sans qu'il en résulte aucun désordre, aucune précipitation, aucune interversion dans la marche des grands corps délibérants. Quand au contraire ces corps délibérants eux-mêmes sont dépourvus des droits et des moyens d'action qui leur sont nécessaires pour qu'ils remplissent leur destination, le droit de pétition devient un moyen irrégulier et souvent violent, par lequel le public et les chambres s'efforcent de suppléer à ce qui leur manque. Et alors ce droit, par tous les usages auxquels il se prête, par le mode vicieux de délibération qu'il entraîne, crée à son tour des désordres nouveaux auxquels on entreprend de remédier en apportant, au droit même, des restrictions ou des gênes qui seraient complétement inutiles si les chambres étaient investies de tous les moyens d'action qui leur sont dus. Il en est de la liberté politique comme de la science en général; c'est quand elle est incomplète qu'elle a le plus de dangers. L'histoire du parlement britannique le démontre à chaque pas.

VINGT-DEUXIÈME LEÇON.

Objet de la leçon. — État du parlement sous Édouard III. — Progrès du pouvoir des communes. — Leur résistance au roi, soutenu par les barons, devient le fait dominant et caractéristique du gouvernement. — Régularité de la convocation du parlement. — Mesures prises pour la sécurité de ses délibérations. — Le parlement commence à se diviser en deux chambres. — Première apparition de l'orateur de la chambre des communes. — Fermeté des communes à maintenir leur droit en matière d'impôts. — Premiers exemples du compte-rendu, par le gouvernement, de la perception des impôts. — Premiers exemples de l'appropriation des fonds votés par le parlement. — Concours habituel du parlement à la législation. — De la différence entre les statuts et les ordonnances.

Jusqu'ici nous n'avons vu de lutte politique qu'entre le roi et les barons, ou entre les factions aristocratiques ; les communes n'ont paru qu'en seconde ligne ; elles n'exerçaient encore sur les affaires générales, sur le gouvernement proprement dit, presque aucune influence directe ; ou si elles y intervenaient quelquefois, ce n'était qu'à la suite de telle ou telle faction et comme instrument.

Le règne d'Édouard III offre un autre spectacle : la lutte entre le roi et les barons a cessé, et toute la haute aristocratie paraît groupée autour du trône ; mais en même temps les communes se forment en un corps distinct et puissant par lui-même. Elles n'aspirent pas à arracher le pouvoir aux mains du roi et des barons ; elles n'en auraient pas la force et n'en conçoivent pas la pensée ; mais elles résistent contre toute atteinte à des droits qu'elles commencent à connaître et à apprécier ; elles ont acquis le sentiment de leur importance, et savent que toutes les affaires publiques sont les leurs. Enfin, soit par leurs pétitions, soit par leurs débats en matière d'impôts, elles pénètrent chaque jour plus avant dans le gouvernement, exercent leur contrôle sur des affaires dont, cinquante ans auparavant, elles n'entendaient jamais parler, et deviennent en un mot partie intégrante et presque constamment nécessaire du grand conseil national et de toute la machine politique.

Ainsi, tandis que jusqu'ici l'aspect politique de l'Angleterre a été la lutte des hauts barons contre le roi, à dater du règne d'Édouard III c'est la résistance des communes au gouvernement du roi, formé et soutenu en général par les barons, qui devient le grand fait de la scène. Ce n'est pas sans dessein que j'emploie ici les mots *lutte* et *résistance ;* dans la première période en effet les barons luttaient, non-seulement pour défendre leurs droits, mais pour envahir le pouvoir et pour imposer au roi leur propre gouvernement. Aussi cette lutte n'était qu'une guerre civile permanente. Mais dans la seconde période, il n'en est plus ainsi ; on ne voit guère ni révoltes, ni guerres civiles. du moins sous Édouard III, les communes ne s'arment point pour attaquer le gouvernement par la force ; elles lui opposent une résistance politique, elles protestent constamment contre l'arbitraire et les abus du pouvoir central. Au lieu de diriger leurs attaques contre le roi lui-même, elles s'en prennent à ses ministres et commencent à faire prévaloir les principes de la responsabilité parlementaire. Enfin elles se séparent complétement des hauts barons, agissent pour leur compte, et deviennent les véritables dépositaires des garanties des libertés publiques.

C'est là une grande révolution, et celle qui a préparé toutes les autres. Plus on examine en détail les événements du règne d'Édouard III, plus on y découvre de preuves de cet important changement. Je me contenterai de résumer rapidement ces preuves en rappelant les faits généraux qui caractérisent ce règne.

Le premier de ces faits est la régularité, jusqu'alors sans exemple, avec laquelle le parlement était convoqué. Une mesure fut prise à cet effet en 1312, sous Édouard II, par les *Lords Ordainers*. Depuis, on trouve deux statuts relatifs à la convocation de cette assemblée ; l'un est de 1331, l'autre de 1362. Enfin en 1377, dernière année du règne d'Édouard III, les communes elles-mêmes demandent par une pétition que les sessions du parlement aient lieu régulièrement chaque année. Il est curieux de comparer cette pétition avec les demandes qu'adressaient, sous les règnes précédents, les membres des communes pour être exemptés d'assister au parlement ; ils commençaient à sentir que leur mission n'était pas une charge, mais un droit.

On compte sous le règne d'Édouard III quarante-huit sessions de parlement, ce qui fait presque une session par année.

Le parlement ne veillait pas seulement à la régularité de sa convocation ; il prenait en même temps des mesures pour assurer la sécurité de ses délibérations. En 1332, une proclamation du roi défend de porter des cottes de mailles, ou autres armes offensives ou défensives, dans les villes où siége le parlement ; elle défend aussi les jeux et les divertissements qui pourraient troubler les délibérations de l'assemblée. Cette proclamation fréquemment renouvelée annonce la formation d'une assemblée régulière.

C'est également sous Édouard III, en 1343, qu'on voit pour la première fois le parlement se diviser en deux chambres. D'après les documents historiques de cette année, les prélats, comtes et barons d'une part, et les députés des comtés et des bourgs de l'autre, siégèrent à Westminster, les premiers dans la *chambre blanche*, les seconds dans la *chambre peinte*, et ils délibérèrent ainsi sur la question de la paix avec la France.

Enfin c'est encore à la fin de ce règne, en 1377, que les rôles du parlement font mention pour la première fois de l'orateur de la chambre des communes; sir Thomas Hungerford est le premier à qui ce titre soit conféré. Jusque-là la chambre choisissait un de ses membres quand il fallait parler en son nom, soit au roi, soit en plein parlement ; ce fut probablement en 1377 qu'elle commença à nommer son orateur pour toute la session et dès l'ouverture.

On a soutenu que, sous ce règne et dans les temps antérieurs, chaque session du parlement entraînait une élection nouvelle, et que le droit de proroger, à une nouvelle session, le parlement existant, n'appartenait pas au roi. C'est une erreur. Il devait y avoir chaque année une session du parlement, mais non une élection. Voici des faits. Le parlement tenu sous Édouard Ier, en 1300, revint en 1301. Les *writs* rappellent les mêmes députés, sauf les élections à faire en cas de mort ou d'empêchement absolu. En 1305, le roi ferme le parlement le 21 mars, et permet aux députés de s'en retourner chez eux : « Issint qu'ils reveignent prestement et sanz délai, quele houre qu'ils soient autrefois remandez. » En 1312, sous Édouard II, le parlement se sépare après avoir siégé deux mois, et le même jour le roi adresse des *writs* aux shériffs pour leur ordonner d'envoyer « les mêmes chevaliers et citoyens » (*eosdem milites et cives*) à Westminster le 2 novembre suivant, « au même parlement que nous avons jugé devoir être continué là » (*ad idem parliamentum quod ibidem duximus continuandum*). Ce parlement ainsi prorogé se réunit en effet, et siégea du 2 novembre au 18 décembre, après quoi il fut dissous. En 1329, sous Édouard III, le parlement siégeant à Salisbury, du 15 au 31 octobre, fut ajourné à Westminster, où il tint une seconde session du 10 au 22 février 1330. On trouve des exemples semblables en 1333 et 1372. Les parlements n'étaient donc pas annuellement élus, et le droit de prorogation était en vigueur.

Ainsi se développait et se réglait la constitution intérieure du parlement; ainsi, au lieu de n'être qu'une réunion accidentelle et bornée à un but spécial, il prenait par degrés la consistance d'une assemblée politique et périodiquement obligatoire.

Un second fait général qui vient à l'appui de ce que j'ai avancé, c'est le vote des impôts.

Il n'y a peut-être pas de règne qui offre autant d'exemples d'impositions arbitraires et illégales que celui d'Édouard III, et cependant il n'en est aucun qui ait plus contribué à faire triompher le principe que les impôts ne sont légitimes qu'autant qu'ils sont consentis. Ce principe était sans cesse méconnu en fait par le roi, que pressaient des nécessités créées tantôt par ses guerres, tantôt par la mauvaise administration de ses revenus. Son règne tout entier se passa en efforts pour ressaisir, sous des formes plus ou moins indirectes, le droit d'imposer arbitrairement ses sujets ; mais de leur côté les communes ne cessèrent de protester contre ces efforts, tantôt attachant à la concession d'un subside légal la révocation d'un impôt arbitraire, tantôt s'appliquant à faire pénétrer le principe de la nécessité du consentement dans tous les chemins par où le roi essayait de l'éluder. Grâce à leur persévérance, les ruses du pouvoir furent, sinon toujours déjouées, du moins toujours dévoilées et rendues par-là impuissantes à l'avenir.

Les exemples de cette lutte abondent dans les parlements tenus dans les années 1333, 1340, 1347, 1348, 1349, qui ne sont pleins en général que des plaintes des communes, réclamant soit l'abolition, soit la diminution de taxes injustes et illégales imposées sans leur consentement. A toutes ces réclamations le roi répond, tantôt par un refus formel, tantôt en s'autorisant du consentement que lui avaient accordé les lords, tantôt enfin en assurant que l'impôt ne serait pas perçu longtemps ; mais si les communes le menacent de lui refuser les nouveaux subsides, il se sent obligé de faire droit à ces demandes par quelques nouvelles concessions.

Ce ne fut pas seulement en tenant fermement la main au vote des impôts que la chambre des communes maintint ses droits; elles les étendit au-delà de la concession des subsides dans deux occasions importantes.

En 1340, le parlement, soupçonnant qu'une partie des subsides par lui votés n'était pas entrée dans les caisses du roi, nomma certaines personnes pour recevoir les comptes des percepteurs, et ceux-ci fournirent caution du versement de tout ce qu'ils avaient reçu; c'est le premier exemple d'un compte quelconque rendu au parlement en matière d'impôts; il commença par vouloir s'assurer de la fidélité des recettes, et fit ainsi un premier pas vers le droit de se faire rendre compte de l'emploi même des fonds, c'est-à-dire, des dépenses.

En 1354, on voit poindre un autre droit parlementaire, celui de l'appropriation des fonds. Le parlement, en accordant un subside sur la laine, met à son vote la condition que l'argent provenant de ce subside sera employé aux frais de la guerre, et non à aucun autre usage.

Du reste, il est peu étonnant que le roi et le parlement fussent sans cesse en lutte en matière de subsides, et se causassent réciproquement de continuels mécomptes. On n'avait alors aucun moyen d'évaluer d'avance les dépenses et les recettes. Le roi s'engageait dans une dépense sans savoir à quoi elle s'élèverait; le parlement votait un subside sans savoir ce qu'il rapporterait. En 1371, le parlement vota un subside de 50,000 livres sterling (1,250,000 fr.) à recouvrer par un impôt de 22 schellings 3 deniers par paroisse, ce qui supposait 45,000 paroisses en Angleterre. Il se trouva qu'il y en avait à peine 9,000. Le roi convoqua un grand conseil où il appela la moitié seulement des députés du dernier parlement, un par comté et un par bourg, « pour épargner les frais » (*ad parcendum sumptibus*). Le fait fut exposé au conseil qui ordonna le recouvrement de 116 schellings par paroisse au lieu de 22 schellings 3 deniers, pour arriver à la somme de 50,000 livres sterling. Un grand désordre devait nécessairement accompagner une telle ignorance.

Le troisième fait général qui prouve quel accroissement et quelle importance le parlement avait acquis à cette époque, c'est son concours à la législation.

Quand on ouvre le recueil des statuts de ce règne, on trouve en tête de chaque statut l'une des deux formules suivantes :

« A la requeste de la commune de son roïalme par
« lor pétitions mises devant lui et son conseil, par assent
« des prélats, comtes, barons, et autres grantz, au dit
« parlement assemblés, etc. »

Ou : « Par assent des prélats, comtes et barons, et
« de tote la commune du roïalme au dit parlement
« assemblés, etc. »

Quelquefois le statut commence par ces mots : « Ce
« sont les choses que notre seigneur le roi, les prélats,
« seignours et la commune ont ordiné en ce présent
« parlement. »

Toutes ces formules expriment le concours de la
chambre des communes à la législation, et prouvent,
comme vous l'avez déjà vu, que ce concours s'exerçait
en général par voie de pétitions présentées au roi; les
lords délibéraient sur ces pétitions, que le roi convertissait ensuite en statuts, sans qu'elles retournassent à
la chambre des communes pour y être, sous la forme
de statuts, l'objet d'un assentiment exprès.

Aussi, les communes n'intervenant pas dans les statuts par un vote direct, leurs pétitions étaient souvent
mutilées, altérées, et les statuts, rédigés par les juges
ou membres du conseil privé, ne les reproduisaient pas
toujours fidèlement. Ce fut probablement pour remédier
à cet inconvénient que, dans le parlement de 1341, un
certain nombre de prélats, barons et conseillers du
roi, avec douze chevaliers de comté et six bourgeois,
formèrent une commission chargée de convertir en
statuts les pétitions qui donnaient lieu à des mesures
de législation générale.

Mais toutes les pétitions des communes ne se résolvaient pas en statuts; elles ne donnaient lieu souvent
qu'à des ordonnances. On a beaucoup disserté sur la
distinction des actes législatifs désignés par ces deux

mots. On a soutenu que les ordonnances étaient rendues par le roi seul, de l'avis des lords, sans le concours des communes. Originairement cette distinction est fausse, car la plupart des ordonnances sont rendues, comme les statuts, sur la requête des communes. Ainsi, en 1364, le parlement ayant demandé des lois somptuaires, le roi fit demander aux deux chambres, par le chancelier : « si, le sujet de leurs pétitions étant
« nouveau et jusque-là inouï, elles voulaient qu'il
« leur fût accordé par voie d'ordonnance ou de statut. »
Elles répondirent : « Qu'il valait mieux le faire par
« voie d'ordonnance, afin que si quelque chose avait
« besoin d'être rectifié, on pût le corriger dans le
« prochain parlement. » De cette réponse on a induit avec vraisemblance que la nature des statuts était d'être perpétuels, tandis que les ordonnances étaient temporaires.

Les ordonnances n'étaient pas inscrites, comme les statuts, sur les registres du parlement ; elles avaient quelque chose de moins solennel, quoiqu'elles eussent souvent pour objet des matières également législatives et d'intérêt général, comme d'instituer des juridictions ou des peines. Il n'est pas plus aisé de bien distinguer les ordonnances des statuts que les grands conseils des parlements proprement dits. Tout ce qu'on peut dire, c'est qu'on attribuait à cette classe de mesures législatives moins d'importance et de stabilité.

Les mesures législatives n'étaient pas toujours prises sur les pétitions des communes; le roi exerçait aussi l'initiative, non-seulement en matière d'impôt, mais sur tout autre objet d'intérêt général. Ainsi, en 1333, Geoffroy-le-Scrop, grand-juge, par ordre du roi et en sa présence, expose aux prélats, comtes, barons « et autres grants », les désordres commis dans le pays par des bandes armées et la nécessité de les réprimer; il leur demande d'indiquer au roi les mesures qu'ils jugeront convenables à cet effet. Les prélats se retirent, disant qu'il ne leur appartient pas de délibérer sur un tel sujet. Les autres grands délibèrent entre eux et proposent au roi une série de règlements pour le maintien de la paix publique. Ces règlements sont lus en présence des grands, des chevaliers de comté et « gentz du commun » qui y donnent tous leur adhésion, et des mesures sont adoptées en conséquence. C'est à la suite de cette délibération que furent rétablis les *Conservateurs de la paix*, déjà momentanément institués sous Henri III, par le comte de Leicester, et qui sont devenus les juges de paix.

Du reste, il est fort simple qu'on n'eût au quatorzième siècle que des idées confuses sur ce qui était ou non matière de législation, puisque de nos jours, non-seulement on sent, mais on reconnaît formellement l'impossibilité de tracer cette limite *à priori*, d'une manière philosophique et absolue.

VINGT-TROISIÈME LEÇON.

Objet de la leçon. — Continuation de l'histoire des progrès des communes dans le parlement sous le règne d'Édouard III. — **Leur intervention dans les questions de paix et de guerre.** — **Dans l'administration intérieure, notamment dans la nomination des grandes charges.** — Les communes résistent à l'influence du pape, et aussi du clergé national, dans les affaires temporelles. — **Premiers efforts des communes pour réprimer les abus en matière d'élection.** — **Premières traces de la réunion de comités des deux chambres pour examiner en commun certaines questions.**

Ce n'est pas seulement en matière d'impôt et de législation générale que, sous le règne d'Édouard III, la chambre des communes a étendu et consolidé ses droits. Son intervention dans l'administration des affaires publiques, dans la politique proprement dite, a pris, à cette époque, un développement jusque-là sans exemple, et un caractère nouveau. Elle a réellement commencé à concourir au gouvernement. Une multitude de faits le prouvent.

D'abord, en matière de paix et de guerre, son intervention devint, à cette époque, habituelle et presque nécessaire. M. Hallam me semble dans l'erreur à ce sujet; il pense que le roi seul, au quatorzième siècle, voulait faire intervenir les communes dans les questions de ce genre, pour en rejeter sur elles la responsabilité, et qu'elles s'y sont constamment refusées. Je crois cette assertion inexacte. Les communes du quatorzième siècle ont souvent recherché et exercé ce pouvoir en en acceptant la responsabilité, et elles y ont toujours beaucoup gagné. Voici les principaux faits. En 1328, pendant la minorité d'Édouard et quand Mortimer régnait sous son nom, le traité de paix conclu avec l'Écosse, et qui affranchissait pleinement ce royaume de toute subordination féodale envers l'Angleterre, fut conclu de l'avis du parlement. Les communes sont expressément mentionnées. On peut croire que Mortimer voulut couvrir par là sa responsabilité d'un traité honteux. En 1331, Édouard consulte le parlement sur la question de la paix ou de la guerre avec la France, à raison de ses possessions d'outremer, et aussi sur le voyage qu'il projetait en Irlande; le parlement est d'avis de la paix et du départ du roi pour l'Irlande. En 1333, il engage le roi à faire la guerre à l'Écosse, disant : « Que le roi ne peut supporter avec honneur les outrages journellement commis par les Écossais envers lui et ses sujets. » En 1341, après les premières victoires d'Édouard en France, le parlement l'engage à continuer la guerre, lui fournit de larges subsides, et toutes les classes de la société s'émeuvent pour soutenir le roi dans une lutte qui devient nationale. En 1343, le parlement est convoqué pour examiner et conseiller ce qu'il y a de mieux à faire dans l'état des affaires, notamment en ce qui concerne la trêve récemment conclue par le roi avec son ennemi le roi de France. Sir Barthélemi Burghersh dit au parlement que : « La guerre ayant été entreprise d'après l'avis commun des prélats, des grands et des communes, le roi ne veut pas traiter de la paix sans leur assentiment. » Les deux chambres délibèrent séparément, et sont d'avis que le roi doit faire la paix s'il peut l'obtenir honorable et avantageuse pour lui et pour ses amis ; sinon, les communes déclarent qu'elles l'aideront et soutiendront sa querelle de tout leur pouvoir. En 1344, la trêve conclue avec le roi de France ayant été rompue par celui-ci, le parlement consulté manifeste le désir de la paix, mais en l'obtenant par une guerre énergique, et il vote des impôts considérables. En 1348, la guerre est devenue de plus en plus onéreuse ; tous les subsides sont insuffisants ; le roi consulte de nouveau le parlement « sur cette « guerre entreprise de son aveu. » Les communes qui s'aperçoivent qu'elles se sont trop engagées par leurs paroles, se montrent plus réservées, et répondent : « Qu'elles ne sont pas en état de donner un avis sur la guerre, et demandent à être excusées sur ce point, qu'elles approuveront et soutiendront ce que décidera le roi, de l'avis de ses lords et de son conseil. En 1354, le lord chambellan, par ordre du roi, informe le parlement : « Qu'il y a de grandes espérances de paix « entre la France et l'Angleterre, mais que le roi ne « veut rien conclure sans le consentement de ses lords « et de ses communes, et qu'il leur demande s'ils ap- « prouvent la paix en cas qu'on la puisse obtenir par un « traité. » A cela les communes répondent d'abord qu'elles s'en rapportent à ce que décideront le roi et son conseil : on leur demande de nouveau si elles consentent à une paix perpétuelle, elles répondent tout d'une voix : *oil, oil*. Enfin le 25 janvier 1361, la paix ayant été conclue par le traité de Bretigny, le parlement est convoqué, le traité est mis sous ses yeux, il l'approuve, et le 31 une cérémonie solennelle a lieu dans l'église de Westminster, où tous les membres du parlement, lords et communes, viennent individuellement jurer la paix sur l'autel.

En 1368, les négociations avec l'Écosse sont soumises au parlement ; le roi d'Écosse, David Bruce, offre la paix sous la condition d'être relevé de tout hommage de sa couronne au roi d'Angleterre ; les lords et les communes répondent : « Qu'ils ne pourraient consentir à une telle paix sans dépouiller le roi et ses héritiers des droits de la couronne qu'ils ont juré de maintenir ;

qu'en conséquence ils lui conseillent de ne pas accueillir ces propositions. » Et ils votent des subsides pour continuer la guerre.

En 1369, le roi consulte le parlement pour savoir s'il doit recommencer la guerre avec la France qui ne remplit pas les conditions du dernier traité : le parlement le lui conseille et vote un subside.

Ces faits prouvent l'intervention la plus directe et la plus constante des communes en matière de paix et de guerre. Elles ne l'éludèrent point, tant que la guerre fut heureuse et nationale. Quand les subsides devinrent excessifs, elles se montrèrent plus réservées à se prononcer d'avance. Quand la chance tourna décidément contre Édouard III, à la fin de son règne, les communes profitèrent, comme on le verra tout à l'heure, du droit d'intervention qu'elles avaient acquis, pour saisir aussi le droit de poursuivre les ministres auxquels elles imputaient les malheurs du temps. Tout cela est dans le cours naturel des choses, et démontre clairement l'influence toujours croissante des communes dans la politique.

En matière d'administration intérieure, leurs progrès ne sont pas moins sensibles. Jusqu'au règne d'Édouard III, toutes les tentatives pour envahir le gouvernement central étaient venues des barons; c'étaient les barons qui, sous Henri III et sous Édouard II, s'étaient emparés de la nomination aux grands emplois publics et de la disposition des revenus de l'État. En 1342, les communes commencent une tentative de ce genre, moins directe, moins hautaine, mais tendant au même but, par des voies plus régulières et mieux choisies. Profitant des nécessités où se trouve le roi dénué d'argent, et hors d'état de continuer la guerre contre la France, elles lui présentent les deux pétitions suivantes :

1° « Que certaines personnes soient désignées par une
« commission du parlement pour recevoir les comptes
« des personnes qui ont reçu les laines, l'argent, ou
« autres subsides accordés au roi. » Le roi consent à cette demande, pourvu que le trésorier et le chancelier soient adjoints à la commission.

2° « Que le chancelier et tous les autres grands
« officiers soient nommés en plein parlement, et jurent
« publiquement d'observer les lois de l'État. » Le roi consent encore, mais avec ces restrictions que, si un desdits offices vient à vaquer par la mort du possesseur ou autre cause, le choix du remplaçant appartiendra au roi seul, avec l'avis de son conseil; que cet officier prêtera, au parlement suivant, le serment demandé dans la pétition; et que de plus, à chaque parlement, le roi reprendra dans sa main tous les offices, afin que lesdits officiers, hors d'emploi, soient soumis à tous les reproches et accusations que le parlement croira devoir intenter contre eux, et ne reprennent

leurs charges qu'après s'être justifiés. Ces décisions furent converties en statuts. Le chancelier, le trésorier, les juges et autres officiers de la couronne, furent requis d'en jurer l'observation sur la croix de Cantorbéry. Le chancelier, le trésorier et quelques juges protestaient contre cet acte, comme contraire à leur premier serment et aux lois du royaume ; leur protestation fut portée sur les registres du parlement; mais le statut n'en fut pas moins définitivement rendu. C'était la reconnaissance la plus formelle de la responsabilité des ministres devant le parlement, que les communes venaient de conquérir. La plus pressante nécessité avait seule arraché le consentement du roi. A peine le parlement fut-il séparé, que le roi, de sa seule autorité, révoqua formellement le statut par des *writs* adressés à tous les shériffs; et ce qu'il y a de bizarre, c'est qu'un acte aussi illégal n'excita aucune réclamation, et que l'année suivante le statut fut révoqué par le parlement lui-même.

La tentative seule n'en était pas moins un grand pas. Elle prouve que deux idées fondamentales étaient entrées dans l'esprit des députés des communes : l'une, que le parlement devait avoir influence sur le choix des ministres du roi ; l'autre, que ces ministres devaient être responsables de leur conduite devant le parlement. Quant au premier point, les communes du quatorzième siècle employaient un très-mauvais mode, en voulant que leur influence sur le choix des agents du pouvoir fût directe, et en intervenant directement dans la nomination des ministres; elles affaiblissaient prodigieusement, si elles ne la détruisaient tout à fait, la responsabilité ministérielle : les progrès du gouvernement représentatif ont prouvé que l'influence indirecte, exercée en cette matière par la majorité du parlement, est seule admissible et seule efficace. Mais c'était déjà beaucoup que les communes eussent assez grandi pour concevoir cette idée de leurs droits. Elles en reprirent l'exercice, et avec plus de succès, vers la fin de ce règne. Le roi était vieux, déchu; ses armes étaient malheureuses; les abus se multipliaient à la cour; Édouard était tombé sous l'empire des favoris : un de ses fils, le duc de Lancaster, possédait seul ses bonnes grâces, et en abusait; une femme, Alix Perrers ou Pierce, jouissait d'un crédit honteux, qu'elle employait surtout à appuyer, auprès des cours de justice, les intérêts de ses amis. On la voyait, siégeant dans l'enceinte des tribunaux, intimider par sa présence les juges qu'elle avait poursuivis de ses sollicitations. Le bruit se répandit en même temps que le duc de Lancaster projetait de se faire déclarer héritier de la couronne aux dépens du jeune fils du prince Noir, alors mourant et cher à toute la nation. Un parlement fut convoqué en 1376 ; un parti puissant se prononça dans les deux chambres contre les ministres du roi. Dans la chambre haute, le prince

Noir lui-même s'en porta le chef; dans la chambre basse, l'opposition fut conduite par Pierre de la Mare. Les communes demandèrent que le conseil du roi fût augmenté de dix à douze membres, prélats, lords ou autres; qu'aucune affaire importante ne fût traitée sans l'assentiment de six ou quatre d'entre eux; enfin que tous les officiers fissent serment de ne recevoir aucun présent, émolument ou récompense au-delà de leurs salaires et profits légaux. Le roi consentit à toutes ces demandes, sous la condition qu'il nommerait lui-même ces nouveaux conseillers, et que le chancelier, le trésorier et le garde du sceau privé pourraient faire, sans leur concours, ce qui appartient à leur office. Les communes ayant voulu exiger que les juges de paix de chaque comté fussent nommés par les lords et chevaliers députés dudit comté en parlement, et ne pussent être écartés sans leur aveu, le roi refusa. Les communes continuèrent à se plaindre des mauvais conseillers du roi, leur attribuant la détresse où le roi était réduit, la dilapidation des subsides, etc. Enfin, pour appliquer immédiatement les principes qu'elles soutenaient, elles accusèrent formellement les lords Latimer et Nevil qui occupaient des charges dans la maison du roi, et quatre marchands de Londres, Lyons, Ellis, Peachey et Bury, fermiers des subsides. Cette accusation eut son effet; les accusés furent déclarés incapables de tout emploi public, bannis de la cour et du conseil, et leurs biens furent confisqués. Quant à Alix Perrers, les communes la poursuivirent également ; le roi fut contraint de rendre une ordonnance portant que : « Comme les femmes poursuivaient devant les cours de justice les procès d'autres personnes, et retiraient de là de grands profits, ce qui déplaisait au roi, il défendait à toute femme, et notamment à Alix Perrers, d'en faire autant désormais, sous peine, pour ladite Alix, de perdre ses biens et d'être bannie du royaume. »

Rien de semblable n'avait encore été tenté par les communes. Ce parlement siégea de la fin d'avril au 6 juillet 1376, c'est-à-dire plus longtemps qu'aucun des parlements précédents ; le nombre de ses pétitions au roi s'éleva à 223, et tous ses actes furent si populaires qu'il reçut le nom de *bon parlement*.

Mais les communes n'étaient pas en état de soutenir seules un tel succès ; il avait été dû en grande partie au concours du prince Noir et de son parti dans la chambre haute ; le prince Noir mourut avant la clôture du parlement. Le roi, en assurant la couronne à son fils Richard, dissipa beaucoup de craintes. Un nouveau parlement fut convoqué le 27 janvier 1377, et l'un de ses premiers actes fut de solliciter la révocation de la sentence portée l'année précédente contre lord Latimer et Alix Perrers, ce qui eut lieu. Six ou sept seulement des chevaliers députés au précédent parlement siégeaient dans celui-ci ; Pierre de la Mare fut emprisonné. Cependant, ce nouveau parlement maintint sur plusieurs points les droits déjà conquis : il insista sur l'appropriation des subsides, sur le compte à rendre des recettes, etc. La mort d'Édouard III, qui survint le 21 juin 1377, mit un terme à la lutte qui allait probablement s'engager de nouveau entre les communes et les conseillers de la couronne.

Outre cette intervention de la chambre des communes dans les affaires générales de l'État, quelques faits particuliers prouvent les progrès que faisait en tous sens son influence, et méritent, sous ce point de vue, d'être remarqués.

1° Les communes commencent à résister énergiquement soit à la puissance que le pape prétendait toujours exercer en Angleterre, soit à l'influence intérieure du clergé anglais lui-même. En 1343, elles s'élèvent contre le droit que prétend avoir le pape de remplir, par des étrangers, certains bénéfices ecclésiastiques vacants, et d'autres abus du même genre. Elles demandent que Sa Majesté et les lords les aident à expulser du royaume la puissance papale, et adressent au pape lui-même une lettre pleine des plus vives remontrances. Jusque-là, les barons seuls étaient intervenus activement dans les affaires de ce genre. En 1366, le roi informe le parlement que le pape veut le citer à Avignon pour qu'il lui fasse hommage de sa couronne, aux termes du traité conclu avec le roi Jean, et aussi pour qu'il lui paye le tribut promis à cette occasion. Les lords d'un côté, les communes de l'autre répondent que le roi Jean n'a pas eu le droit de contracter de tels engagements sans l'aveu du parlement, demandent au roi de s'y refuser et lui promettent de le soutenir de tout leur pouvoir. En 1371, les communes se plaignent que les grandes charges de l'État sont occupées par des ecclésiastiques, au grand détriment du roi et de l'État, et demandent qu'à l'avenir ils en soient exclus, laissant au roi le droit de choisir ses officiers, pourvu que ce soit parmi les laïques. Enfin, en 1377, elles demandent qu'aucune ordonnance ou statut ne soit rendu sur une pétition du clergé, sans l'assentiment des communes, et que les communes ne soient liées par aucune des constitutions que le clergé pourra faire pour son propre avantage et sans leur assentiment, puisque le clergé ne veut pas être lié par les statuts ou ordonnances du roi auxquels il n'a pas consenti. Cette lutte de la représentation nationale contre le clergé devint bientôt une habitude permanente qui contribua puissamment, au seizième siècle, à l'introduction de la réforme.

2° En 1337, le parlement s'occupa de la protection de l'industrie nationale. Il interdit l'exportation des laines anglaises, et accorda de grands encouragements aux fabricants de draps étrangers qui viendraient s'établir en Angleterre. Ces règlements tombèrent bientôt en désuétude à cause des guerres de France, mais ils prouvent la disposition du parlement à s'occuper de toutes les matières d'intérêt public.

3° C'est aussi sous ce règne, que, pour la première fois, on voit le parlement s'inquiéter des abus qui se commettaient en matière d'élections et chercher à les prévenir. En 1372, une ordonnance, rendue sur la provocation et de l'avis des communes, interdit l'élection des shériffs pendant la durée de leurs fonctions, et aussi des gens de loi, attendu qu'ils se servaient de leur autorité pour se faire élire, et pour agir ensuite dans leurs seuls intérêts[1].

4° Enfin c'est sous ce règne qu'on voit pour la pre-

[1] Voici le texte de cette ordonnance :

« Attendu que les gens de loi qui suivent, devant les cours du roi, les affaires des particuliers, en qualité de solliciteurs ou fondés de pouvoir, font présenter au parlement, au nom des communes, beaucoup de pétitions qui n'intéressent pas les communes, mais seulement leurs propres clients; attendu aussi que les shériffs, qui sont les officiers du peuple, et devraient se souvenir de leur office qui est de rendre justice à chacun, se sont faits et se font encore, en leur qualité de shériffs, envoyer eux-mêmes au parlement comme chevaliers de comté, il est accordé et convenu dans le présent parlement qu'à l'avenir aucun homme de loi, suivant des affaires devant les cours du roi, ni aucun shériff pendant qu'il est shériff, ne pourra être envoyé ni reçu comme chevalier de comté, et qu'aucun homme de loi ou shériff, envoyé à l'avenir au parlement, ne recevra des gages. » *Parl. hist.* t. I, p. 334.

Du reste, l'influence du roi sur les élections s'aperçoit à cette époque d'une manière directe, ou à peu près. Deux édits d'Édouard III,

mière fois des comités des deux chambres se réunir pour examiner en commun certaines questions, et rapporter ensuite, à leurs chambres respectives, le résultat de cet examen. Il est remarquable que cet usage, si nécessaire pour faciliter la marche du système représentatif et procurer de bonnes délibérations, soit né précisément à l'époque où le parlement s'est divisé en deux chambres. Il a été la conséquence naturelle de leur ancienne réunion en une seule assemblée. Rien n'était réglé ni constant quant au mode de formation de ces comités. Tantôt le roi désignait lui même un certain nombre de lords et invitait les communes à choisir un certain

rendus à plus de quarante ans d'intervalle, le prouvent. Le premier (3 novembre 1330) finit ainsi :

« Et comme naguère plusieurs chevaliers représentants des comtés ont été des gens de mauvais desseins, soutenant de funestes querelles, et qui ne souffraient pas que nos loyaux sujets nous fissent connaître les souffrances du peuple et les choses qui doivent être redressées en parlement, au grand dommage de nous et de nos sujets.... nous vous chargeons et enjoignons de faire élire par le commun consentement de votre comté, deux des meilleurs et plus capables chevaliers ou sergents dudit comté, qui ne soient pas soupçonnés de mauvais desseins, ni souteneurs de factions.... et nous espérons que vous ferez cela, comme nous pensons que vous ne voulez pas encourir notre colère et notre indignation. » (*Parl. hist.* t. I, p. 217.)

Ce writ est écrit au moment où le jeune roi venait de se soustraire au joug de la faction de Mortimer. Le second writ (1373) ordonne aux shérifs de faire élire les deux chevaliers les *plus experts en fait d'armes*, et *non d'autres*, comme aussi les *deux bourgeois les plus habiles dans la navigation et le commerce*. (*Parl. hist.*, t. I, p. 296, 335.)

nombre de leurs membres pour conférer avec eux ; tantôt les communes indiquaient les lords avec qui elles devaient conférer; tantôt chacune des deux chambres nommait son comité.

Il est remarquable que la plupart des sessions parlementaires de ce règne commencent par une confirmation de la grande charte et de la charte des forêts, toujours regardées comme le fondement des droits publics, et encore assez fréquemment violées pour qu'il fût nécessaire d'en renouveler sans cesse la concession.

Tous ces faits prouvent l'immense progrès du gouvernement représentatif en général, et de la chambre des communes en particulier, pendant le cours de ce règne.

VINGT-QUATRIÈME LEÇON.

Objet de la leçon. — De l'état du parlement sous Richard II. — La question se pose d'une manière générale entre la royauté absolue et le gouvernement parlementaire. — Alternatives de prépondérance entre la couronne et le parlement. — Origine de la liste civile. — Progrès de la responsabilité des ministres. — Progrès du compte-rendu de l'emploi des revenus publics. — Les communes envahissent le gouvernement. — Réaction contre l'empire des communes. — Violences et chute de Richard II. — Progrès des maximes et des pratiques essentielles du gouvernement représentatif.

Un fait remarquable dans l'histoire d'Angleterre, c'est que, dans l'intervalle qui s'est écoulé entre l'année 1216 et l'année 1399, un roi habile a toujours succédé à un roi incapable, et un roi incapable à un roi habile. Cette circonstance a tourné au profit de l'établissement des institutions libres qui n'ont jamais eu le temps de tomber sous la main d'un despotisme énergique ni de se dissoudre dans l'anarchie.

Le règne de Richard II n'offre pas, comme celui d'Édouard III, le spectacle de la lutte des communes défendant leurs droits, et les étendant par ce fait seul qu'elles les défendent contre le pouvoir royal sans cesse appliqué à éluder ces droits parce qu'ils le gênent, mais cependant assez habile pour comprendre qu'il a besoin du concours de son peuple et qu'il ne doit pas se brouiller avec ses députés. Sous Richard, le débat prend un caractère plus général; il s'agit de beaucoup plus que de résistances spéciales ou occasionnelles. Il s'agit de savoir si le roi gouvernera selon l'avis et sous le contrôle du parlement, ou bien seul et d'une façon à peu près arbitraire. Une véritable lutte s'établit entre le gouvernement parlementaire et le gouvernement royal pur; lutte violente, pleine d'iniquités réciproques, mais où la question de la liberté en général et du pouvoir absolu est posée plus clairement, plus complétement qu'elle ne l'avait encore été.

Les vicissitudes de cette lutte sont largement tracées dans les faits. Le règne de Richard II se divise en deux époques. De 1377 à 1389, le gouvernement est parlementaire, c'est-à-dire que le parlement a la haute main en toutes choses et dirige réellement les affaires publiques, malgré les essais de résistance du roi et de ses favoris. De 1389 à 1399, cet état change; le roi reprend progressivement le dessus. Non que le parlement abandonne ou perde tous ses droits; celui de voter les impôts, en particulier, est fermement défendu, et même assez respecté. Mais en général le gouvernement est arbitraire, le roi en dispose seul, et le parlement, qui a perdu l'influence prépondérante, n'intervient que comme instrument. Cet état est contraire aux désirs et aux instincts du pays, et un dénouement tragique y met fin. Richard est renversé par un proscrit qui débarque en Angleterre avec soixante hommes, mais qui trouve le parlement et la nation entière disposés à le soutenir ou à le laisser faire. La déposition de Richard et l'élévation de la maison de Lancaster, sont l'œuvre de la force, mais de la force appuyée par cette adhésion puissante que donnent, aux entreprises dirigées contre un gouvernement odieux ou méprisé, le silence et l'immobilité du public.

Tel est l'aspect général de ce règne. Je n'en raconterai pas les événements : j'en dégagerai et je mettrai en lumière les faits relatifs à l'état des institutions, et qui prouvent ce que je viens d'affirmer.

Déjà, vous l'avez vu, dans les dernières années du règne d'Édouard III, l'influence des communes dans le gouvernement avait rapidement grandi. La minorité de Richard II favorisait de nouveaux progrès. Soixante ans plus tôt, elle eût livré l'État à quelque faction de barons; dans la dernière moitié du quatorzième siècle, ce sont les communes qui prennent l'initiative en toutes choses, et qui indiquent comment elles croient que le gouvernement doit être réglé.

Un premier parlement est convoqué en septembre

1377. Pierre de la Mare, naguère le chef de l'opposition, sort de prison, et est élu orateur de la chambre des communes. Treize lords désignés par les communes sont nommés pour conférer avec elles sur les nécessités publiques. Trois propositions sont adressées par les communes au roi et aux lords : 1° la formation d'un conseil de gouvernement ; 2° la désignation des personnes qui doivent veiller sur la personne et l'éducation du roi ; et une administration de la maison du roi telle que ses propres revenus suffisent à ses charges et que les subsides votés soient uniquement employés aux besoins de la guerre ; 3° que la loi commune et les statuts soient strictement observés, et jamais subordonnés aux caprices des personnes qui approchent le roi. Les lords accordent la première proposition, repoussent la première partie de la deuxième comme trop dure et gênant trop la liberté du roi, promettent de délibérer sur la deuxième partie avec les grands officiers de la maison du roi, et accordent pleinement la troisième proposition.

Dans la seconde de ces propositions est le germe de la distinction de la liste civile et des impôts votés pour les dépenses publiques. Un subside est voté par les communes, après l'établissement de l'administration. Il est convenu que les produits en seront perçus par des trésoriers spéciaux (le roi nomme William Walworth et Jean Philpot, marchands de Londres) qui rendront compte de leurs recettes et de leurs paiements, selon le mode que prescriront le roi et son conseil.

Plusieurs autres pétitions sont présentées par le parlement. 1° que les mauvais conseillers du roi Édouard soient renvoyés et d'autres mis à leur place;—accordé; 2° que, pendant la minorité, tous les ministres et autres grands fonctionnaires soient nommés en parlement et de son aveu, et que si, en l'absence du parlement, l'un d'eux est écarté, son successeur ne soit nommé par le conseil du roi que sauf la ratification du prochain parlement; — accordé pour les principaux officiers, refusé pour les moindres ; 3° la pétition qui demandait un parlement tous les ans est renouvelée; on se réfère aux statuts qui l'ordonnent. — Il est clair qu'en tout ceci l'initiative et la direction générale du gouvernement appartiennent aux communes.

Le 25 avril 1378, un second parlement se réunit et vote un subside par voie de capitation. Le roi s'était engagé par des emprunts. Le chancelier termine son discours en disant que, pour les dépenses faites et à faire, les trésoriers sont prêts à rendre leurs comptes.

Le 20 octobre 1378, réunion du troisième parlement. Demande d'un subside. Les communes soutiennent que le roi ne doit pas en avoir besoin et qu'on leur a promis de ne plus leur en demander. Le chancelier Richard-le-Scrope le nie. De long débats s'élèvent à ce sujet. Les communes demandent qu'on leur rende compte de l'emploi du subside précédent. Le chancelier proteste que cela n'est pas de leur droit; cependant il cède en faisant des réserves pour l'avenir. Les communes examinent les comptes.

Les communes demandent que cinq ou six lords viennent les trouver pour conférer avec elles sur les charges publiques. Elles aspirent à se faire le centre de la délibération et semblent ne considérer les lords que comme une partie du conseil du roi. Les lords s'y refusent, et demandent que, selon l'ancien usage, chaque chambre désigne quelques-uns de ses membres pour conférer. Cela se passe ainsi. Un subside est voté. Les communes demandent la nomination de trésoriers spéciaux pour en recevoir et en débourser le produit. Accordé.

Le 15 janvier 1380, quatrième parlement, toujours pour demander des subsides nécessités par les guerres avec la France, l'Écosse, les révoltes en Gascogne, etc. Le chancelier termine son discours en disant que « les lords du grand conseil du roi sont prêts à mettre sous les yeux des communes le compte des recettes et des dépenses faites sur le dernier subside. »

Les communes demandent : 1° que les conseillers donnés au roi, à son avénement, soient renvoyés, probablement parce qu'elles les soupçonnent d'infidélité dans la gestion des revenus; 2° que les cinq principaux ministres ne puissent être changés avant le prochain parlement ; 3° qu'une commission soit formée pour examiner, dans tous les domaines et palais, l'état de la maison du roi, de ses revenus et dépenses de tout genre; — accordé. La commission est formée de six lords et de six membres des communes; 4° qu'on mette auprès du roi quelques-uns des plus sages barons, capables de bien répondre aux ministres étrangers. Un seul baron, le comte de Warwick, est nommé à cet effet. Un subside est voté.

En novembre 1380, un cinquième parlement se réunit, toujours pour des subsides. Un long débat s'élève entre les communes et les lords sur la quotité du subside. On demandait une somme fixe de 16,000 livres sterling. Les communes votent une capitulation de trois *groats* par individu au-dessus de 15 ans, les mendiants seuls exceptés, et le vote a lieu sous la condition que les riches viendront au secours des pauvres. Les communes ordonnent de plus qu'aucun chevalier, citoyen ou bourgeois du présent parlement ne pourra être percepteur de cette taxe, apparemment pour éviter tout soupçon de partialité dans la répartition.

Une violente insurrection populaire éclate à l'occasion de cette taxe. Le roi est obligé, pour la calmer, de faire des promesses d'affranchissement général.

Le 14 septembre 1382, un sixième parlement se réunit et est ajourné à cause de la querelle du duc de Lancaster et du comte de Northumberland qui y étaient venus en armes avec une nombreuse suite. L'importance des grands barons était telle que le parlement ne put se réunir que lorsque le roi fut parvenu à réconcilier ces deux-là. L'agitation fut grande dans ce parlement qui ne savait comment calmer les troubles du pays. L'affranchissement qui avait été arraché au roi fut révoqué. Les communes accusèrent le mauvais gouvernement du roi d'avoir causé l'insurrection, et peignirent le déplorable état du peuple. Un comité d'enquête fut formé à ce sujet. Les communes refusèrent d'accorder un subside, se fondant sur les dispositions du pays à la révolte. Le roi déclara qu'il n'accorderait son amnistie, pour tous les délits commis dans la dernière insurrection, que moyennant un subside. Le subside fut accordé.

A l'ouverture de ce parlement, les communes demandèrent que les prélats, les lords temporels, les chevaliers, les juges, en un mot tous les divers *états* examinassent, chacun pour son compte, les charges qu'ils pouvaient supporter, et vinssent ensuite en faire le rapport aux communes, qui délibéreraient en conséquence. C'était tenter de s'ériger en assemblée souveraine et unique; le roi maintint l'ancien usage qui voulait que les communes délibérassent les premières, et vinssent faire leurs propositions au roi et aux lords.

Ce parlement fut prorogé deux fois, du 15 décembre au 15 janvier 1383, et de là au 7 mai.

Sept sessions du parlement furent tenues du 7 mai

1383 au 1er octobre 1386. Le roi cherchait à s'affranchir du contrôle du parlement. En 1383, il renvoya un chancelier, très-populaire, Richard-le-Scrope, parce qu'il avait refusé de sceller des dons inconsidérés faits sur les biens échus à la couronne. La même année, le clergé obtient du roi un statut violent contre les *Lollards* ou sectateurs de Wicleff. Les communes s'en plaignent, disant que ce statut est subreptice, qu'il n'a jamais reçu leur consentement, et qu'elles refusent de se lier, ainsi que leurs descendants, envers le clergé plus que n'ont fait leurs ancêtres. Elles demandèrent la révocation du statut et l'obtinrent; mais après leur départ, l'acte de révocation fut mis de côté et le statut maintenu.

Encore en 1383, les communes ayant demandé conférer avec un comité de lords qu'elles désignaient, le roi y consentit, mais en ajoutant qu'il lui appartenait de désigner seul les lords qu'il jugerait à propos d'envoyer à de telles conférences. Dans le même parlement, les communes prient le roi de s'entourer de lords sages et vertueux, et de régler sa maison de telle sorte que ses revenus soient bien administrés et lui suffisent. Le roi répond qu'il appellera auprès de lui les personnes qui lui conviendront, et qu'il réglera ce qui concerne sa maison de l'avis de son conseil. En 1386, les communes demandent que l'état de la maison du roi soit examiné chaque année par le chancelier, le trésorier et le garde du sceau privé, et qu'ils aient droit d'en réformer les abus. Le roi répond qu'il ordonnera cet examen quand il lui plaira. Les communes demandent encore quels sont les ministres et principaux officiers que le roi veut mettre à la tête des affaires. Le roi répond qu'il a les ministres qui lui conviennent et qu'il en changera à son gré. Tous ces faits démontrent l'effort du roi et de son conseil pour s'affranchir du parlement. A mesure que cette volonté se manifeste, les communes deviennent, à certains égards, plus timides et plus réservées. En 1383, le roi les consulte sur la question de savoir s'il doit marcher en personne à la tête de son armée contre la France; elles répondent qu'il ne leur appartient pas d'en décider, que cela regarde le conseil. En 1385, on les consulte sur la question de la paix ou de la guerre avec la France; elles refusent de donner un avis. Le roi insiste à deux reprises, et toute la réponse qu'il en peut obtenir, c'est que « si elles étaient « à la place du roi, elles préféreraient la paix. » Tout, des deux parts, annonce une séparation imminente, ou du moins un éloignement progressif. Le roi veut échapper à la direction du parlement. Le parlement se refuse à partager la responsabilité du conseil du roi.

Richard était sous l'empire de deux favoris, Robert de Vère, marquis de Dublin, et Michel de la Pole, comte de Suffolk : de là un gouvernement de cour, capricieux, dilapidateur et prétendant à un arbitraire insolent et frivole. La hauteur du chancelier Suffolk fut extrême dans ses discours d'ouverture des parlements de 1384 et 1385. Les communes supportaient le gouvernement, souvent aussi tyrannique, d'un conseil de hauts barons, plus volontiers que celui des favoris. La haute aristocratie féodale avait de profondes racines. L'arrogance et la légèreté des favoris choquaient bien davantage le peuple. L'orage éclata dans le parlement réuni le 1er octobre 1386. Les communes, *d'un accord et unement assemblés*, accusèrent le comte de Suffolk. Le roi se retira à Eltham. Les deux chambres lui firent demander le renvoi du trésorier et surtout du chancelier sur le compte duquel elles avaient, dirent-elles, à traiter des affaires dont elles ne pouvaient s'occuper avec sûreté tant qu'il serait en fonctions. Le roi répondit en éludant; le parlement déclara qu'il ne ferait rien tant que le roi serait absent et le comte de Suffolk ministre. Le roi leur fit proposer de lui envoyer 40 chevaliers pris dans leur sein. Le parlement s'y refusa. Après une longue et étrange correspondance, le roi fut contraint de céder et de prendre de nouveaux ministres.

On a douté de plusieurs de ces faits, surtout de la correspondance du roi et du parlement. Knyghton seul la rapporte, mais il y a lieu de la croire authentique. Le comte de Suffolk fut accusé et condamné. Les griefs allégués contre lui avaient peu de gravité comme crimes légaux, beaucoup comme abus dans le gouvernement. Un comité de onze lords fut nommé par le parlement pour régler toutes les affaires et gouverner de concert avec le roi. Le parlement déclara coupable de haute trahison quiconque conseillerait au roi de ne pas suivre l'avis du comité, et obligea le roi à confirmer ses résolutions par des lettres-patentes. Le roi, de son côté, fit en plein parlement une protestation enregistrée contre tout ce qui, dans les actes du parlement, pourrait porter préjudice soit à lui, soit à sa couronne dont il entendait conserver intactes toutes les prérogatives et libertés.

En 1387, le roi parcourt l'ouest et le nord de l'Angleterre ; il rassemble à Nottingham un conseil formé des partisans de ses favoris. Il demande aux shériffs des comtés voisins quelles forces ils pourraient lever à son aide, s'il en avait besoin contre le comité des onze lords. Les shériffs répondent que le peuple est convaincu que les lords sont amis du roi et veulent le bien du pays, qu'ainsi on trouverait peu de gens enclins à se lever contre eux. Le roi ordonne aux shériffs de ne faire élire au prochain parlement que les hommes qu'il indiquera. Ils répondent qu'ils ne peuvent se charger de faire élire qui le roi voudra. Le roi appelle les juges à Nottingham, et leur propose diverses questions sur les droits et les prérogatives de la couronne. Les juges, soit intimidés, soit guidés par sir Robert Tresilian, font des réponses qui tendent à établir le pouvoir arbitraire du roi et à affranchir son gouvernement du contrôle du parlement. C'est là le but évident de toute cette lutte.

Des dissensions éclatent entre le roi et les lords. Un parlement est convoqué. Le roi insère dans ses *writs* l'invitation de nommer des hommes *debatis modernis magis indifferentes*. Bientôt il est obligé de rayer cette phrase, et de la déclarer illégale dans de nouveaux *writs*. Le 3 février 1388 le parlement s'assemble. Il prend des précautions pour s'assurer qu'il décidera seul des grandes affaires publiques, et qu'il ne sera pas dissous après avoir voté un subside. Une accusation est intentée par cinq lords, dits *appelants*, contre les favoris du roi et les juges. Cette accusation est au fond une violente lutte de partis sous des formes judiciaires. La chambre haute déclare qu'en de si graves occasions le parlement seul est juge, et n'est lié par aucune des lois qui règlent les procédés des autres cours. Dix-huit personnes sont condamnées, la plupart à mort, et plusieurs par défaut. Le parlement se sépare après cinq mois de session. Il fut appelé *le parlement faiseur de miracles*, et aussi le *parlement sans pitié*. Il avait pris soin de déclarer que la condamnation des favoris, conseillers et juges, n'entachait aucunement le roi lui-même.

L'autorité du comité des onze, sur le gouvernement, s'exerça sans contestation pendant un an. En mai 1389, le roi assemble son conseil et y déclare que

« maintenant étant d'âge mur, il est capable de gouverner lui-même son héritage, et qu'il ne convient pas qu'il soit en pire condition que tout sujet de son royaume qui dispose librement de ses biens. Il est assez connu que depuis plusieurs années j'ai vécu sous votre tutelle, et je vous remercie des peines que vous y avez prises ; mais maintenant que j'ai atteint ma majorité, je suis décidé à n'être plus en tutelle, à prendre en main le gouvernement du royaume, et à nommer ou révoquer mes ministres et autres officiers selon mon plaisir. » Il changea le chancelier et autres grands officiers, et éloigna de son conseil quelques-uns des onze lords.

Ici commence la seconde époque de ce règne, l'époque de réaction contre le parlement. Une grande obscurité règne sur les causes qui mirent Richard II en état d'accomplir une telle révolution : probablement des divisions dans le comité des onze lords, et le mauvais usage que quelques-uns d'entre eux avaient fait de leur pouvoir. Le roi et son nouveau conseil gouvernent d'abord avec prudence, et témoignent au parlement de grands égards. Le 16 janvier 1390, un parlement est convoqué. Les nouveaux ministres de Richard se démettent de leurs charges et soumettent leur conduite à son examen. Le parlement déclare qu'il n'y trouve rien à reprendre. Les ministres rentrent en fonctions. Sept parlements sont tenus de

1390 à 1397. Ils deviennent de plus en plus timides et dociles, et le roi reprend une autorité de plus en plus étendue et arbitraire. Voici les principaux faits qui caractérisent cette réaction.

En 1391, le parlement demande au roi « que la royauté et les prérogatives de sa couronne demeurent toujours intactes et inviolables; que, si quelque atteinte y a été portée, on la réforme; enfin, que le roi soit aussi libre de son temps que l'ont été dans le leur ses nobles ancêtres : *laquelle prière semble à notre seigneur le roy honeste et raisonnable,* et il y consent.

En 1391 et 1392, le parlement reconnaît au roi le pouvoir de dispenser de l'observation de certains statuts en matière ecclésiastique, sous la condition cependant que les statuts ne seront pas révoqués par là.

En 1392, le roi, irrité contre la cité de Londres, lui retire ses libertés et fait emprisonner ses magistrats. Peu après, il rend à la cité ses libertés, mais en lui imposant une amende de 1,000 livres sterling.

En 1394, les juges qui avaient été bannis en Irlande par le parlement de 1388 sont rappelés.

En 1397, un bill est proposé dans la chambre des communes, demandant qu'on évite toute dépense extravagante dans la maison du roi, et que les évêques et les dames qui n'ont rien à faire à la cour n'aient pas la permission d'y résider. Le roi s'irrite de ce bill avant qu'il lui soit présenté, et dit dans la chambre haute

« que le bill est dirigé contre les libertés et prérogatives dont ses prédécesseurs ont joui et qu'il est décidé à maintenir. » Il ordonne aux lords d'informer les communes de sa résolution et au duc de Lancaster de commander à sir John Bussy, orateur des communes, de lui faire connaître quel est le membre qui a proposé ce bill au parlement. Les communes s'effrayent et font au roi d'humbles excuses. Dans une conférence, elles lui remettent le bill en lui livrant Thomas Haxey qui l'avait proposé. Le roi les excuse, et le parlement lui-même déclare Haxey coupable de trahison. Le clergé lui sauve la vie en le revendiquant comme clerc, ce qui prouve qu'alors les ecclésiastiques n'étaient pas exclus du parlement.

En septembre 1397, Richard II se jugea enfin en état de ressaisir la plénitude de son pouvoir, d'annuler tout ce qui avait été fait en 1388 pour le restreindre, et de venger ses injures.

Un parlement fut convoqué. Toutes les précautions avaient été prises pour qu'il fût docile. Les shériffs avaient été changés; toutes sortes de pratiques avaient été mises en usage pour dominer les élections. De nombreux corps de troupes formaient la garde du roi. Le parlement s'ouvrit avec une grande solennité; l'évêque d'Exeter, chancelier, prit pour texte de son discours : *Rex unus erit omnibus*. Les faits répondirent à ces préliminaires. Tous les actes du parlement de

1388 furent révoqués, et leurs auteurs accusés de trahison ; cinq d'entre eux furent condamnés à mort. Le principal, le duc de Gloucester fut assassiné à Calais dans sa prison, après avoir été contraint de reconnaître ses crimes passés dans une confession écrite où il s'accusa formellement d'*avoir gêné la liberté du roi*. Après ces condamnations, ce même parlement tint à Shrewsbury une seconde session où les réponses des juges de 1387 furent déclarées bonnes et légitimes, et où l'on prit, pour rendre inviolables ces nouvelles décisions, toutes les mêmes mesures qu'avait employées, pour garantir les siennes, le parlement de 1388. Ces deux sessions durèrent seize jours. Moins de deux ans après, Richard était détrôné.

Il se croyait cependant bien à l'abri d'un tel danger ; il avait pris toutes sortes de précautions pour fonder solidement le pouvoir qu'il venait de ressaisir. Le parlement lui avait accordé, pour sa vie, le droit sur les laines et les cuirs, sous la seule réserve que cette concession ne serait pas invoquée comme un précédent par les rois ses successeurs. Plusieurs des pétitions ou autres affaires soumises au parlement pendant sa dernière session n'ayant pu être terminées, le parlement nomma, en se séparant, un comité permanent de douze lords et six membres des communes, auxquels il transmit ses pouvoirs pour régler et décider, de concert avec le roi, ce qui était resté en arrière. Richard demeurait ainsi entouré des hommes qui venaient de l'aider à ressaisir le pouvoir arbitraire; et bien que la mission de ce comité se bornât à terminer les affaires que n'avait pas conclues le parlement, il ne tarda pas à s'emparer de tout le gouvernement. De concert avec le roi, il fit des ordonnances et déclara coupables de trahison quiconque essaierait de les renverser; il imposa à tous les lords l'obligation, sous serment, de respecter et maintenir tout ce qu'il ordonnerait. Tous les pouvoirs du parlement furent ainsi usurpés par le comité. Les vexations particulières s'ajoutèrent à cette usurpation générale; malgré l'amnistie proclamée, même dans le dernier parlement, Richard poursuivit ses vengeances contre les adhérents du parlement de 1388. Il extorqua de l'argent de dix-sept comtés, sous prétexte qu'ils avaient pris part à cette rébellion. Il forçait les citoyens riches à signer des obligations en blanc pour se racheter des poursuites pour fait de trahison, et il remplissait ces blancs à son gré.

La haine et la colère devinrent générales. Une cause accidentelle les fit éclater. Une querelle subsistait entre les ducs de Hereford et de Norfolk : le dernier parlement avait laissé ce débat à la décision du roi et du comité. Un combat singulier entre les deux ducs était assigné à Coventry. Le roi le prévint et exila les deux ducs, l'un pour dix ans, l'autre pour la vie. Par lettres-patentes il autorisa expressément le duc de Hereford à poursuivre, pendant son exil, la mise en possession de tous les biens qui pourraient lui échoir. En 1399, Jean de Gand, duc de Lancaster et père du duc, mourut. Le roi et le comité annulèrent les lettres-patentes, et confisquèrent les biens du duc de Lancaster. Richard partit pour l'Irlande. Le 4 juillet 1399, le duc de Hereford, devenu par la mort de son père duc de Lancaster, débarqua en Angleterre. Ses progrès furent rapides, Richard revint en Angleterre et se vit bientôt abandonné et pris. Un parlement fut convoqué sous son nom pour le 30 septembre. Richard abdiqua. Une accusation en trente-trois articles fut dressée contre lui. Sa déposition fut prononcée par le parlement. Henri de Lancaster revendiqua la couronne en vertu d'un prétendu droit de naissance. Elle lui fut déférée le 6 août 1399, et de nouveaux *writs* furent émis pour convoquer un parlement dans six jours. C'était impossible ; le même parlement se réunit et devint le parlement de Henri IV. Richard, prisonnier dans le château de Pomfret, fut bientôt égorgé (23 octobre 1399).

Cette catastrophe royale fut l'œuvre de la force, comme l'avait été la déposition d'Édouard II ; mais l'opinion et la passion publique y eurent bien plus de part. On fit des efforts pour donner aux violences mêmes une apparence de régularité constitutionnelle, et les progrès du gouvernement parlementaire se laissent reconnaître jusque dans ses tragiques emportements.

Telles furent, sous le rapport politique, la physionomie et la marche de ce règne. Quelques faits particuliers méritent d'être remarqués.

1° L'extension de la pratique des emprunts forcés. En 1378, une pétition demande que nul homme ne soit contraint de prêter de l'argent au roi : elle est accordée. Cependant en 1386 un *writ* adressé à quelques habitants de Boston leur enjoint de faire contribuer toute personne possédant des biens-meubles pour plus de 20 livres sterling au prêt de 200 livres sterling que la ville a promis de faire au roi, et qui sera reçu en déduction des subsides du prochain parlement.

2° Le principe de l'appropriation des subsides prévaut de plus en plus.

3° Les communes font des efforts pour s'assurer qu'on ne change pas leurs pétitions en les rédigeant en statuts. En 1382, elles demandent la communication d'une ordonnance du roi avant qu'elle soit enregistrée. Elles veulent que quelques-uns de leurs membres soient présents à la rédaction des registres. L'affaire de Thomas Haxey donne lieu de croire qu'on commença, sous ce règne, à procéder dans la forme de bills débattus et adoptés dans les deux chambres avant d'être soumis à la sanction du roi. Cependant en 1382, la chambre des communes ayant demandé l'avis de la chambre des lords sur une question dont elle s'occupait, celle-ci répond que l'ancien usage veut que les communes fassent les premières connaître leur avis au roi et aux lords réunis ; mais ce fait même prouve que l'initiative dans sa forme actuelle était près de s'introduire.

4° En 1384, la ville de Shaftesbury adresse une pétition au roi, aux lords et aux communes, contre le shériff du comté de Dorset qui a fait un faux rapport en matière d'élection et éliminé le véritable élu. On ne voit pas quelle suite eut cette pétition, mais c'est la première fois qu'il est officiellement question de l'intervention des communes en matière d'élections contestées. Trois exemples seulement de réclamations analogues se rencontrent dans les temps antérieurs, sous Édouard II en 1319, sous Édouard III en 1363, sous Richard II en 1384. Jusque-là c'était le roi seul qui examinait la réclamation et en renvoyait le jugement aux cours et aux juges ordinaires.

5° En 1382, un statut ordonne, sous peine d'amende ou autre punition, à tous les lords et députés des communes de se rendre au parlement quand ils sont convoqués, et aussi à tous les shériffs de faire faire toutes les élections dues et accoutumées, sans omettre aucun bourg ou cité.

Ces actes particuliers attestent, comme le cours général des événements, le progrès des maximes et des pratiques constitutionnelles.

VINGT-CINQUIÈME LEÇON.

Objet de la leçon. — Résumé de l'histoire du parlement depuis la mort de Richard II jusqu'à l'avénement de la maison de Stuart. — Progrès des formes de procéder et des priviléges du parlement. — De la liberté de la parole dans les chambres. — De l'inviolabilité des membres du parlement pendant les sessions. — Du droit d'initiative parlementaire substitué au droit de pétition. — Du pouvoir judiciaire attribué à la seule chambre des lords. — De la décadence du parlement, d'abord dans les guerres civiles des maisons d'York et de Lancaster, ensuite sous les règnes des Tudor. — Causes de cette décadence et des progrès de la royauté, de Henri VII à Élisabeth. — Conclusion.

Il est impossible de prévoir tout ce que les grands événements portent dans leur sein : il en est qui procurent au présent l'ordre et la liberté, et qui réservent à l'avenir la confusion et la tyrannie; d'autres, au contraire, amènent d'abord le pouvoir absolu, et donneront un jour naissance à la liberté. On est saisi de cette réflexion à la vue de la prodigieuse différence qui existe entre les suites immédiates de la déposition de Richard II et ses conséquences éloignées.

Elle délivra l'Angleterre d'un gouvernement arbitraire, insolent et déréglé ; mais soixante ans après, elle lui valut les guerres de la Rose rouge et de la Rose blanche, et ces cruels déchirements intérieurs qui rendirent le despotisme facile aux Tudor : en sorte que la décadence des libertés anglaises, de 1461 à 1640, eut sa première source dans l'événement qui, en 1399, les avait fait triompher.

En considérant le caractère général de l'état du gouvernement de 1399 à 1461, sous les trois premiers rois de la maison de Lancaster, Henri IV, Henri V et Henri VI, on reconnaît que ce temps ne fut remarquable ni par l'immobilité, ni par les progrès des institutions. Le parlement n'a fait, pendant cette époque, aucune de ces conquêtes signalées qui avaient marqué les règnes d'Édouard III et de Richard II ; aucun droit vraiment nouveau, aucune garantie fondamentale et jusque-là ignorée ne sont venus s'ajouter à ce qu'il possédait déjà. Le pouvoir arbitraire n'a pas non plus repris l'offensive et l'avantage : il ne s'est engagé, entre la couronne et le parlement, aucune lutte sérieuse, et qui pût compromettre l'existence de l'un des partis ou changer notablement leur degré d'importance politique. A vrai dire, le travail de cette époque a été de régulariser les résultats des luttes antérieures. Le parlement a exercé, sans trop de contestation, les droits qu'il avait conquis dans le quatorzième siècle, le vote des impôts, l'appropriation des subsides, l'examen des comptes, l'intervention dans la législation, l'accusation des grands officiers de la couronne, etc. Les rois, en cherchant souvent à éluder l'application de ces droits, ne les ont jamais complétement méconnus, ni ouvertement bravés. L'ensemble de la machine politique est resté à peu près le même; mais sans subir de grandes secousses, elle a reçu dans son intérieur d'assez importants développements; on y a cherché et obtenu des améliorations pratiques; des principes établis, on a tiré d'autres conséquences; c'est une époque plus remarquable par certains perfectionnements dans les ressorts du gouvernement parlementaire, que par la conquête de grands droits et par la formation d'institutions fondamentales.

C'est surtout la constitution intérieure du parlement qui, dans le cours de cette époque, fit d'importants progrès : de là datent, du moins avec quelque fixité, ses principales formes de procéder et ses priviléges les plus essentiels.

Un des plus essentiels est certainement la liberté de la parole. C'est sous le règne de Henri IV qu'on voit l'orateur de la chambre des communes la réclamer du roi à l'ouverture de chaque session. Un de premiers actes du premier parlement tenu sous ce règne (1399) fut de faire révoquer la condamnation portée, sous Richard II, contre Thomas Haxey. Tout prouve que sous Henri IV, les communes usèrent de la liberté de la parole bien plus largement qu'on n'avait fait jusque-là. On en fit un sujet d'éloges particuliers pour sir John Tibetot, orateur dans le parlement de 1406. Le roi montra bientôt une grande méfiance de l'extension que prenait ce droit exercé probablement avec toute la rudesse des mœurs du temps. En 1410, il dit aux communes qu'il espère qu'elles ne se serviront plus de paroles inconvenantes, et agiront avec mesure, En 1411, sir Thomas Chaucer, orateur, ayant fait, à l'ouverture de la session, la demande accoutumée, le roi répond qu'il permet aux communes de parler comme on a fait jadis et non autrement, attendu qu'il ne veut pas qu'on introduise de nouveautés, et qu'il entend jouir de sa prérogative. L'orateur demande trois jours pour répondre par écrit à cette observation du roi, et il le fait en disant « qu'il ne réclame pas d'autre privilége que celui des orateurs précédents, et que, s'il vient à dire quelque chose qui déplaise au roi, il prie que ce soit imputé à sa propre ignorance et non au corps des communes » ce que le roi accorde.

On ne rencontre aucune atteinte à la liberté de parole des communes jusqu'au parlement de 1455, époque à laquelle un député de Bristol, Thomas Young, se plaint d'avoir été arrêté et emprisonné à la Tour, six ans auparavant, à cause d'une motion qu'il avait faite dans la chambre. Cette motion avait pour objet de faire déclarer que le roi n'ayant alors point d'enfants, le duc d'York était l'héritier légitime du trône. Les communes transmettent cette pétition aux lords, et le roi ordonne à son conseil de faire tout ce qui sera jugé convenable dans l'intérêt du suppliant.

L'orateur étant, dans les relations officielles avec le roi et les lords, l'interprète de la chambre des communes, c'était surtout pour lui que la liberté de la parole était alors réclamée. Il agissait au nom de la chambre, et pour elle, dans presque toutes les occasions. En 1406, on le voit donner en cette qualité son consentement à l'acte qui règle la succession à la couronne.

L'inviolabilité des membres du parlement n'était pas un droit moins important que la liberté de la parole. Les anciennes lois saxonnes accordaient protection et sûreté aux membres du Wittenagemot, à leur aller et retour, à moins qu'ils ne fussent des voleurs et des brigands notoires. Depuis la formation du nouveau parlement, le même droit fut réclamé par ses membres qui, venant faire les affaires du roi dans son conseil national, ne devaient pas être arrêtés. En 1403, sir Thomas Brooke se rendait au parlement pour le comté de Somerset; un des hommes de sa suite, Richard Cheddre, fut maltraité et battu par Jean Salage. Un statut ordonna que Salage paierait de doubles dommages à Cheddre, d'après l'estimation de la cour du

banc du roi ; et « outre ce, accordez est en dit parle-
« ment que semblablement soit fait en tems à venir,
« en cas semblables. » Ce fait donne lieu à une pétition des communes qui demandent que tous les lords,
chevaliers, citoyens et bourgeois venant au parlement
et y résidant, jusqu'à leur retour chez eux, soient, ainsi
que leurs suivants et domestiques, sous la protection
et défense spéciale du roi, et qu'ils ne puissent être
arrêtés pour aucune dette, contrat ou poursuite, ni
emprisonnés en aucune manière, durant ce temps, sous
peine d'une amende au profit du roi et de dommages
envers la partie lésée. Le roi répond qu'il y sera
pourvu. Le statut de 1403 fut renouvelé en 1433, sous
Henri VI.

En 1430, une plainte est adressée à la chambre des
communes à raison de l'emprisonnement (pour dettes)
de William Lake, domestique de William Mildred,
député de Londres. Il est mis en liberté par un acte
spécial du parlement.

En 1453, les communes se plaignent au roi et aux
lords de l'emprisonnement de Thomas Thorpe, leur
orateur, arrêté à la demande du duc d'York pour
dettes. Les lords en réfèrent aux juges qui répondent
par l'organe de sir John Fortescue : « qu'il ne leur
appartient pas de déterminer les priviléges de la haute
cour du parlement, car c'est une cour si élevée et si
puissante qu'elle peut faire que ce qui n'est pas loi

soit loi, et que ce qui est loi ne le soit plus; que la détermination de tels priviléges appartient aux lords en parlement. » Ils ajoutent qu'il y a plusieurs exemples de *supersedeas* (ordre de suspension de poursuites) à raison des priviléges du parlement, mais qu'il n'y a point de *supersedeas* général à toutes poursuites, « car si cela était, il semblerait que la haute cour du parlement, qui est la source de toute justice et équité, arrêterait le cours de la loi commune, et laisserait la partie plaignante sans ressources puisque le jugement des actions qui doivent être décidées par la loi commune n'appartient pas au parlement. Que cependant, si un membre du parlement était arrêté pour quelque cause qui ne fût pas trahison, félonie, trouble de la paix publique ou un jugement obtenu avant le parlement, il était d'usage qu'il fût mis hors de prison et en état de vaquer à ses devoirs en parlement. »

Malgré cette réponse des juges, les lords décidèrent que Thorpe resterait en prison, et ils ordonnèrent aux communes, de la part du roi, de nommer un autre orateur, ce qu'elles firent; mais c'était là une affaire de parti; Thorpe était attaché à la maison de Lancaster, et le duc d'York dominait alors. Le privilége existait donc, mais d'une manière encore précaire, et un acte spécial du parlement était nécessaire dans chaque occasion pour qu'il fût mis en vigueur.

Ce fut aussi durant cette époque que le droit d'initiative parlementaire remplaça le droit de pétitions. Nous avons vu à quels abus donnait lieu l'initiative qu'exerçait, par ses pétitions, la chambre des communes, et comment les pétitions n'étaient pas toujours fidèlement reproduites dans les statuts qu'elles avaient provoqués. Nous avons vu aussi quels efforts avaient déjà tentés les communes pour prévenir ces infidélités. En 1414, sous Henri V, elles s'en plaignirent dans une pétition spéciale à laquelle le roi répondit en promettant qu'à l'avenir les statuts seraient exactement conformes aux pétitions accordées. Mais cette garantie était peu solide, et les communes avaient déjà commencé à s'en procurer de plus efficaces en prenant l'habitude de rédiger elles-mêmes, sous la forme de bills complets, les statuts qu'elles provoquaient jusque-là par des pétitions, et en les envoyant à la chambre des pairs, pour qu'ils y fussent discutés et adoptés, avant d'être présentés au roi, qui alors n'avait plus qu'à donner ou refuser sa sanction. Il est impossible d'assigner précisément l'époque à laquelle eut lieu cet important changement, car il s'accomplit progressivement et n'a pas été remarqué par les historiens du temps. L'usage des pétitions a coexisté quelque temps avec celui des bills. Voici les faits qui indiquent la progression. Sous Richard II (1382), et j'ai déjà dit un mot de ce fait, les communes tentent d'obtenir l'avis des lords, sur une question dont elles s'occupent, avant d'en parler au roi.

La tentative est repoussée par les lords, qui mettent leur honneur à ne pas se séparer du roi et à recevoir de concert avec lui, et en même temps, les propositions des communes. C'est du vote de l'impôt qu'est née et que naturellement devait naître l'initiative complète des chambres. Originairement, vous l'avez vu, chaque classe de députés votait seule les impôts qui devaient peser spécialement sur elle, et les chevaliers de comté délibéraient et votaient sur cette matière avec les lords. Quand les chevaliers de comté se furent pleinement fondus avec les députés des bourgs, quand la chambre des communes délibéra et vota tout entière sur les mêmes subsides, il fallut bien que les votes en pareille matière reçussent le consentement des lords, qui devaient aussi en supporter les résultats. Les bills rendus en fait de subsides furent dès lors délibérés et votés par les deux chambres avant d'être présentés au roi, et l'initiative, dans sa forme actuelle, se trouva sur ce point pleinement établie. En 1407, un incident remarquable mit en lumière cette forme de procéder, la consacra et en fit résulter en même temps deux autres droits parlementaires d'une grande importance. A la suite d'un débat élevé entre la chambre des lords et la chambre des communes sur l'initiative des subsides, trois principes furent reconnus, et ont été dès lors fermement établis : 1° l'initiative parlementaire dans la forme actuelle ; 2° l'initiative exclusive des communes en matière de subsides, 3° le droit des chambres à ce que le roi ne prît aucune connaissance du sujet de leurs délibérations avant qu'elles se fussent mises d'accord et en état de le lui présenter comme le vœu des lords et des communes réunis en parlement.

Il était naturel que ce qui se pratiquait en matière de subsides s'étendît bientôt à toutes choses, et que les propositions du parlement, quel qu'en fût l'objet, arrivassent au roi comme émanant des deux chambres au lieu de n'être que les pétitions de l'une d'elles. M. Hallam affirme, sans donner aucun détail, que cette pratique devint générale sous le règne de Henri VI, et c'est de là qu'il date la véritable division de la législature en trois pouvoirs. Je suis porté à croire que cette pratique avait commencé plus tôt, bien que rarement, et il est certain, par la constitution même du parlement à cette époque, qu'elle ne devint générale et constante que plus tard.

Je trouve, en 1406, les communes demandant, par l'organe de leur orateur sir John Tibetot, le droit de faire retirer leurs bills de la chambre des lords, à quelque période de la délibération que ce fût, pour y faire elles-mêmes des amendements, ce qui leur est accordé. Les communes étaient donc dès lors dans l'usage de rédiger quelquefois leurs pétitions en bills et de les faire passer par la chambre des lords avant de les présenter au roi.

A cette époque, la chambre des lords étant encore considérée comme le grand conseil du roi, et une sorte d'intermédiaire entre le conseil privé et le parlement tout entier, beaucoup de propositions en matière de gouvernement, ou même de législation, émanaient toujours des communes seules, et étaient présentées, sous la forme de pétitions, au roi et aux lords. L'usage de l'initiative par voie de bills adoptés par les deux chambres ne pouvait donc être général. Les temps de minorité ou d'absence du roi donnaient encore plus à la chambre des lords le caractère de grand conseil du gouvernement. Aussi ces époques, et notamment le règne de Henri VI, abondent-elles en propositions ou pétitions des communes aux lords. Ce fut plus tard, lorsque le roi et son conseil privé eurent ressaisi un pouvoir plus indépendant que n'avaient eu leurs prédécesseurs, c'est-à-dire sous les Tudor, que la chambre haute se sépara tout à fait du gouvernement proprement dit, et se trouva placée, à l'égard du roi, dans les mêmes relations à peu près que la chambre des communes. Alors seulement devint général et constant l'usage de procéder par bills délibérés dans les deux chambres avant d'être présentés au roi, c'est-à-dire la complète substitution de l'initiative parlementaire à l'ancien droit de pétition de chaque chambre, et notamment des communes.

Quant à l'ordre des débats au sein du parlement,

c'était un ancien usage que le roi ne répondît aux pétitions des communes que le dernier jour de la session, ce qui les mettait dans l'impossibilité de faire dépendre des réponses du roi la concession des subsides. Elles tentèrent, probablement sous Richard II, d'intervertir cet ordre, car la sixième question qu'il soumit à ses juges fut celle de savoir si, lorsque le roi avait appelé sur quelque sujet la délibération du parlement, le parlement pouvait s'occuper d'autre chose avant de statuer sur les propositions du roi. A quoi les juges répondirent qu'un tel procédé était trahison. Les réponses des juges de Richard II ayant été déclarées illégitimes dans le parlement de 1399, celle-là se trouvait comprise dans la réprobation générale. Aussi, en 1401, les communes soutinrent-elles que ce n'était pas leur coutume d'accorder aucun subside avant que le roi eût répondu à leurs pétitions, et elles demandèrent qu'il fût procédé ainsi. Le roi dit qu'il en conférerait avec les lords, et, le dernier jour de la session, il répondit « qu'on n'avait jamais vu, du temps de leurs ancêtres, que les communes reçussent une réponse à leurs pétitions avant d'avoir expédié toutes les affaires du parlement, soit qu'il s'agît de subsides ou de toute autre chose, et que le roi ne voulait pas altérer les bons usages des anciens temps. » On ne voit pas que les communes aient résisté alors ni tenté de faire reconnaître, d'une manière générale, le principe qu'elles réclamaient. Mais ce principe fut souvent mis en pratique dans les parlements subséquents, et le roi fut bien forcé de n'y pas mettre obstacle. En 1407, le parlement s'ouvre le 20 octobre. Les 9 et 14 novembre, les communes viennent devant le roi, exposent plusieurs griefs, reçoivent réponse et n'accordent de subsides que le 2 décembre suivant. En 1410, le parlement s'assemble le 27 janvier, et c'est seulement le 9 mai, après avoir obtenu satisfaction sur plusieurs points, entre autres sur le déplacement de deux membres du conseil privé, qu'il accorde un subside. Cette pratique devient presque constante sous le règne de Henri VI. On en trouve une preuve évidente dans le parlement tenu en novembre 1455. Les communes envoient à diverses reprises demander aux lords la nomination d'un protecteur du royaume, à cause de l'imbécillité de Henri VI; l'archevêque de Cantorbéry engage les lords à répondre définitivement « car on sait que les communes ne s'occuperont d'aucune des affaires du parlement jusqu'à ce qu'elles aient obtenu réponse et satisfaction sur leur requête. »

Le principe était donc devenu un fait, et un fait généralement convenu.

Ce fut aussi dans le cours de cette époque que les **élections au parlement et les droits du parlement en matière d'élection commencèrent à être réglés.** J'ai déjà dit, en traitant de la formation du parlement, que c'était par des statuts de Henri IV (1405) et de Henri VI (1429, 1432) que le système électoral avait été définitivement établi. Beaucoup de faits prouvent qu'à cette époque l'importance de la chambre des communes était devenue telle que les élections étaient un sujet de fraudes fréquentes. Plusieurs statuts de détail, sous Henri VI, ont pour objet de prévenir les fraudes et de régler la procédure d'après laquelle elles seront examinées et punies. Alors aussi on vit, pour la première fois, des conditions imposées au choix des électeurs. L'ancien esprit des institutions voulait que les élus fussent habitants du comté ou de la ville qui les élisait. Un statut de Henri V, en 1413, en fit une loi expresse, renouvelée, en 1444, par le statut de Henri VI; loi tombée depuis en désuétude par la seule force des choses et sans avoir été révoquée.

Le jugement des élections continua d'appartenir, durant cette époque, aux lords et au conseil du roi, provoqués quelquefois par les pétitions des communes.

C'est aussi à cette époque que le pouvoir judiciaire, qui originairement résidait dans le parlement tout entier, fut déclaré appartenir exclusivement à la chambre des pairs. Cette déclaration eut lieu en 1399, sur la provocation des communes mêmes, et par la bouche de l'archevêque de Cantorbéry, qui dit « que les communes en parlement n'étaient que pétitionnaires, et que tous les jugements appartenaient au roi et aux lords, excepté en matière de statuts, de subsides et autres semblables. » Depuis lors les communes, quand elles voulurent intervenir dans les jugements autrement que par l'accusation, furent obligées d'employer la voie inique des *bills d'attainder.* Elles en usèrent contre le duc de Suffolk en 1450, et bien souvent depuis.

Ce sont là les plus notables progrès que firent, durant cette époque, la constitution et les formes du parlement. Si maintenant nous considérons le parlement, non plus en lui-même et dans ses procédés intérieurs, mais dans ses rapports avec le gouvernement proprement dit, nous trouverons que ses droits et son influence en matière d'impôts, de législation et d'administration publique, furent les mêmes qu'il avait conquis sous Édouard III et Richard II, et que seulement il les exerça avec plus d'assurance et moins de contestation. Henri IV essaya plus d'une fois de résister au pouvoir de la chambre des communes; mais elle l'avait porté au trône et se sentait en état de l'y contenir dans les bornes de son autorité. En 1404 elle lui demanda le renvoi de quatre officiers de sa maison; il répondit avec une humilité singulière : « Qu'il ne
« savait aucun motif qui dût les lui faire renvoyer
« mais que, puisque les lords et les communes le
« jugeaient utile pour l'intérêt du royaume et le sien
« propre, il allait le faire et en ferait autant à l'avenir

« pour tout ministre qui aurait encouru la haine de
« son peuple. » En 1406, les communes présentèrent à
l'approbation du roi trente articles qu'elles avaient
rédigés, dirent-elles, pour assurer la meilleure administration des affaires publiques, et auxquels elles
demandaient que les officiers du roi fussent tenus de
prêter serment. Ces articles, temporaires à la vérité,
avaient pour objet de réprimer beaucoup d'abus et de
restreindre, à certains égards, la prérogative royale.
Le roi ne crut pas pouvoir leur refuser son assentiment. Vers la fin de son règne, Henri IV parut plus
hardi et moins disposé à subir sans résistance le contrôle du parlement; mais sa mort prévint toute lutte
sérieuse. La gloire de Henri V et la passion des guerres
avec la France remplirent son règne d'ailleurs assez
court; le parlement le soutint en toutes choses, jusqu'à
lui accorder en 1415, un subside pour sa vie, avec le
droit d'en user à son gré et arbitrairement. Pendant la
minorité de Henri VI, ou plutôt pendant toute cette
partie de son règne qui se passa sans guerres civiles et
ne fut qu'une longue minorité, le pouvoir du parlement fut à son plus haut période et le gouvernement
tout entier lui appartint. Tout se décidait entre les
lords et les communes; mais rien n'était mûr pour
que la nation ainsi livrée à elle-même se donnât un
gouvernement régulier. De violentes factions s'élevèrent dans le sein de l'aristocratie : la chambre des

communes n'était pas en état de les réprimer. Ce grand développement des institutions et des libertés publiques qui avait commencé sous le roi Jean, et s'était opéré depuis Édouard III avec assez de régularité, fut soudainement interrompu, et l'Angleterre entra dans la violente anarchie des guerres de la Rose rouge et de la Rose blanche, pour n'en sortir que par le despotisme de la maison de Tudor.

Pourquoi des institutions, déjà si fortes et si actives, du moins en apparence, dépérirent-elles si rapidement? Comment le gouvernement parlementaire, qui semblait en possession de tous ses principes et de tous ses droits essentiels, s'arrêta-t-il dans ses progrès pour céder pendant plus d'un siècle la place au régime de la monarchie presque absolue? Arrivé au terme de ce cours, je ne puis étudier avec vous les causes de ce fait qui paraît étrange ; mais elles se laissent entrevoir dans un autre fait très-remarquable, dans l'analogie qui règne entre l'histoire d'Angleterre et l'histoire de France à cette époque. En France aussi, pendant le quatorzième et le quinzième siècles, on voit apparaître des essais du gouvernement représentatif; à ces essais incohérents et superficiels succèdent les guerres de religion, la Ligue, les grands désordres du seizième siècle, et l'ordre ne renaît, la France ne se repose et ne se relève que sous le pouvoir absolu du cardinal de Richelieu et de Louis XIV, et par l'annihilation, comme pouvoir politique, de cette ancienne aristocratie féodale qui n'avait su ni procurer au pays, ni prendre elle-même, dans le gouvernement de la France, sa part légitime et une place durable.

En Angleterre, comme vous venez de le voir, le gouvernement représentatif, né dans les treizième et quatorzième siècles, ne se borna point à d'informes et faibles essais ; il se fonda sur ses bases essentielles, et prit bientôt d'assez grands développements. Les luttes sanglantes pour la succession au trône, les longues discordes de la Rose rouge et de la Rose blanche, l'arrêtèrent brusquement dans ses progrès. De même qu'en France, à partir du règne de Louis XI, il n'est plus guère question de tentatives pour l'établissement d'institutions libres, de même en Angleterre, sous les règnes d'Édouard IV et de Richard III, le parlement n'a point d'histoire. Il n'apparaît, dans les intervalles de la guerre civile, que pour être l'instrument des vengeances du parti vainqueur, et pour porter des *bills d'attainder* contre les chefs du parti vaincu. Il vote quelques impôts, mais c'est le seul de ses droits qu'il défende encore, et celui-là même est éludé par la pratique des *Benevolences*, ou dons en apparence volontaires, et forcés en réalité, dont on rencontre çà et là dans les temps antérieurs quelques exemples, et qui prend sous Édouard IV une grande extension. Enfin plus d'une fois plusieurs années s'écoulèrent sans que le parlement fût convoqué, notamment de 1477 à 1482 ; une telle suspension était sans exemple depuis 1327.

Les guerres civiles du quinzième siècle ne sont que la cause superficielle et pour ainsi dire extérieure de cette décadence soudaine du gouvernement représentatif en Angleterre ; pour en reconnaître la vraie cause, il faut pénétrer plus avant.

Jusqu'à cette époque les trois grandes forces de la société anglaise, la royauté, la haute aristocratie et les communes avaient entre elles d'intimes et continuels rapports, et se servaient tour à tour l'une à l'autre, soit d'obstacle, soit de moyen. C'était avec l'aide des grands barons que les communes avaient été en état de conquérir leurs libertés. La royauté, forte par elle-même, était cependant obligée de recourir tantôt aux barons, tantôt aux communes. Du concours politique de ces trois grandes forces sociales, et des vicissitudes de leurs alliances et de leurs fortunes naquirent les progrès du gouvernement représentatif. La liberté ne se fonde que lorsqu'il n'existe dans l'État aucune force constituée assez prépondérante pour usurper le pouvoir absolu.

Dans la dernière moitié du quinzième siècle, l'état de balancement de ces trois forces cessa : la royauté disparut, en quelque sorte, par l'imbécillité de Henri VI, ensuite par l'incertitude du droit de succession à la couronne. Le gouvernement tomba au pouvoir de la haute aristocratie divisée et déchirée par ses querelles intestines. Les communes n'étaient pas en état de jouer le rôle de médiatrices entre ces terribles factions, et de leur imposer l'ordre public. Les chevaliers de comté prirent parti à la suite des grands barons dont ils dépendaient encore par une multitude de liens; les villes restées seules ne pouvaient rien et furent entraînées. Dans cet état de désordre et de violence, les communes disparurent, ou si elles ne furent pas matériellement anéanties, leur pouvoir politique s'évanouit. La haute aristocratie se dévora elle-même; beaucoup de grandes familles furent détruites, un plus grand nombre furent ruinées. Henri VII, à son avénement, ne trouva que les débris de cette noblesse qui avait fait trembler ses prédécesseurs. Les grands seigneurs, las de leurs propres excès, et dépouillés d'une grande partie de leur force, n'étaient plus en état ni en disposition de continuer, contre le pouvoir royal, cette lutte à la tête de laquelle leurs pères s'étaient placés depuis le roi Jean. De ce côté, le pouvoir royal n'avait donc plus d'adversaires puissants. D'autre part, les communes désolées et énervées par les guerres civiles n'étaient point en état de prendre, dans la lutte contre le pouvoir royal, la place de la haute aristocratie. C'était à sa suite qu'elles étaient intervenues dans le gouvernement; quand elles se trouvèrent presque seules en face de la couronne, il ne leur vint pas même dans la pensée que cette intervention fût leur droit : elles se bornèrent à défendre quelques droits spéciaux, surtout celui de consentir les grands subsides, et du reste, elles se laissèrent gouverner. De là le gouvernement de Henri VIII, et plus tard celui d'Élisabeth.

Il fallut plus d'un siècle pour que les communes anglaises, relevées et fortifiées, sous le rapport matériel par de longues années d'ordre et de prospérité, et sous le rapport moral par la réforme religieuse, acquissent assez d'importance sociale et d'élévation intellectuelle pour se placer à leur tour à la tête de la résistance contre le despotisme, et entraîner à leur suite l'ancienne aristocratie. Cette grande révolution dans l'état social éclata sous Charles Ier, et détermina la révolution politique qui, après cinquante ans de lutte, fonda enfin, en Angleterre, le gouvernement représentatif.

FIN DU DEUXIÈME ET DERNIER VOLUME

TABLE DES MATIÈRES

PREMIÈRE LEÇON. — Objet du cours. — Histoire de l'origine et de l'établissement du gouvernement représentatif en Angleterre. — Motifs de ce choix. — Aspects divers sous lesquels l'histoire est considérée à diverses époques, et selon les divers degrés de la civilisation. — Histoire poétique. — Histoire philosophique. — Histoire politique. — Pourquoi notre temps est disposé à considérer l'histoire sous ces divers aspects. — Principe fondamental et caractères essentiels du gouvernement représentatif. — Ce principe et ces caractères se retrouvent de tout temps en Angleterre.   1

DEUXIÈME LEÇON. — Objet de la leçon. — Résumé de l'histoire d'Angleterre, de Guillaume-le-Conquérant à Jean-sans-Terre (1066-1199). — Guillaume-le-Conquérant (1066-1087). — Guillaume-le-Roux (1087-1100). — Henri Ier (1100-1135). — Etienne (1135-1154). — Henri II (1154-1189). — Constitutions de l'assemblée de Clarendon. — Richard-Cœur-de-Lion (1189-1199).   23

TROISIÈME LEÇON. — Objet de la leçon. — Des institutions anglo-saxonnes. — Effets de la conquête des Normands sur les institutions anglo-saxonnes. — Effets de la conquête sur les institutions normandes. — Par quelles causes la conquête des Normands a été favorable à l'établissement d'un régime d'institutions libres en Angleterre.   41

QUATRIÈME LEÇON. — Objet de la leçon. — Du Parlement dans les premiers temps de la monarchie anglo-normande. — Noms divers du grand conseil du roi. — Ses attributions. — Sa composition. — Opinions des Torys et des Whigs à ce sujet.   53

CINQUIÈME LEÇON. — Objet de la leçon. — De la royauté anglo-normande. — Sa richesse. — Ses pouvoirs. — Comparaison des forces relatives de la couronne et de l'aristocratie féodale. — Progrès du pouvoir royal. — Esprit d'association et de résistance parmi les grands barons. — Commencement de lutte entre ces deux forces politiques.   65

SIXIÈME LEÇON. — Objet de la leçon. — Histoire des Chartes anglaises. — Charte de Guillaume-le-Conquérant (1071). — Charte de Henri Ier (1101). — Chartes d'Étienne (1135-1136). — Charte de Henri II (1154).   77

SEPTIÈME LEÇON. — Objet de la leçon. — Charte du roi Jean-sans-Terre, ou grande Charte (1215). — Trois époques dans le règne de Jean. — Formation de la coalition des barons. — Guerre civile. — Conférence de Runningmead. — Concession de la grande Charte. — Analyse de cette Charte. — Elle stipule en faveur des droits nationaux comme pour les droits des barons. — Jean sollicite et obtient d'Innocent III une bulle d'annulation de la grande Charte. — Le clergé anglais résiste. — La guerre civile recommence (octobre 1215). — Louis de France, fils de Philippe-Auguste, est appelé par les barons. — Mort du roi Jean (octobre 1216).   87

HUITIÈME LEÇON. — Objet de la leçon. — Chartes de Henri III. — Première charte de Henri III (novembre 1216). — Louis de France renonce à la couronne et quitte l'Angleterre. — Seconde Charte de Henri III (1217). — Charte des forêts de Henri III (1217). — Confirmation des Chartes (1225). — Révocation des Chartes (1227). — Nouvelle confirmation des Chartes (1237). — Violation continuelle des Chartes. — Guerre civile. Renouvellement des Chartes (1264). — Nouvelle confirmation des Chartes (1267). — Mort de Henri III (16 novembre 1272).   105

NEUVIÈME LEÇON. — Objet de la leçon. — Conclusion de l'histoire des Chartes sous le règne d'Édouard Ier. — La lutte politique succède à la guerre civile. — Le roi viole fréquemment les Chartes, surtout en matière d'impôts. — Les barons résistent énergiquement. — Édouard confirme définitivement les Chartes (1298-1301). — Une bulle de Clément V, sollicitée par Édouard Ier, annule les Chartes. — L'annulation est vaine. — Édouard Ier meurt (7 juillet 1307).   115

DIXIÈME LEÇON. — Objet de la leçon. — Nécessité de se rendre compte du sens politique du mot *représentation* au moment où le gouvernement représentatif commence à se former. — Fausseté des diverses théories à ce sujet. — Théorie de Rousseau qui nie la représentation, au nom de la souveraineté individuelle. — Théories des publicistes qui essaient de concilier la représentation et la souveraineté individuelle. — Fausseté du principe de la souveraineté du nombre. — Vrai sens de la représentation.   129

TABLE DES MATIÈRES. 435

ONZIÈME LEÇON. — Objet de la leçon. — Formation du parlement. — Introduction des députés de comté dans le parlement.— Relations des députés de comté avec les grands barons.— Parlement d'Oxford (1258). — Ses règlements, dits *Provisions d'Oxford*. — Oscillations des députés de comté entre les grands barons et la couronne. 152

DOUZIÈME LEÇON. — Objet de la leçon. — Lutte entre le roi Henri III et le parlement. — Arbitrage de saint Louis. — Le comte de Leicester chef des grands barons dans leur lutte contre le roi. — Il est défait et tué à Evesham (1265). — Admission des députés des villes et bourgs dans le parlement (1264). — Réaction royaliste. — La mémoire de Leicester demeure populaire. 171

TREIZIÈME LEÇON. — Objet de la leçon.— Progrès du parlement sous le règne d'Édouard Ier. — Tenue fréquente des parlements. — Composition diverse des parlements. — Les députés des comtés et ceux des villes n'y assistent pas toujours. — Pouvoir discrétionnaire du roi dans la convocation des barons. — Le nombre des députés des comtés et des bourgs varie. 185

QUATORZIÈME LEÇON. — Objet de la leçon. — Du mode d'élection des députés des comtés et des bourgs. — L'élection des députés de comté avait lieu dans les cours de comté, par tous les francs-tenanciers du comté. — L'élection des députés des villes et bourgs n'était réglée par aucun principe uniforme; le droit d'élire se confondait en général avec les droits municipaux et s'exerçait par les mêmes citoyens. — Le vote était public. 199

QUINZIÈME LEÇON. — Objet de la leçon. — Examen philosophique du système électoral de l'Angleterre au quatorzième siècle. — Ce système était résulté naturellement des faits, sans aucune préméditation savante. — Première question : Quels étaient les électeurs?— Principes de la solution : 1º l'union du droit électoral avec les droits et autres pouvoirs locaux ; 2º le droit dérivé de la capacité politique; 3º l'égalité de droits entre les électeurs; 4º la diversité des caractères extérieurs par lesquels se fait reconnaître la capacité. 217

SEIZIÈME LEÇON. — Objet de la leçon. — Continuation de l'examen philosophique du système électoral de l'Angleterre au quatorzième siècle. — Deuxième question : Quels étaient les procédés de l'élection ? — 1º Elle se faisait selon les circonscriptions administratives ordinaires ; — 2º chaque réunion n'élisait qu'un ou deux députés; — 3º l'élection était directe. — Examen du principe de l'élection directe ou indirecte. 239

DIX-SEPTIÈME LEÇON.— Objet de la leçon. — Origine de la division du parlement Anglais en deux chambres. — Il ne formait d'abord qu'un seul corps. — Les députés de comté votaient d'abord avec les grands barons. — Les députés des villes et des bourgs votaient toujours séparément. — Les classifications de la société se reproduisaient dans le parlement. — Causes qui amenèrent les députés de comté à se séparer des grands barons et à siéger et voter avec les députés des bourgs. — Effets de ce rapprochement. — La division du parlement en deux chambres s'opéra définitivement au milieu du quatorzième siècle. 267

DIX-HUITIÈME LEÇON. — Objet de la leçon. — Examen de la division du pouvoir législatif en deux chambres. — Causes de la diversité des idées à ce sujet. — École philosophique et école historique. — Du principe fondamental de l'école philosophique. — Double source de ses erreurs. — Caractères de l'école historique. — La division du parlement britannique en deux chambres n'a-t-elle été qu'un fait motivé par les grandes inégalités existantes dans la société anglaise, ou bien a-t-elle une valeur rationnelle et générale ? — Cette division dérive rigoureusement du principe fondamental du gouvernement représentatif. — De son mérite pratique. 279

DIX-NEUVIÈME LEÇON. — Objet de la leçon. — Du pouvoir et des attributions du parlement britannique au quatorzième siècle. — A son origine et depuis qu'il a atteint son plein développement, le parlement s'appelle également le grand conseil du royaume. — Grande variété de ses attributions et de son pouvoir de fait entre les deux époques. — Comment le gouvernement presque entier alla naturellement à la couronne, et comment le parlement y reprit par degrés sa place. 317

VINGTIÈME LEÇON. — Objet de la leçon. — De l'état et des attributions du parlement sous le règne d'Édouard II (1307-1327). — Empire des favoris. — Lutte des barons contre les favoris. — Factions aristocratiques. — Pétitions adressées au roi, soit par le parlement, soit en parlement. — Formes des délibérations à ce sujet. — Déposition d'Édouard II. 327

VINGT-UNIÈME LEÇON. — Objet de la leçon. — Des pétitions dans les premiers temps du gouvernement représentatif. — Elles étaient adressées au roi, soit par les chambres, soit par les corporations ou de simples citoyens. — Comment il y était statué. — De la transformation du droit de pétition des chambres en droit de proposition et d'initiative. — Comment les pétitions cessèrent d'être adressées au roi et furent adressées aux chambres. — Comment le droit d'enquête en a découlé. — Nécessité que le gouvernement représentatif soit complet. — Artifices et abus auxquels donne lieu le droit de pétition quand les chambres ne possèdent ni le droit de proposition, ni le droit d'enquête. 341

VINGT-DEUXIÈME LEÇON. — Objet de la leçon. — État du parlement sous Édouard III. — Progrès du pouvoir des communes. — Leur résistance au roi, soutenu par les barons, devient le fait dominant et caractéristique du gouvernement. — Régularité de la convocation du parlement. — Mesures prises pour la sécurité de ses délibérations. — Le parlement commence à se diviser en deux chambres.— Première apparition de l'orateur de la chambre des communes. — Fermeté des communes à maintenir leur droit en matière d'impôts. — Premiers exemples du compte-rendu, par le gouvernement, de la perception des impôts. — Premiers exemples de l'appropriation des fonds votés par le parlement. — Concours habituel du parlement à la législation. — De la différence entre les statuts et les ordonnances. 361

VINGT-TROISIÈME LEÇON. — Objet de la leçon. — Continuation de l'histoire des progrès des communes dans le parlement sous le règne d'Édouard III. — Leur intervention dans les questions de paix et de guerre. — Dans l'administration intérieure, notamment dans la nomination des grandes charges. — Les communes résistent à l'influence du pape, et aussi du clergé national, dans les affaires temporelles. — Premiers efforts des communes pour réprimer les abus en matière d'élection. — Premières traces de la réunion des comités des deux chambres pour examiner en commun certaines questions. 373

VINGT-QUATRIÈME LEÇON. — Objet de la leçon. — De l'état du parlement sous Richard II. — La question se pose d'une manière générale entre la royauté absolue et le gouvernement parlementaire. — Alternatives de prépondérance entre la couronne et le parlement. — Origine de la liste civile. — Progrès de la responsabilité des ministres. — Progrès du compte-rendu de l'emploi des revenus publics. — Les communes envahissent le gouvernement. — Réaction contre l'empire des communes. — Violences et chute de Richard II. — Progrès des maximes et des pratiques essentielles du gouvernement représentatif. 389

VINGT-CINQUIÈME LEÇON. — Objet de la leçon. — Résumé de l'histoire du parlement depuis la mort de Richard II jusqu'à l'avènement de la maison de Stuart. — Progrès des formes de procéder et des privilèges du parlement. — De la liberté de la parole dans les chambres. — De l'inviolabilité des membres du parlement pendant les sessions. — Du droit d'initiative parlementaire substitué au droit de pétition. — Du pouvoir judiciaire attribué à la seule chambre des lords. — De la décadence du parlement, d'abord dans les guerres civiles des maisons d'York et de Lancaster, ensuite sous les règnes des Tudor. — Causes de cette décadence et des progrès de la royauté, de Henri VII à Élisabeth. — Conclusion. 414

FIN DE LA TABLE DU SECOND ET DERNIER VOLUME.

Librairie Académique Didier et Cⁱᵉ

ŒUVRES DE M. GUIZOT
Édition format in-12.

HISTOIRE DE LA RÉVOLUTION D'ANGLETERRE, depuis l'avénement de Charles Iᵉʳ jusqu'au rétablissement des Stuart (1625-1660). 6 vol. in-12, en trois parties. 21 »

—— **HISTOIRE DE CHARLES** Iᵉʳ, depuis son avénement jusqu'à sa mort (1625-1649); précédée d'un *Discours sur la Révolution d'Angleterre*. 6ᵉ édit. 2 vol. in-12. 7 »

—— **HISTOIRE DE LA RÉPUBLIQUE D'ANGLETERRE ET DE CROMWELL** (1649-1658). Nouvelle édit. 2 vol. in-12. 7 »

—— **HISTOIRE DU PROTECTORAT DE RICHARD CROMWELL** et du Rétablissement des Stuart (1659-1660). 2 vol. in-12. 7 »

MONK. CHUTE DE LA RÉPUBLIQUE, etc.; étude historique. Nouv. éd. 1 vol. in-12. 3 50

PORTRAITS POLITIQUES des hommes des divers partis : *Parlementaires, Cavaliers, Républicains, Niveleurs;* études historiques. 1 vol. in-12. 3 50

SIR ROBERT PEEL. Etude d'histoire contemporaine, augmentée de fragments inédits des Mém. de Rob. Peel. 1 vol. in-12. 3 50

ESSAIS SUR L'HISTOIRE DE FRANCE, etc. 12ᵉ édit. 1 vol. in-12. 3 50

HISTOIRE DE LA CIVILISATION EN FRANCE ET EN EUROPE, depuis la chute de l'Empire romain, etc. 10ᵉ édit. 5 vol. in-12. 17 50

—— **HISTOIRE DE LA CIVILISATION EN EUROPE**, depuis la chute de l'Empire romain jusqu'à la Révolution française. 9ᵉ édit. 1 vol. in-12. 3 50

HISTOIRE DES ORIGINES DU GOUVERNEMENT REPRÉSENTATIF *et des Institutions politiques de l'Europe*, depuis la chute de l'Empire romain jusqu'au xivᵉ siècle. (Cours de 1820 à 1822.) Nouv. édit. 2 vol. in-12.

CORNEILLE ET SON TEMPS. Etude littéraire, suivie d'un *Essai sur Chapelain, Rotrou et Scarron*, etc. 1 vol. in-12. 3 50

MÉDITATIONS ET ÉTUDES MORALES sur *la Religion, la Philosophie, l'Education*, etc. Nouv. édit. 1 vol. in-12. 3 50

ÉTUDES SUR LES BEAUX-ARTS en général. *De l'Etat des beaux-arts en France et du Salon de 1810. Description des tableaux du Musée du Louvre*, etc. Nouvelle édition. 1 vol. in-12. 3 50

DISCOURS ACADÉMIQUES, suivis des *Discours prononcés au concours général de l'Université et devant diverses Sociétés religieuses*, etc. 1 vol. in-12. 3 50

ABAILARD ET HÉLOÏSE. Essai historique, par M. et Mme Guizot, suivi des *Lettres d'Abailard et d'Héloïse*, trad. en franç. par M. Oddoul. Nouv. édit. 1 vol. in-12. 3 50

GRÉGOIRE DE TOURS ET FRÉDÉGAIRE. *Histoire des Francs*, suivie de la *Chronique de Frédégaire*, traduction de M. Guizot, entièrement revue. Nouv. édit., complétée et augmentée de la *Géographie de Grégoire de Tours*, par Alfred Jacobs. 2 vol. in-12, avec une carte de la Gaule. 7 »

ŒUVRES COMPLÈTES DE SHAKSPEARE, trad. de M. Guizot, entièrement revue, accompagnée d'une Etude sur Shakspeare, de notices et de notes. 8 vol. in-12, à 3 50

DICTIONNAIRE UNIVERSEL DES SYNONYMES DE LA LANGUE FRANÇAISE. 6ᵉ édition, revue et considérablement augmentée. 2 parties en 1 vol. gr. in-8. 13 »

HISTOIRE DE WASHINGTON *et de la fondation de la république des Etats-Unis*, par M. Cornelis de Witt, précédée d'une *Etude historique sur Washington*, par M. Guizot. Nouv. édit. 1 vol. in-12, avec carte. 3 50

THOMAS JEFFERSON. Etude sur la démocratie américaine, par M. Cornelis de Witt. 3ᵉ édit. 1 vol. in-12, portrait. 3 50

MÉNANDRE. Etude historique et littéraire sur la Comédie et la Société grecques, par M. Guillaume Guizot. Ouvrage couronné par l'Académie française en 1853. 1 vol. in-12, avec portrait. 3 50

www.ingramcontent.com/pod-product-compliance
Lightning Source LLC
Chambersburg PA
CBHW071104230426
43666CB00009B/1822